Xpert.press

Die Reihe **Xpert.press** vermittelt Professionals
in den Bereichen Softwareentwicklung,
Internettechnologie und IT-Management aktuell
und kompetent relevantes Fachwissen über
Technologien und Produkte zur Entwicklung
und Anwendung moderner Informationstechnologien.

Marco Block

JAVA
Intensivkurs

In 14 Tagen lernen
Projekte erfolgreich zu realisieren

2. Auflage

Unter Mitarbeit von
Ernesto Tapia und Felix Franke

Dr. Marco Block
Mediadesign Hochschule Berlin
Fachbereich Gamedesign und Gamedevelopment
Lindenstraße 20–25
10969 Berlin

m.block@mediadesign-fh.de
http://www.marco-block.de

ISSN 1439-5428
ISBN 978-3-642-03954-6   e-ISBN 978-3-642-03955-3
DOI 10.1007/978-3-642-03955-3
Springer Heidelberg Dordrecht London New York

Bibliografische Information der Deutschen Nationalbibliothek
Die Deutsche Nationalbibliothek verzeichnet diese Publikation in der Deutschen Nationalbibliografie;
detaillierte bibliografische Daten sind im Internet über http://dnb.d-nb.de abrufbar.

© Springer-Verlag Berlin Heidelberg 2010, 2007
Dieses Werk ist urheberrechtlich geschützt. Die dadurch begründeten Rechte, insbesondere die der übersetzung, des Nachdrucks, des Vortrags, der Entnahme von Abbildungen und Tabellen, der Funksendung,
der Mikroverfilmung oder der Vervielfältigung auf anderen Wegen und der Speicherung in Datenverarbei-
tungsanlagen, bleiben, auch bei nur auszugsweiser Verwertung, vorbehalten. Eine Vervielfältigung dieses
Werkes oder von Teilen dieses Werkes ist auch im Einzelfall nur in den Grenzen der gesetzlichen Bestim-
mungen des Urheberrechtsgesetzes der Bundesrepublik Deutschland vom 9. September 1965 in der jeweils
geltenden Fassung zulässig. Sie ist grundsätzlich vergütungspflichtig. Zuwiderhandlungen unterliegen den
Strafbestimmungen des Urheberrechtsgesetzes.
Die Wiedergabe von Gebrauchsnamen, Handelsnamen, Warenbezeichnungen usw. in diesem Werk berech-
tigt auch ohne besondere Kennzeichnung nicht zu der Annahme, dass solche Namen im Sinne der Waren-
zeichen- und Markenschutz-Gesetzgebung als frei zu betrachten wären und daher von jedermann benutzt
werden dürften.

Einbandgestaltung: KünkelLopka, Heidelberg

Springer ist Teil der Fachverlagsgruppe Springer Science+Business Media (www.springer.de)

Für meine Katrin

Vorwort zur zweiten Auflage

Seit dem der Java-Intensivkurs als Buch erhältlich ist, habe ich viele interessante Gespräche mit Lesern und Dozenten führen können, die sich mit dem Buch auseinander gesetzt haben. Neben kleinen Fehlern, die sich bei einem Buchprojekt immer einschleichen können, wurden aber auch größere Konzepte kritisch unter die Lupe genommen. Des öfteren kam beispielsweise der Vorschlag, für das Tic-Tac-Toe-Projekt noch einen künstlichen Gegnerspieler zu implementieren, damit das Spiel sofort spielbar sei.

Besonders hat mich gefreut, dass der Autor des Javabuches „Grundkurs Java", mit dem ich damals als Student Java gelernt habe und es später in allen meinen Veranstaltungen als Lehrbuch verwendet und empfohlen habe, Prof. Dr. Dietmar Abts, den Java-Intensivkurs ebenfalls sehr ausführlich und kritisch gelesen hat. Ihm haben die anspruchsvollen Beispiele sehr gut gefallen und mit der Zusendung einer ausführlichen Errata hat er mit dazu beigetragen, das Buch weiterzuentwickeln.

Die Webseite zum Buch, in der zunächst nur die Buchprogramme zum Download bereit stehen sollten, hat sich durch die Erweiterung um ein Forum und weitere Sparten weiter entwickelt und ist in der Zwischenzeit sogar eine eigenständige Plattform geworden. Viele Mitarbeiter und Dozenten aus Universitäten und Java-Experten aus Unternehmen helfen als ehrenamtliche Tutoren dabei, Anfängern beim Erlernen der Sprache Java unter die Arme zu greifen und größere Projekte bei der Entwicklung zu betreuen. Es gibt eine Rezensionssparte, in der aktuelle Java-Literatur aus den unterschiedlichsten Informatikbereichen vorgestellt wird.

Erfreut hat mich, dass das Buch fast immer ein sehr gutes Gesamturteil bekommen hat und gerade das hat mich sehr motiviert, nicht nur eine Kopie als zweite Auflage erscheinen zu lassen, sondern weitere Konzepte und Ideen, die ich in der Lehre sammeln konnte, einzuarbeiten.

Die zweite Auflage stellt demnach ein komplett überarbeitetes Buch dar. Die Struktur einiger Kapitel hat sich im Gegensatz zur ersten Auflage wesentlich geändert. Hinzu kamen einige neue Konzepte. Es gibt neue Aufgaben zu den entsprechenden Kapiteln mit Lösungen im Forum.

viii

Illustrationen

Die zweite Auflage des Java-Intensivkurses wurde durch ein dreiköpfiges Designer-team der Mediadesign Hochschule Berlin durch zahlreiche Illustrationen aufgewertet. Anna Bonow hat dabei die Hauptfigur Bob und alle Zeichnungen entworfen und wurde tatkräftig durch Janina Will und Florian Häckh bei der Fertigstellung der Bilder unterstützt. Der witzige Neandertaler begleitet den Leser jetzt in allen Phasen dieses Buches und ist eine tolle Bereicherung. Jede Abbildung für sich enthält eine kleine Anekdote und ist eng mit dem Inhalt des jeweiligen Kapitels verknüpft.

Vielen Dank noch einmal an dieser Stelle für die tollen Illustrationen und die kreative Zusammenarbeit!

Unterstützung erhielt ich auch von *Sonja Rörig*, die die Insel Java aus Kapitel 1 entworfen hat.

Zusatzmaterialien und Webseite zum Buch

Neben den Beispielprogrammen und Lösungen zu den Aufgaben aus diesem Buch steht eine ständig wachsende Sammlung an kommentierten Programmen und Projekten auf der Webseite zum Buch

http://www.java-uni.de

zur Verfügung. Es gibt darüber hinaus ein Forum, in dem Fragen erörtert und Informationen ausgetauscht werden können:

http://www.java-uni.de/forum/index.php

Neben ehrenamtlichen Java-Tutoren gibt es professionelle Java-Entwickler, die im Forum unterwegs sind und gerne bei kleinen und großen Problemen helfen.

Übersicht der Kapitel

Da die Größe der einzelnen Kapitel etwas variiert, sei dem Leser angeraten, auch mal zwei kleine Kapitel an einem Tag durchzuarbeiten, wenn der Stoff keine Schwierigkeiten bereitet. An kniffligen Stellen, wie z. B. der Einführung in die Objektorientierung in Kapitel 6, kann dann mehr Zeit investiert werden. Die Erfahrung zeigt, dass der Lehrstoff dieses Buches in 14 Tagen sicher aufgenommen und erfasst werden kann.

Kapitel 1 soll die Motivation zum Selbststudium wecken, bei der Bereitstellung und Inbetriebnahme einer funktionsfähigen Java-Umgebung unterstützen und die kleinsten Java-Bausteine vorstellen. Damit wird das Fundament für das Verständnis der Programmentwicklung gelegt.

Kapitel 2 führt behutsam in die grundlegenden Prinzipien der Programmentwicklung ein und setzt diese anhand von konkreten Beispielen in Java um. Für die praktische Arbeit wird eine Klasse in Java zunächst nur als Programmrumpf interpretiert.

In Kapitel 3 werden das Ein- und Auslesen von Daten behandelt. Diese Daten können in Dateien vorliegen oder dem Programm in der Konsole übergeben werden.

In Kapitel 4 wird der Umgang mit Arrays und Matrizen durch das erste Projekt *Conway's Game of Life* vermittelt.

Bevor mit der Objektorientierung begonnen wird, zeigt Kapitel 5 auf, welche Regeln bei der Erstellung von Programmen zu beachten sind und mit welchen Hilfsmitteln Fehler gefunden werden können.

In Kapitel 6 wird das Klassenkonzept vorgestellt. Mit Hilfe eines *Fußballmanagers* wird das Konzept der Vererbung vermittelt.

Da eine Einführung in die Objektorientierung mehr als nur ein Kapitel in Anspruch nimmt, werden die bisher ausgeklammerte Fragen aus den vorhergehenden Kapiteln zum Thema Objektorientierung in Kapitel 7 aufgearbeitet.

Java verfügt im Kern über einen relativ kleinen Sprachumfang. Die Sprache lässt sich durch Bibliotheken beliebig erweitern. Kapitel 8 zeigt die Verwendung solcher Bibliotheken. Ein *Lottoprogramm* und das Projekt *BlackJack* werden mit den bisher kennengelernten Hilfsmitteln realisiert.

Kapitel 9 gibt Schritt für Schritt eine Einführung in die Erstellung von grafischen Oberflächen und die Behandlung von Fenster- und Mausereignissen.

In Kapitel 10 wird neben einer Kurzeinführung in HTML das Konzept von Applets vermittelt. Es genügen oft nur einfache Änderungen, um aus einer Applikation ein Applet zu machen.

Einen Einstieg in die Techniken der Programmentwicklung gibt Kapitel 11. Es werden viele verschiedene Programmbeispiele zu den jeweiligen Entwurfstechniken vorgestellt.

Kapitel 12 macht einen Ausflug in die Bildverarbeitung. *Fraktale* werden gezeichnet und verschiedene Techniken der Bildverarbeitung aufgezeigt.

Kapitel 13 beschäftigt sich mit Aspekten der Künstlichen Intelligenz, wie z. B. der *Erkennung handgeschriebener Ziffern* oder der Funktionsweise eines perfekt spielenden *TicTacToe*-Spiels.

Abschließend werden in Kapitel 14 alle Phasen einer Projektentwicklung für eine Variante des Spiels *Tetris*, vom Entwurf über die Implementierung bis hin zur Dokumentation, dargestellt.

Um den Leser für neue Projekte zu motivieren, werden in Kapitel 15 weitere Konzepte der Softwareentwicklung kurz erläutert.

Danksagungen

Auch zu der zweiten Auflage haben wieder viele Studenten und Leser ihren Teil dazu beigetragen, Fehler und Unklarheiten aufzudecken und damit das Buch zu verbessern. Ganz besonders möchte ich Miao Wang, Johannes Kulick und Benjamin Bortfeldt erwähnen, mit denen ich neben einigen Lehrveranstaltungen auch zahlreiche Java-Projekte mit Studenten gestartet habe. Durch Ihr Engagement und die kreativen Ideen werden die Studenten ermuntert, sich eigene kleine Projekte auszudenken und diese in der Gruppe zu realisieren.

Besonders möchte ich mich auch bei den vielen kritischen Lesern, die zahlreiche Korrekturen und Verbesserungen beigesteuert haben, und für die vielen bereichernden Diskussionen bedanken (in alphabetischer Reihenfolge): *Dietmar Abts, Maro Bader, Benjamin Bortfeldt, Anne, Katrin, Inge und Detlef Berlitz, Erik Cuevas, Jan Dérer, Christian Ehrlich, Margarita Esponda, Dominic Freyberg, Niklaas Görsch, Christine Gräfe, Ketill Gunnarson, Tobias Hannasky, Julia und Thorsten Hanssen, Frank Hoffmann, Maximilian Höflich, Nima Keshvari, Michael Kmoch, André Knuth, Raul Kompaß, Falko Krause, Jan Kretzschmar, Klaus Kriegel, Johannes Kulick, Tobias Losch, Adrian Neumann, Günter Pehl, André Rauschenbach, Raúl Rojas, Michael Schreiber, Bettina Selig, Sonja und Thilo Rörig, Alexander Seibert, Manuel Siebeneicher, Mark Simon, Ole Schulz-Trieglaff, Tilman Walther, Miao Wang, Daniel Werner* und *Daniel Zaldivar.*

Ich wünsche dem Leser genauso viel Spaß beim Lesen wie ich es beim Schreiben hatte und hoffe auf offene Kritik und weitere Anregungen.

Berlin, im August 2009   *Marco Block*

Aus dem Vorwort zur ersten Auflage

Es existieren viele gute Bücher, die sich mit der Programmiersprache Java auseinandersetzen und warum sollte es sinnvoll sein, ein weiteres Buch zu schreiben? Aus meiner Sicht gibt es zwei wichtige Gründe dafür.

Während der Arbeit in den Kursen mit Studenten aus verschiedenen Fachrichtungen habe ich versucht, in Gesprächen und Diskussionen herauszufinden, welche Probleme es beim Verständnis und beim Erlernen der „ersten Programmiersprache" gab. Ein Programmierer, dem bereits Konzepte verschiedener Programmiersprachen bekannt sind, erkennt schnell die Zusammenhänge und interessiert sich primär für die syntaktische Ausprägung der neu zu erlernenden Programmiersprache. An der *Freien Universität Berlin* habe ich einige Kurse betreut, bei denen ein Großteil der Studenten keinerlei oder kaum Erfahrung im Umgang mit Programmiersprachen besaßen. Eine Motivation für dieses Buch ist es, die Erkenntnisse und Schlüsselmethoden, die ich im Laufe der Zeit gesammelt habe, auch anderen zugänglich zu machen.

Ich bin der Ansicht, dass gerade Java als Einstiegssprache besonders gut geeignet ist. Sie ist typsicher (die Bedeutung dessen wird in Kapitel 2 klar) und verfügt im Kern über einen relativ kleinen Sprachumfang. Schon in kürzester Zeit und mit entsprechender Motivation lassen sich die ersten Softwareprojekte in Java erfolgreich und zielsicher realisieren.

Dieses Buch hat nicht den Anspruch auf Vollständigkeit, dem werden andere gerecht. Es wird vielmehr auf eine Ausbildung zum Selbststudium gesetzt. Ein roter Faden, an dem sich dieses Buch orientiert, versetzt den Leser in nur 14 Tagen in die Lage, vollkommen eigenständig Programme in Java zu entwickeln. Zu den sehr vielseitigen Themengebieten gibt es viele Beispiele und Aufgaben. Die Lösungen zu den Aufgaben lassen sich im Forum auf der Buchwebseite finden. Ich habe darauf verzichtet, „Standardbeispiele" zu verwenden und versucht, auf frische neue Anwendungen und Sichtweisen zu setzen.

Mitarbeiter dieses Buches

Motivation und Ausdauer, aus diesem über die Jahre zusammengestellten Manuskript, ein komplettes Buch zu erarbeiten, sind unter anderem *Ernesto Tapia* und *Felix Franke* zu verdanken. Beide haben nicht nur mit ihrem Engagement bei dem Aufspüren von Fehlern und Ergänzungen ihren Teil beigetragen, sondern jeweils ein Kapitel beigesteuert und damit das Buch abwechslungsreicher gestaltet.

Ernesto Tapia, der auf dem Gebiet der Künstlichen Intelligenz promoviert hat, entwarf das Tetris-Projekt für Kapitel 14 „Entwicklung einer größeren Anwendung" und hatte großen Einfluss auf Kapitel 13 „Methoden der Künstlichen Intelligenz". Für die seit vielen Jahren in Forschung und Lehre während gemeinsame Arbeit und Freundschaft bin ich ihm sehr dankbar.

Felix Franke war vor Jahren selbst einer meiner Studenten, dem ich den Umgang mit Java vermittelte. Durch seine Zielstrebigkeit konnte er sein Studium vorzeitig beenden und promoviert ebenfalls auf dem Gebiet der Künstlichen Intelligenz. Er hat sich voll und ganz dem Kapitel 12 „Bildverarbeitung" gewidmet.

Danksagungen

Mein Dank gilt allen, die auf die eine oder andere Weise zur Entstehung dieses Buches beigetragen haben. Dazu zählen nicht nur die Studenten, die sichtlich motiviert waren und mir Freude beim Vermitteln des Lehrstoffs bereiteten, sondern auch diejenigen Studenten, die im Umgang mit Java große Schwierigkeiten hatten. Dadurch wurde ich angeregt auch unkonventionelle Wege auszuprobieren.

Die Vorlesungen an der Freien Universität Berlin von *Klaus Kriegel*, *Frank Hoffmann* und *Raúl Rojas* haben mein Verständnis für didaktische Methodik dabei am intensivsten geprägt.

An dieser Stelle möchte ich meinen Eltern, Großeltern und meinem Bruder danken, die mich immer bei allen meinen Projekten bedingungslos unterstützen.

Unterstützung erhielt ich von *Sonja Rörig*, die neben der Arbeit als Illustratorin und Designerin, Zeit für meine Abbildungen fand. Das Vererbungsbeispiel mit den witzigen Fußballspielern hat es mir besonders angetan. Vielen lieben Dank für Deine professionelle Hilfe! Auch *Tobias Losch* ist in diesem Zusammenhang noch einmal zu nennen, denn neben den zahlreichen Korrekturhilfen, hat auch er bei einigen Abbildungen geholfen und die Webseite zum Buch entworfen.

Die Zusammenarbeit mit dem Springer-Verlag, gerade bei diesem ersten Buchprojekt, war sehr angenehm und bereichernd. Für die geduldige und fachkundige Betreuung von *Hermann Engesser* und *Gabi Fischer* bin ich sehr dankbar.

Berlin, im Juli 2007   *Marco Block*

Inhaltsverzeichnis

1 Tag 1: Vorbereitungen und Javas kleinste Bausteine 1

   1.1 Warum gerade mit Java beginnen? 2

   1.2 Installation von Java 3

      1.2.1 Wahl einer Entwicklungsumgebung 3

      1.2.2 Testen wir das installierte Java-System 4

   1.3 Vorteile des Selbststudiums 6

   1.4 Primitive Datentypen und ihre Wertebereiche 7

      1.4.1 Primitive Datentypen allgemein 8

      1.4.2 Primitive Datentypen in Java 8

   1.5 Variablen und Konstanten 10

      1.5.1 Deklaration von Variablen 10

      1.5.2 Variablen versus Konstanten 11

   1.6 Primitive Datentypen und ihre Operationen 12

      1.6.1 Datentyp boolean 12

      1.6.2 Datentyp char 15

      1.6.3 Datentyp int 15

      1.6.4 Datentypen byte, short und long 16

      1.6.5 Datentypen float und double 17

   1.7 Umwandlungen von Datentypen 18

      1.7.1 Explizite Typumwandlung 19

      1.7.2 Übersicht zu impliziten Typumwandlungen 20

      1.7.3 Die Datentypen sind für die Operation entscheidend 20

   1.8 Zusammenfassung und Aufgaben 21

2	**Tag 2: Grundlegende Prinzipien der Programmentwicklung**	23
2.1	Programm als Kochrezept	24
2.2	Methoden der Programmerstellung	25
	2.2.1 Sequentieller Programmablauf	26
	2.2.2 Verzweigungen	26
	2.2.3 Sprünge	27
	2.2.4 Schleifen	27
	2.2.5 Parallelität	27
	2.2.6 Kombination zu Programmen	28
2.3	Programme in Java	28
	2.3.1 Erstellen eines Javaprogramms in Pseudocode	29
	2.3.2 Erstellen eines Javaprogramms	29
2.4	Programmieren mit einem einfachen Klassenkonzept	30
2.5	Sequentielle Anweisungen	32
2.6	Verzweigungen	33
	2.6.1 Verzweigung mit if	34
	2.6.2 Verzweigung mit switch	35
2.7	Verschiedene Schleifentypen	36
	2.7.1 Schleife mit for	36
	2.7.2 Schleife mit while	38
	2.7.3 Schleife mit do-while	39
2.8	Sprunganweisungen	40
	2.8.1 Sprung mit break	40
	2.8.2 Sprung mit continue	42
2.9	Funktionen in Java	43
2.10	Zusammenfassung und Aufgaben	46
3	**Tag 3: Daten laden und speichern**	49
3.1	Externe Programmeingaben	50
3.2	Daten aus einer Datei einlesen	51
3.3	Daten in eine Datei schreiben	53
3.4	Daten von der Konsole einlesen	53
3.5	Zusammenfassung und Aufgaben	54

Inhaltsverzeichnis   xv

4   Tag 4: Verwendung einfacher Datenstrukturen   57

    4.1   Arrays   58

        4.1.1   Deklaration und Zuweisung   59

        4.1.2   Vereinfachte Schleife mit for   60

    4.2   Matrizen oder multidimensionale Arrays   60

    4.3   Conway's Game of Life   61

        4.3.1   Einfache Implementierung   63

        4.3.2   Auswahl besonderer Muster und Ausblick   66

    4.4   Zusammenfassung und Aufgaben   66

5   Tag 5: Debuggen und Fehlerbehandlungen   69

    5.1   Das richtige Konzept   70

    5.2   Exceptions in Java   72

        5.2.1   Einfache try-catch-Behandlung   73

        5.2.2   Mehrfache try-catch-Behandlung   74

    5.3   Fehlerhafte Berechnungen aufspüren   75

        5.3.1   Berechnung der Zahl pi nach Leibniz   75

        5.3.2   Zeilenweises Debuggen und Breakpoints   78

    5.4   Zusammenfassung und Aufgaben   78

6   Tag 6: Erweitertes Klassenkonzept   81

    6.1   Entwicklung eines einfachen Fußballmanagers   82

    6.2   Spieler und Trainer   82

        6.2.1   Generalisierung und Spezialisierung   82

        6.2.2   Klassen und Vererbung   83

        6.2.3   Modifizierer public und private   85

        6.2.4   Objekte und Instanzen   86

        6.2.5   Konstruktoren in Java   87

    6.3   Torwart   89

    6.4   Die Mannschaft   90

    6.5   Turniere und Freundschaftsspiele   91

	6.5.1	Ein Interface Freundschaftsspiel festlegen	91
	6.5.2	Freundschaftsspiel FC Steinhausen-Oderbrucher SK	94
	6.5.3	Beispiel zu Interface	97
	6.5.4	Interface versus abstrakte Klasse	99
6.6	Zusammenfassung und Aufgaben	100

7 Tag 7: Aufarbeitung der vorhergehenden Kapitel 103

7.1	Referenzvariablen	104
7.2	Zugriff auf Attribute und Methoden durch Punktnotation	105
7.3	Die Referenzvariable this	106
7.4	Prinzip des Überladens	106
	7.4.1 Überladung von Konstruktoren	107
	7.4.2 Der Copy-Konstruktor	108
7.5	Garbage Collector	108
7.6	Statische Attribute und Methoden	109
7.7	Primitive Datentypen und ihre Wrapperklassen	110
7.8	Die Klasse String	111
	7.8.1 Erzeugung und Manipulation von Zeichenketten	111
	7.8.2 Vergleich von Zeichenketten	112
7.9	Zusammenfassung und Aufgaben	114

8 Tag 8: Verwendung von Bibliotheken 117

8.1	Standardbibliotheken	118
8.2	Funktionen der Klasse Math	120
8.3	Zufallszahlen in Java	120
	8.3.1 Ganzzahlige Zufallszahlen vom Typ int und long	121
	8.3.2 Zufallszahlen vom Typ float und double	122
	8.3.3 Weitere nützliche Funktionen der Klasse Random	122
8.4	Das Spielprojekt BlackJack	123
	8.4.1 Spielregeln	123

8.4.2	Spieler, Karten und Kartenspiel	124
	8.4.2.1 Verwendungsbeispiel für die Datenstruktur Vector .	124
	8.4.2.2 Implementierung der Klassen Spieler, Karte und Kartenspiel.	126
8.4.3	Die Spielklasse BlackJack	129
8.5	JAMA – Lineare Algebra	135
8.6	Eine eigene Bibliothek bauen.	137
8.7	Zusammenfassung und Aufgaben	138

9   Tag 9: Grafische Benutzeroberflächen 141

9.1 Fenstermanagement unter AWT 142

    9.1.1 Ein Fenster lokal erzeugen 142

    9.1.2 Vom Fenster erben und es zentrieren 143

9.2 Zeichenfunktionen innerhalb eines Fensters. 144

    9.2.1 Textausgaben 145

    9.2.2 Zeichenfunktionen 145

    9.2.3 Die Klasse Color 146

    9.2.4 Bilder laden und anzeigen 147

9.3 Auf Fensterereignisse reagieren und sie behandeln 149

    9.3.1 Fenster mit dem Interface WindowListener schließen 149

    9.3.2 GUI-Elemente und ihre Ereignisse 152

        9.3.2.1 Layoutmanager 152

        9.3.2.2 Die Komponenten Label und Button 152

        9.3.2.3 Die Komponente TextField 154

9.4 Auf Mausereignisse reagieren 155

9.5 Zusammenfassung und Aufgaben 157

10 Tag 10: Appletprogrammierung 159

10.1 Kurzeinführung in HTML 160

10.2 Applets im Internet 160

10.3 Funktionen eines Applets 161

10.4 Verwendung des Appletviewers. 162

xviii   Inhaltsverzeichnis

10.5 Eine Applikation zum Applet umbauen 164

    10.5.1 Konstruktor zu init 164

    10.5.2 paint-Methoden anpassen 165

    10.5.3 TextField-Beispiel zum Applet umbauen 166

10.6 Flackernde Applets vermeiden 167

    10.6.1 Die Ghosttechnik anwenden 169

    10.6.2 Die update-Methode überschreiben 170

10.7 Ein Beispiel mit mouseDragged 171

10.8 Diebstahl von Applets erschweren 172

    10.8.1 Download und Dekompilierung 173

    10.8.2 Verwirrung durch einen Obfuscator 175

10.9 Zusammenfassung und Aufgaben 175

11 Tag 11: Techniken der Programmentwicklung 177

11.1 Der Begriff Algorithmus 178

11.2 Techniken zum Entwurf von Algorithmen 178

    11.2.1 Prinzip der Rekursion 178

    11.2.2 Brute Force 180

    11.2.3 Greedy 181

    11.2.4 Dynamische Programmierung und Memoisation 181

    11.2.5 Teile und Herrsche 183

11.3 Algorithmen miteinander vergleichen 183

11.4 Kleine algorithmische Probleme 184

    11.4.1 Identifikation und Erzeugung von Primzahlen
         mit Brute Force 184

    11.4.2 Sortieralgorithmen 185

         11.4.2.1 InsertionSort 185

         11.4.2.2 BubbleSort 186

         11.4.2.3 QuickSort 187

    11.4.3 Needleman-Wunsch-Algorithmus 189

11.5 Zusammenfassung und Aufgaben 191

Inhaltsverzeichnis   xix

12 Tag 12: Bildverarbeitung 193

    12.1 Das RGB-Farbmodell 194

    12.2 Grafische Spielerei: Apfelmännchen 196

        12.2.1 Mathematischer Hintergrund 196

        12.2.2 Das Apfelmännchen-Fraktal in grau 198

        12.2.3 Die Klasse BufferedImage 200

        12.2.4 Bilder laden und speichern 201

        12.2.5 Das Apfelmännchen-Fraktal in Farbe 203

    12.3 Bilder bearbeiten 206

        12.3.1 Ein Bild invertieren 207

        12.3.2 Erstellung eines Grauwertbildes 208

        12.3.3 Binarisierung eines Grauwertbildes 209

    12.4 Zusammenfassung und Aufgaben 210

13 Tag 13: Methoden der Künstlichen Intelligenz 211

    13.1 Mustererkennung 212

        13.1.1 Einlesen der Trainingsdaten 212

        13.1.2 k-nn Algorithmus 217

            13.1.2.1 Visualisierung des Algorithmus 217

            13.1.2.2 Implementierung eines k-nn Klassifikators 217

        13.1.3 k-means Algorithmus 220

            13.1.3.1 Bestimmung der k Prototypen 220

            13.1.3.2 Expectation-Maximization
                    als Optimierungsverfahren 221

            13.1.3.3 Allgemeine Formulierung
                    des k-means Algorithmus 222

            13.1.3.4 Implementierung des k-means 222

    13.2 Ein künstlicher Spielegegner 226

        13.2.1 Der MinMax-Algorithmus 227

        13.2.2 MinMax mit unbegrenzter Suchtiefe 227

        13.2.3 MinMax mit begrenzter Suchtiefe und Bewertungsfunktion . 229

        13.2.4 Spieleprojekt TicTacToe 230

    13.3 Zusammenfassung und Aufgaben 236

14 Tag 14: Entwicklung einer größeren Anwendung 237

    14.1 Entwurf eines Konzepts 238

        14.1.1 GUI Klassen 239

        14.1.2 Spiellogik 240

        14.1.3 Spieldatenverwaltung 240

        14.1.4 Komplettes Klassendiagramm 242

    14.2 Implementierung 242

        14.2.1 Klasse TeeTristBox 242

        14.2.2 Klasse TeeTristStein 242

        14.2.3 Klasse TeeTristSpielfeld 246

        14.2.4 Klasse SpielThread 250

        14.2.5 Klasse TeeTristPanel 253

        14.2.6 Klasse TeeTrist 254

    14.3 Spielen wir ein Spiel TeeTrist 255

    14.4 Dokumentation mit javadoc 255

    14.5 Zusammenfassung und Aufgaben 256

15 Java – Weiterführende Konzepte 259

    15.1 Professionelle Entwicklungsumgebungen 260

    15.2 Das Klassendiagramm als Konzept einer Software 260

    15.3 Klassendiagramm mit UML 260

        15.3.1 Klasse 261

        15.3.2 Vererbung 261

        15.3.3 Beziehungen zwischen Klassen 262

            15.3.3.1 Beziehungen 262

            15.3.3.2 Kardinalitäten 262

            15.3.3.3 Aggregation und Komposition 263

    15.4 Verwendung externer Bibliotheken 263

    15.5 Zusammenarbeit in großen Projekten 264

Glossar 265

Literaturverzeichnis 271

Sachverzeichnis 275

1

Tag 1: Vorbereitungen und Javas kleinste Bausteine

Unser erster Abschnitt beschäftigt sich zunächst mit der Installation von Java, der Wahl einer Entwicklungsumgebung und der Motivation zum Selbststudium. Im zweiten Teil dieses Kapitels werden wir die kleinsten Java-Bausteine kennenlernen und schon mit den ersten Programmierübungen beginnen.

Ein innerer Antrieb und viele praktische Übungen sind unerlässlich für das Erlernen einer Programmiersprache. Programmieren heißt häufig auch, mit anderen oder für andere zu programmieren. Daher werden wir lernen, durch einen verständlichen

M. Block, *JAVA-Intensivkurs*
DOI 10.1007/978-3-642-03955-3, © Springer 2010

Programmaufbau, mit Diagrammen und ausreichender Kommentierung, die Kommunikation mit anderen zu verbessern, um allein oder gemeinsam komplexe Projekte meistern zu können.

1.1 Warum gerade mit Java beginnen?

Es gibt viele Gründe mit dem Programmieren zu beginnen, aber warum sollte es gerade die Programmiersprache Java sein? Eine Insel in Indonesien trägt ebenfalls den Namen Java (siehe Abb. 1.1).

Die Vorteile von Java liegen in dem, im Gegensatz zu anderen Programmiersprachen, relativ kleinen Befehlsumfang und der strikten Typsicherheit. Java ist plattformunabhängig und kann daher auf verschiedenen Betriebssystemen eingesetzt werden. Auf mobilen Geräten hat Java in der Zwischenzeit eine dominierende Stellung eingenommen. Es gibt eine sehr große Java-Community und die Sprache ist leicht zu erlernen. Generell gilt: Die Chance in Java etwas falsch zu machen ist sehr viel kleiner als z. B. bei C++.

Diese Eigenschaften sind der Grund dafür, weshalb Java gerade in der Lehre intensiv eingesetzt wird.

Es gibt aber auch Nachteile. Geschwindigkeitsrelevante Softwaresysteme sollten nicht mit Java, sondern eher mit Programmiersprachen wie C oder C++ geschrieben werden. Trotzdem hat sich Java gerade in der Mobilkommunikation durchgesetzt. Der Speicher eines Computers kann nicht direkt angesprochen werden, alles wird über eine virtuelle Maschine gesteuert. Damit ist auch sichergestellt, dass sicherheitsproblematische Speicherabschnitte nicht so einfach ausgelesen werden können (siehe dazu Abschn. 1.3.9 in [40]).

Neben den üblichen **Applikationen**, das sind selbstständige Anwendungsprogramme (stand-alone Applications), können wir mit Java aber auch Programme schreiben, die in eine Webseite eingebunden werden können. Diese Programme nennen wir **Applets**.

In diesem Buch werden wir beide Programmtypen kennenlernen und mit ihnen verschiedene Projekte realisieren. Wir werden sehen, dass oft nur wenige Arbeitsschritte notwendig sind, um eine Applikation in ein Applet zu ändern und damit webfähig zu machen.

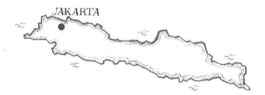

Abb. 1.1. Java ist auch eine indonesische Insel mit der Hauptstadt Jakarta

1.2 Installation von Java

Wir beginnen zunächst damit, uns mit dem System vertraut zu machen. Dazu installieren wir auf dem vorhandenen Betriebssystem eine aktuelle Java-Version. Für das vorliegende Buch wurde die Version 1.6 verwendet. Es ist darauf zu achten, dass es sich bei dieser um eine SDK- oder JDK-Version handelt (SDK = Software Development Kit oder JDK = Java Development Kit). Zu finden ist sie zum Beispiel auf der Internetseite von Sun Microsystems [53].

Eine wichtige Anmerkung an dieser Stelle: Bei vielen Betriebssystemen ist es notwendig, die **Umgebungsvariablen** richtig zu setzen. Bei Windows XP beispielsweise geht man dazu in die „Systemsteuerung" und dort auf „Systemeigenschaften", dann müssen unter der Rubrik „Erweitert" die Umgebungsvariablen geändert werden. Es gibt eine Variable *PATH*, die um den Installationsordner + „/bin" von Java erweitert werden muss. In älteren Systemen muss noch eine neue Umgebungsvariable mit dem Namen *CLASSPATH* erzeugt und ihr ebenfalls der Javapfad zugewiesen werden. Zusätzlich zum Javapfad muss „; . ;" angehängt werden.

Da sich Betriebssysteme untereinander und sogar von Version zu Version stark im Verhalten unterscheiden können, bietet es sich bei auftretenden Schwierigkeiten an, das Java-Forum zu besuchen. Dort lassen sich bereits veröffentlichte Lösungen nachlesen oder wir werden eine Lösung gemeinsam finden.

1.2.1 Wahl einer Entwicklungsumgebung

Nach der Installation von Java müssen wir uns für eine Entwicklungsumgebung entscheiden und diese ebenfalls installieren. Es gibt eine Reihe von Umgebungen, die es dem Programmierer erleichtern, Programme in Java zu entwickeln. Hier sind ein paar kostenfrei erhältliche Programme aufgelistet:

– Jeder Texteditor kann verwendet werden, z. B. NotePad++ [58]

– Eclipse [55]

– JCreator [56]

– NetBeans [57]

– Borland JBuilder [59]

Es gibt viele weitere Editoren für Java. Da ich keinen bevorzuge, sondern den angehenden Programmierer für die internen Prozesse sensibilisieren möchte, verzichte ich auf den Einsatz professioneller Entwicklungsumgebungen und schreibe alle Programme mit einem einfachen Texteditor (siehe Abb. 1.2).

Dem Leser sei es selbst überlassen, eine Wahl zu treffen. Eine Übersicht findet sich beispielsweise auf der Internetseite vom Java-Tutor [54].

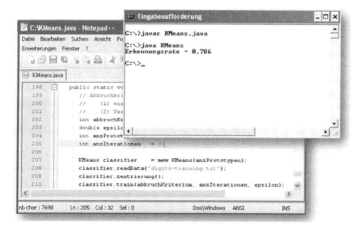

Abb. 1.2. Javaprogramme entwickeln mit NotePad++

Für Umsteiger, die bereits Erfahrung mit der Entwicklung von Programmen in anderen Sprachen besitzen, empfehle ich Eclipse. Anfänger sollten mit dem Einsatz von Eclipse erst beginnen, wenn Ihnen die Entwicklung von Javaprogrammen keine allzu große Schwierigkeiten mehr bereitet. Die Fülle an Funktionen und Möglichkeiten, die von der Entwicklungsumgebung geboten wird, können schnell zu großem Frust führen, wenn die Übersicht verloren geht und die einfachsten Fehler nicht mehr zu lösen sind.

1.2.2 Testen wir das installierte Java-System

Bevor es mit der Programmierung losgeht, wollen wir nach der Installation von Java das System auf Herz und Nieren prüfen. Dazu starten wir eine **Konsole** (unter Windows heißt dieses Programm **Eingabeaufforderung**). Wenn die Installation von Java vollständig abgeschlossen ist und die Umgebungsvariablen richtig gesetzt sind, dann müsste die Eingabe der Anweisung *javac* zu folgender (hier gekürzter) Ausgabe führen:

```
C:\>javac
Usage: javac <options> <source files>
where possible options include:
  -g                         Generate all debugging info
  -g:none                    Generate no debugging info
  -g:{lines,vars,source}     Generate only some debugging info
  -nowarn                    Generate no warnings
  -verbose                   Output messages about what the compiler ...
  -deprecation               Output source locations where deprecate ...
  ...
```

In dieser oder ähnlicher Form sollte die Ausgabe geliefert werden. Falls eine Fehlermeldung erscheint, z. B.

1.2 Installation von Java

```
C:\>javac
Der Befehl "javac" ist entweder falsch geschrieben oder
konnte nicht gefunden werden.
```

bedeutet dies, dass das Programm *javac* nicht gefunden wurde. An dieser Stelle sollte vielleicht die *PATH*-Variable noch einmal überprüft (siehe dazu Abschn. 1.2) oder ein Rechnerneustart vorgenommen werden.

Testen wir unser System weiter. Um herauszufinden, ob der *CLASSPATH* richtig gesetzt ist, schreiben wir ein kurzes Programm. Dazu öffnen wir einen Editor und schreiben folgende Zeile hinein:

```
public class Test{}
```

Diese Datei speichern wir mit dem Namen **Test.java** in einem beliebigen Ordner. Am besten wäre an dieser Stelle vielleicht, die Datei einfach auf „C:\" zu speichern, denn wir werden das Programm anschließend sowieso wieder löschen. In meinem Fall habe ich einen Ordner mit dem Namen „Java" in „C:\" angelegt und die Datei dort hinein gespeichert.

Anschließend navigieren wir in der Konsole zu der Datei und geben die folgende Anweisung ein:

```
C:\>cd Java
C:\Java>javac Test.java

C:\Java>
```

Wenn keine Fehlermeldung erscheint, ist das System bereit und wir können endlich mit der Programmierung beginnen.

Dieses kleine Beispiel hat uns einen ersten Einblick in die Programmerstellung mit Java gegeben. Wir werden in einem Editor die Programme schreiben und sie anschließend in der Konsole starten. Mit der Anweisung *javac* wird das Programm in den so genannten Byte-Code umgewandelt, dabei wird eine Datei mit dem gleichen Namen erzeugt, aber mit der Endung „.class" versehen.

Eine solche Datei wird auch für unser kleines Beispiel erzeugt.

```
C:\Java>javac Test.java

C:\Java>dir
 Volume in Laufwerk C: hat keine Bezeichnung.
 Volumeseriennummer: A8DB-F3AF

 Verzeichnis von C:\Java

14.03.2007  12:22    <DIR>          .
14.03.2007  12:22    <DIR>          ..
14.03.2007  12:22              182 Test.class
14.03.2007  12:10               19 Test.java
               2 Datei(en)            201 Bytes
               2 Verzeichnis(se), 372.468.928.512 Bytes frei
```

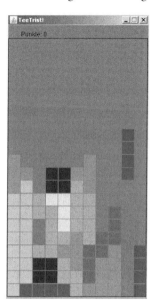

Abb. 1.3. Das Tetrisprojekt in Kap. 14 besitzt eine grafische Oberfläche. Über Tastatureingaben lassen sich die herabfallenden Steine bewegen und rotieren

Später werden wir noch erfahren, wie wir einen solchen Byte-Code starten und beispielsweise ein kleines Tetrisprogramm spielen können (siehe Abb. 1.3).

1.3 Vorteile des Selbststudiums

Es gibt zwei Ansätze beim Erlernen einer Programmiersprache. Der erste Ansatz ist ein detailliertes Studium aller Funktionen und Eigenschaften einer Sprache und das fleißige Erlernen aller Vokabeln. Dabei können zu jedem Teilaspekt Beispiele angebracht und Programmierübungen gelöst werden. Diese Strategie könnte als **Bottom-Up-Lernen** bezeichnet werden, da erst die kleinen Bausteine gelernt und später zu großen Projekten zusammengefügt werden.

Beim zweiten Ansatz werden die zu erlernenden Bausteine auf ein Minimum reduziert. Es werden eher allgemeine Konzepte als speziell in einer Sprache existierende Befehle und Funktionen vermittelt. Mit diesem Basiswissen und verschiedenen Wissensquellen, die zu Rate gezogen werden können, lassen sich nun ebenfalls erfolgreich größere Projekte realisieren. Die entsprechenden Bausteine werden während des Entwicklungsprozesses studiert und erarbeitet. Das zweite Verfahren, wir könnten es **Top-Down-Lernen** nennen, eignet sich für Personen, die sich nicht auf eine spezielle Programmiersprache beschränken und schnell mit dem Programmieren beginnen wollen. Der Lernprozess findet dabei durch die praktische Handhabung der Sprache statt.

1.4 Primitive Datentypen und ihre Wertebereiche   7

Beim Erlernen einer Fremdsprache verhält es sich ähnlich. So kann zunächst damit begonnen werden, möglichst viele Vokabeln und die Grammatik zu lernen und anschließend in entsprechenden Situationen die Worte zu Sätzen zu verknüpfen. Der Lernprozess findet also primär vor der praktischen Ausübung statt. Bei der Top-Down-Variante wird im Gegensatz dazu zunächst das Szenario vorgegeben und nur die dafür notwendigen Vokabeln und Grammatik werden besprochen. Das Sprechen beginnt früher, Hemmungen werden abgelegt, mehr Sinne werden verwendet und der Lernprozess verlagert sich in die praktische Ausübung.

Ich persönlich bevorzuge die Top-Down-Variante und habe mit Bedacht diesen didaktischen Weg für die Konzeption dieses Buches gewählt. Aus diesem Grund wird der Leser schnell mit dem Programmieren beginnen können, ohne erst viele Seiten Theorie studieren zu müssen. Da dieses Buch nicht den Anspruch auf Vollständigkeit hat, wird dem Leser im Laufe der Kapitel vermittelt, wie und wo Informationsquellen zu finden sind und wie diese zu verwenden sind, um spezielle Probleme eigenständig zu lösen.

Es ist unmöglich, ein Buch zu schreiben, das auf alle erdenklichen Bedürfnisse eingeht und keine Fragen offen lässt. Deshalb ist es ratsam, zu entsprechenden Themenbereichen zusätzliche Quellen zu Rate zu ziehen, aus denen an vielen Stellen verwiesen wird. Dieses Buch eignet sich nicht nur als Einstieg in die Programmierung mit Java, sondern versucht auch einen Blick auf den ganzen Prozess einer Softwareentwicklung zu geben.

Java ist nur ein Werkzeug zur Formulierung von Programmen. Zur erfolgreichen Realisierung von Projekten gehört aber noch viel mehr. Projekte müssen genau geplant und vor der eigentlichen Entwicklung möglichst so formuliert werden, dass jeder Softwareentwickler weiß, was er zu tun hat.

Im Laufe der vielen Projekte im Buch durchstreifen wir verschiedene Gebiete der Informatik, vom Algorithmenentwurf, über Verfahren aus der Künstlichen Intelligenz bis hin zur Entwicklung kleiner Spiele.

Dieses Buch soll dem Leser einen umfassenden Einstieg in den gesamten Prozess der Softwareentwicklung ermöglichen.

Ich hoffe, dass Motivation und Kreativität für die Realisierung von Projekten in Java jetzt ausreichend vorhanden sind. Wir werden in den folgenden Abschnitten mit den kleinsten Bausteinen beginnen.

1.4 Primitive Datentypen und ihre Wertebereiche

Um einen ersten Einstieg in die Programmierung zu wagen und ein Fundament zu legen, müssen wir uns zunächst mit den primitiven Datentypen und den allgemeinen Prinzipien der Programmentwicklung vertraut machen. In Java wird im Gegensatz zu anderen Programmiersprachen, wie z. B. C oder C++, besonderer Wert auf Typsicherheit gelegt. Damit ist gemeint, dass der Interpreter, der das Programm ausführt,

8   1 Tag 1: Vorbereitungen und Javas kleinste Bausteine

bei der Verwaltung von Speicher immer genau Bescheid wissen möchte, um welchen
Datentyp es sich handelt.

Mit Programmen wollen wir den Computer dazu bringen, bestimmte Aufgaben und
Probleme für uns zu lösen. Wir haben es dabei immer mit Daten zu tun, die entwe-
der als Ein- oder Ausgabe für die Lösung einer Aufgabe oder zum Speichern von
Zwischenlösungen verwendet werden.

1.4.1 Primitive Datentypen allgemein

Die vielen Jahre der Softwareentwicklung haben gezeigt, dass es drei wichtige Kategorien von Daten gibt, die wir als atomar bezeichnen können, da sie die kleinsten
Bausteine eines Programms darstellen und wir sie später zu größeren Elementen
zusammenfassen werden.

Wahrheitswerte

Wahrheitswerte repräsentieren die kleinste Einheit im Rechner. Auf 0 oder 1, *true*
(wahr) oder *false* (falsch), Strom *an* oder *aus* beruhen alle technischen Ereignisse
eines Rechners. In jedem Programm werden sie ob bewusst oder unbewusst verwendet.

Zeichen und Symbole

Die Ein- und Ausgaben von Text sind ebenfalls wichtige Hilfsmittel für einen Programmierer. Zeichen oder Symbole, wie z. B. ‚a‘, ‚3‘, ‚$‘ oder ‚)‘, lassen sich später
zu größeren Datentypen (Zeichenketten) zusammenfassen, beispielsweise zu „Ich
`bin eine Zeichenkette!`“.

Zahlen

Zahlen sind wichtig, um beispielsweise Ereignisse zu zählen. Je nach Verwendungs-
zweck und Wertebereich, z. B. −1, 5,3, 2 390 682 395 724 oder 0,293, beanspruchen
Zahlen mal mehr und mal weniger Speicher im Rechner. Eine Zahl mit vielen Stellen
nach dem Komma (Gleitkommazahl), von der eine große Genauigkeit erwartet wird,
benötigt mehr Speicher als eine ganze Zahl ohne Nachkommastellen, die nur einen
kleinen Zahlenbereich abdecken muss.

1.4.2 Primitive Datentypen in Java

Je nach Programmiersprache werden nun verschiedene Datentypen aus diesen drei
Kategorien angeboten. Wir nennen sie, da sie die kleinsten Bausteine sind, primitive
Datentypen.

1.4 Primitive Datentypen und ihre Wertebereiche 9

In Java gibt es:

Wahrheitswerte: `boolean`
Zeichen und Symbole: `char`
Zahlen: `byte`, `short`, `int`, `long`, `float`, `double`

Wie diese Übersicht zeigt, wird in der Programmierung dem Bereich der Zahlen eine besondere Aufmerksamkeit gewidmet. Das hat gute Gründe. Um gute, schnelle Programme zu schreiben, ist es notwendig, sich Gedanken über die verwendeten Datentypen zu machen. Sicherlich könnte der Leser der Meinung sein, dass ein Zahlentyp ausreicht, beispielsweise ein `double`, der sowohl positive und negative als auch ganze und gebrochene Zahlen darzustellen vermag. Das ist korrekt. Aber ein `double` benötigt im Rechner jede Menge Speicher und für Operationen, wie Addition, Subtraktion, Multiplikation und Division, einen größeren Zeitaufwand als z. B. ein `short`.

Da wir in Programmen meistens sehr viele Datentypen und Operationen auf diesen verwenden wollen, um Aufgaben zu lösen, gilt die Devise, immer den Datentyp zu verwenden, der für die Aufgabe geeignet ist und den kleinsten Speicherbedarf hat.

Um nun entscheiden zu können, welche Datentypen in Frage kommen, bleibt es uns nicht erspart, einmal einen Blick auf die Wertebereiche zu werfen (Tabelle 1.1).

Diese Tabelle muss jetzt nicht auswendig gelernt werden, es genügt zu wissen, wo sie zu finden ist. Von einer Programmiersprache zu einer anderen, selbst bei verschiedenen Versionen einer Programmiersprache, können sich diese Werte unterscheiden, oder es kommen neue primitive Datentypen hinzu. Das ist unter anderem durch die enorme Weiterentwicklung der vorhandenen Prozessoren und Rechnergenerationen begründet.

Dem Leser mag aufgefallen sein, dass für einen `boolean`, obwohl er nur zwei Zustände besitzt, acht BIT reserviert sind. Logischerweise benötigt ein `boolean` nur ein BIT zur Speicherung der zwei möglichen Zustände `true` und `false`, aber aus technischen Gründen sind acht BIT die kleinste Speichereinheit in der aktuellen Rechnergeneration.

Tabelle 1.1. Übersicht der primitiven Datentypen in Java [41]. Die dritte Spalte zeigt den benötigten Speicher in BIT

Datentyp	Wertebereich	BIT
boolean	true, false	8
char	0 ... 65 535 (z. B. ‚a‘, ‚b‘, ..., ‚A‘, ..., ‚1‘, ...)	16
byte	−128 bis 127	8
short	−32 768 bis 32 767	16
int	−2 147 483 648 bis 2 147 483 647	32
long	−9 223 372 036 854 775 808 bis 9 223 372 036 854 775 807	64
float	+/−1,4E-45 bis +/−3,4E+38	32
double	+/−4,9E-324 bis +/−1,7E+308	64

1.5 Variablen und Konstanten

Mit Variablen und Konstanten haben wir erst die Möglichkeit, die Datentypen in unseren Programmen mit Inhalten zu füllen.

1.5.1 Deklaration von Variablen

Damit wir die unterschiedlichen Datentypen aus dem vorhergehenden Abschnitt in unseren Programmen einbauen können, müssen wir, wie es z. B. in der Algebra üblich ist, **Variablen** verwenden. Diese Variablen dienen als Platzhalter für die Werte im Speicher und belegen je nach Datentyp mehr oder weniger Ressourcen.

Um eine Variable eines bestimmten Typs im Speicher anzulegen, die für den Rest des Programms oder bis sie gelöscht wird bestehen bleibt, müssen wir sie **deklarieren**.

```
<Datentyp> <Name>;
```

Dabei ist `<Datentyp>` ein Platzhalter für einen Datentyp und `<Name>` ein Platzhalter für die Variablenbezeichnung. Beispielsweise wollen wir eine Variable vom Typ Wahrheitswert verwenden:

```
boolean a;
```

Die Variable a steht nach der **Deklaration** bereit und kann einen Wert zugewiesen bekommen. Das nennen wir eine **Zuweisung**.

Wir könnten nun nacheinander Variablen deklarieren und ihnen anschließend einen Wert zuweisen. Es lassen sich auch mehrere Variablen eines Datentyps gleichzeitig deklarieren oder, wie es die letzte Zeile demonstriert, Deklaration und Zuweisung in einer Anweisung ausführen.

```
boolean a;
a = true;
int b;
b = 7;
float c, d, e;
char f = 'b';
```

Die Bezeichnung einer Variable innerhalb eines Programms wird uns überlassen. Es gibt zwar ein paar Beschränkungen für die Namensgebung, aber der wichtigste Grund für die Wahl ist die Aufgabe der Variable.

Dazu ein paar Beispiele:

```
boolean istFertig;
double kursWert;
int schrittZaehler;
```

1.5 Variablen und Konstanten

Variablennamen beginnen mit einem Buchstaben, Unterstrich oder Dollarzeichen, nicht erlaubt sind dabei Zahlen. Nach dem ersten Zeichen dürfen aber sowohl Buchstaben als auch Zahlen folgen. **Operatoren** und **Schlüsselwörter** dürfen ebenfalls nicht als Variablennamen verwendet werden.

Zu den reservierten Schlüsselwörtern gehören die folgenden:

abstract, assert, boolean, break, byte, case, catch, char, class, const, continue, default, do, double, else, enum, extends, false, final, finally, float, for, future, generic, goto, if, implements, import, inner, instanceof, int, interface, long, native, new, null, operator, outer, package, private, protected, public, rest, return, short, static, strictfp, super, switch, synchronized, this, throw, throws, transient, true, try, var, void, volatile, while

Die meisten werden wir im Laufe des Buches kennenlernen. Es gibt sogar Schlüsselwörter, die aus historischen Gründen reserviert sind und momentan in Java keine Verwendung finden, so z. B. goto.

In diesem Buch werden bei allen Programmbeispielen die Schlüsselwörter fett gekennzeichnet. Diese Form der Kennzeichnung nennt man **Syntaxhervorhebung** und fördert die Übersicht und Lesbarkeit von Programmen.

Noch ein Hinweis an dieser Stelle: Java ist eine so genannte **textsensitive Sprache**, was bedeutet, dass auf Groß- und Kleinschreibung geachtet werden muss. Folgendes würde also nicht funktionieren:

```
boolean istFertig;
istFERTIG = true;
```

Damit wären wir also in der Lage, Programme quasi wie einen Aufsatz hintereinander weg zu schreiben. Durch eine überlegte Variablenbezeichnung werden zwei Dinge gefördert. Zum Einen benötigt der Programmautor weniger Zeit, um seine eigenen Programme zu lesen, deren Erstellung vielleicht schon etwas länger zurück liegt, und zum Anderen fördert es die Zusammenarbeit mit anderen Programmierern.

Im Laufe der Zeit haben sich einige Konventionen bezüglich der Erstellung von Programmen etabliert. Der Programmierer sollte sich an diese halten, um sich selbst und anderen das Leben nicht unnötig schwer zu machen. Frei nach dem Motto: Wir müssen nicht immer alles machen, was erlaubt ist.

Die gängigen Konventionen werden nach und nach in den folgenden Buchabschnitten, wenn notwendig, beschrieben und so beiläufig vermittelt.

1.5.2 Variablen versus Konstanten

Variablen sind ein unverzichtbarer Bestandteil von Programmen. Manchmal ist es notwendig, Variablen zu verwenden, die die Eigenschaft besitzen, während des Programmablaufs unverändert zu bleiben. Beispielsweise könnte ein Programm eine

12   1 Tag 1: Vorbereitungen und Javas kleinste Bausteine

Näherung der Zahl π (pi) verwenden. Der Näherungswert soll während des gesamten
Programmablaufs Bestand haben und nicht geändert werden.

```
double pi = 3.14159;
```

Damit aber nun gewährleistet ist, dass der Softwareentwickler selbst oder auch ein
anderer weiß, dass dieser Platzhalter im Speicher nicht variabel und demzufolge
keine Änderung erlaubt ist, schreiben wir einfach ein final davor, verwenden (laut
Konvention) für den Namen nur Großbuchstaben und machen so aus einer Variable
eine **Konstante**.

```
final <Datentyp> <Name>;
```

Jetzt können wir unmissverständlich den Platzhalter für π als Konstante deklarieren:

```
final double PI = 3.14159;
```

Nun herrscht für jeden Leser und den Java-Interpreter Klarheit. Wir haben anschließend keine Erlaubnis, in einem späteren Programmabschnitt diese Konstante zu
ändern. Der Java-Interpreter kümmert sich darum und wird einen Fehler melden,
falls wir es dennoch versuchen sollten.

In den meisten höheren Programmiersprachen gibt es einen Compiler. Ein Compiler
ist ein Programm, das den Programmcode in einen Maschinencode umwandelt. Bei
Java sieht die Sache etwas anders aus. Der Programmcode wird in Bytecode konvertiert und eine virtuelle Maschine führt dann die Befehle auf dem entsprechenden
Computer aus (interpretiert sie). Trotzdem bezeichnen wir das Programm ebenfalls
als Java-Compiler.

1.6 Primitive Datentypen und ihre Operationen

Die vorherige ausführliche Einführung diente dem Zweck, im Folgenden die **Operationen** der einzelnen Datentypen besser verstehen zu können. Die Syntax (das
Aufschreiben des Programms in einem vorgegebenen Format) lenkt nun nicht mehr
ab und wir können uns die wesentlichen Verknüpfungsmöglichkeiten der Datentypen
untereinander anschauen.

1.6.1 Datentyp boolean

Der boolean bezeichnet einen Wahrheitswert und kann demzufolge true (wahr)
oder false (falsch) sein.

```
boolean b;
b = false;
```

1.6 Primitive Datentypen und ihre Operationen 13

Zunächst wird b als `boolean` deklariert und ihm anschließend mit = der Wert `false` zugewiesen. Mit dem Datentyp `boolean` lassen sich alle logischen Operationen ausführen. Es gibt eine weit verbreitete Möglichkeit, auf die wir später noch genauer eingehen werden, einen `boolean` für eine Entscheidung zu verwenden:

```
if (<boolean>) <Anweisung>;
```

Wenn der `boolean` den Wert `true` hat, dann wird die nachfolgende Anweisung ausgeführt. Im anderen Fall, wenn der `boolean` den Wert `false` hat, überspringen wir die Anweisung.

Es lassen sich aber auch, wie schon erwähnt, logische Operationen mit einem `boolean` ausführen. Wir verwenden für die folgenden Abschnitte zwei `boolean` B_1 und B_2 mit ihren möglichen Belegungen 1 für `true` und 0 für `false`.

Das logische UND

Die Funktionswerte für alle möglichen Belegungen für die logische Verknüpfung UND lassen sich in Wertetabelle 1.2 anschauen.

Nur wenn beide Operanden `true` sind, liefert die Operation **UND** auch ein `true`. In Java notieren wir die Operation **UND** mit dem Symbol &&.

Schauen wir uns ein Beispiel dazu an:

```
boolean a, b, c;
a = true;
b = false;
c = a && b;
```

Frage: Welchen Wert hat die Variable c am Ende dieses Programmabschnittes?

Antwort: Wenn wir uns die Wertetabelle anschauen, dann sehen wir für den Fall $B_1 = 1$ und $B_2 = 0$, dass B_1 UND B_2, also c, den Wert 0, also `false` hat.

Das logische ODER

Die Funktionswerte des **ODER**-Operators für alle Belegungen werden in Wertetabelle 1.3 gezeigt.

Tabelle 1.2. Funktionswerte der logischen Operation UND

B_1	B_2	B_1 UND B_2
0	0	0
0	1	0
1	0	0
1	1	1

Tabelle 1.3. Funktionswerte der logischen Operation ODER

B_1	B_2	B_1 ODER B_2
0	0	0
0	1	1
1	0	1
1	1	1

Einer der beiden Operanden mit dem Wert `true` genügt, um als Ergebnis ein `true` zu liefern. Wir verwenden das Symbol || für den **ODER**-Operator.

Schauen wir uns wieder ein kleines Beispiel dazu an:

```
boolean a, b, c;
a = true;
b = a && a;
c = b || a;
```

Frage: Welchen Wert beinhaltet c am Ende?

Anwort: Bei der Auswertung für c ermitteln wir zuerst den Wert `true` für b, da true&&true gleich `true` ist und erhalten schließlich für c den Wert `true`, da true||true ebenfalls true ist.

Das logische NICHT

Eine einfache Umkehrung des Wertes eines `boolean` wird durch die Negation erreicht (siehe Tabelle 1.4).

Der **NICHT**-Operator wird in Java mit ! symbolisiert.

Jetzt sind wir in der Lage, beliebige logische Funktionen zu bauen und zu verknüpfen, denn alle logischen Funktionen lassen sich durch die Bausteine UND, ODER und NICHT konstruieren [6].

```
boolean a = true, b = false, c, d;
c = a && b;
d = (a || b) && !c
```

In diesem Beispiel wurden die booleschen Operatoren && (UND), || (ODER) und ! (NICHT) verwendet. Es gibt auch noch das ENTWEDER-ODER, das durch ^ (XOR) symbolisiert wird und nur `true` liefert, wenn einer der beiden Operanden true und der andere `false` ist.

Tabelle 1.4. Funktionswerte der logischen Operation NICHT

B_1	NICHT B_1
0	1
1	0

1.6 Primitive Datentypen und ihre Operationen   15

1.6.2 Datentyp char

Zeichen oder Symbole werden durch den Datentyp char identifiziert. Wir schreiben
ein Zeichen zwischen ' '.

```
char d = '7';
char e = 'b';
```

Die Variable d trägt als Inhalt das Zeichen '7', sie wird aber nicht als die Zahl 7
interpretiert. Alle Datentypen lassen sich auch vergleichen. Anhand des Datentyps
char schauen wir uns die relationalen Operatoren (Vergleichsoperatoren) an:

```
boolean d, e, f, g;
char a, b, c;
a = '1';
b = '1';
c = '5';

d = a == b;
e = a != b;
f = a < c;
g = c >= b;
```

Es existieren folgende Vergleichsoperatoren: == (gleich), != (ungleich), <, >, <=
und >=. Vergleichsoperatoren liefern einen boolean. So beispielsweise in der Zeile
d = a == b;, da a==b entweder true oder false ist.

Frage: Welche Belegungen der Variablen ergeben sich nach der Ausführung?

Antwort: d=true, e=false, f=true und g=true.

1.6.3 Datentyp int

Der Datentyp int repräsentiert Ganzzahlen im Bereich von $-2\,147\,483\,648$ bis
$2\,147\,483\,647$. Dieser Datentyp ist der wahrscheinlich am häufigsten verwendete.

```
int a, b = 0;
a = 10;
```

Die Variablen a und b werden erzeugt und schon bei der Deklaration wird b der
Wert 0 zugewiesen.

Das Schöne an Zahlen ist, dass wir sie addieren, subtrahieren, multiplizieren und
dividieren können. Aber mit dem Dividieren meinen wir manchmal zwei verschiedene Operationen.

Wenn zwei ganzzahlige Werte geteilt werden und wir wollen, dass ein ganzzahli-
ger Wert als Ergebnis herauskommt, so können wir teilen ohne Rest, z. B. 5 geteilt
durch 2 ergibt eine 2 (DIV-Operation mit dem Symbol „/"). Oder wir können uns
den Rest ausgeben lassen, indem wir fragen: *Was ist der Rest von* 5 *geteilt durch* 2*?*
Antwort 1 (MOD-Operation mit dem Symbol „%").

```
int a = 29, b, c;
b = a/10;        // DIV-Operator
c = a%10;        // MOD-Operator
```

Der Text hinter dem Doppelsymbol „//" ist ein Kommentar und kann der Erläuterung halber, ohne Einfluss auf den Verlauf des Programms, eingefügt werden. Wir erhalten als Ergebnisse b=2 und c=9. Mit dem ganzzahligen Datentyp int können wir aber auch addieren und subtrahieren.

```
int a = 0, b = 1;
a = a + b;
b = b - 5;
a = a + 1;
```

In Java und anderen Programmiersprachen, wie z. B. C und C++, gibt es für alle Standardoperationen, wie addieren, subtrahieren, usw., eine Kurzschreibweise:

```
int a = 0, b = 1;
a += b;    // entspricht a = a + b
b -= 5;    // entspricht b = b - 5
a++;       // entspricht a = a + 1
```

Da solche Standardoperationen typischerweise sehr oft in Programmen vorkommen, erlaubt diese Art der Notation eine Verkürzung der Programme. Wir müssen bei der Verwendung aber auf folgendes achten. Sollten wir beispielsweise a++ in einem Ausdruck verwenden, so wird zunächst der Inhalt der Variable a für den Ausdruck verwendet (Postfix-Notation) und anschließend akkumuliert. Wenn wir aber wollen, dass erst der Inhalt der Variable um eins erhöht und dann der Ausdruck ausgewertet werden soll, dann schreiben wir ++a (Präfix-Notation).

Ein Beispiel soll den Unterschied zeigen:

```
int a, b, c = 0;
a = c++;
b = ++c;
```

Nach der Ausführung dieser drei Zeilen hat a den Wert 0 und b den Wert 2.

1.6.4 Datentypen byte, short und long

Die ebenfalls ganzzahligen Datentypen byte, short und long unterscheiden sich dem Datentypen int gegenüber nur in der Größe der zu speichernden Werte. Alle Operationen, die wir bisher kennengelernt haben, gelten auch für diese Datentypen. Daher schauen wir uns exemplarisch nur ein Beispielprogramm an, in dem die verschiedenen Datentypen verwendet werden.

```
byte b1=0, b2=100;
b1 = b2;
b2 = 100%15;
```

1.6 Primitive Datentypen und ihre Operationen   17

```
short s1=4, s2=12;
s1 -= s2;
s2 /= 2;

long a1=48659023, a2=110207203;
a1 *= a2;
```

Wir erhalten für die Variablen folgende Ergebnisse: b1=100, b2=10, s1=-8, s2=6,
a1=5362574825542669 und a2=110207203.

1.6.5 Datentypen float und double

Die beiden primitiven Datentypen float und double repräsentieren gebrochene
Zahlen oder Gleitkommazahlen. Die Operationen sind im Prinzip die gleichen, nur
die beiden Teilungsoperatoren „/" und „%" (siehe Abschn. 1.6.3) verhalten sich
anders.

Bei dem DIV-Operator ist das Ergebnis eine Gleitkommazahl, deren Genauigkeit
dem entsprechend gewählten Datentyp float oder double entspricht. Das gleiche
gilt für den MOD-Operator, der in den meisten Fällen aber Rundungsfehler liefert.
Schauen wir uns dazu ein Beispiel an:

```
double a = 2;     // ganze Zahl wird double zugewiesen
double b = 2.2;   // 2.2 wird als double interpretiert

float  c = 3;     // ganze Zahl wird float zugewiesen
float  d = 3.3f;  // das f signalisiert den Float

float  e, f;
e = d%c;

e = d/c;
f = c*(d/2.4f)+1;
f += 1.3f;
```

Jede ganze Zahl ist problemlos einem float oder double zuweisbar. Anders sieht
es bei gebrochenen Zahlen aus. In Zeile double b = 2.2; ist die Zuweisung des
Wertes 2.2 an einen double möglich, da 2.2 ebenfalls als double interpretiert wird.

Anders ist es bei der Zuweisung zu einem float. Hier müssen wir dem Compiler
explizit sagen, dass es sich um einen float-Wert handelt, dazu hängen wir ein „f"
an die Zahl. Das müssen wir tun, da es möglicherweise zu einem Datenverlust kommen kann, da ein double-Wert, wie wir es aus Tabelle 1.1 wissen, größere Zahlen
repräsentieren kann.

Die Problematik des MOD-Operators wird in Zeile 8 deutlich. Erwarten würden wir
als Ergebnis für e=3.3%3 den Rest e=0.3, denn die 3 passt ja gerade drei mal ganzzahlig hinein. Java errechnet aber e=0.29999995. Es handelt sich dabei um einen
Rundungsfehler. Die übrigen Zeilen zeigen, wie die bereits bekannten Operatoren
verwendet werden.

1.7 Umwandlungen von Datentypen

Es ist oft notwendig, den Wert eines primitiven Datentyps zu kopieren. Dabei können die Werte auch zwischen unterschiedlichen primitiven Datentypen ausgetauscht werden. Bei zwei gleichen Datentypen ist das kein Problem. Schauen wir uns das folgende Beispiel an:

```
int a, b;
a = 5;
b = a;
```

Wenn wir aber den Wert, der in einem Datentypen **A** gespeichert ist, an einen anderen Datentypen **B** übergeben wollen, dann können zwei Fälle auftreten.

Datentyp in größeren kopieren

Wir haben einen Datentypen und wollen den Inhalt in einen schreiben, der einen größeren Speicherplatz verwendet (siehe Abb. 1.4).

Hier ein Programmbeispiel dazu:

```
byte a = 28;
int b;
b = a;

float f = 2.3f;
double d;
d = f;
```

Da wir in dem großen Datentypen mehr Speicher zur Verfügung haben, funktioniert das ohne Probleme. Unsere Daten können nicht verloren gehen. Der Java-Compiler lässt diesen Fall auch unkommentiert und erlaubt diese implizite Typumwandlung.

Datentyp in kleineren kopieren

Problematischer ist es, den Inhalt in einen kleineren Datentypen zu kopieren (siehe Abb. 1.5).

Dabei kann es zu Datenverlust kommen und in jedem Fall wird der Java-Compiler eine Fehlermeldung ausgeben.

Abb. 1.4. Wenn mehr Speicherplatz zur Verfügung steht, kann das Kopieren problemlos vorgenommen werden

1.7 Umwandlungen von Datentypen

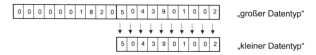

Abb. 1.5. Der Inhalt eines Datentypen wird in einen kleineren kopiert. Dabei können auf Grund des kleineren Speicherplatzes Daten verloren gehen

Auch hier ein Programmbeispiel, das einen Fehler hervorruft:

```
float f;
double d = 2.3;
f = d;
```

Wir wissen, dass in unserem Beispiel der Wert 2.3 problemlos in einen `float` passt, aber der Compiler traut der Sache nicht und gibt einen Fehler aus.

1.7.1 Explizite Typumwandlung

Im vorhergehenden Abschnitt haben wir gesehen, dass es eine Fehlermeldung gibt, wenn wir versuchen, den Inhalt eines Datentypen in einen kleineren zu speichern. Es gibt aber eine Möglichkeit, diesen Kopiervorgang zu erzwingen. Das nennen wir explizite Typumwandlung oder **Casten**.

In vielen Fällen sind wir uns ziemlich sicher, dass der Inhalt passen müsste. Wir sollten das aber wirklich nur dann anwenden, wenn wir wissen, dass Daten verloren gehen können und es in diesem Fall entweder unwichtig ist, oder der Inhalt definitiv passt (siehe Abb. 1.6).

Dazu schreiben wir in Klammern vor die Zuweisung den neuen Datentypen. Unser Beispiel kann so wieder funktionsfähig gemacht werden.

```
float f;
double d = 2.3;
f = (float)d;
```

Dieser Programmabschnitt ist jetzt also syntaktisch gesehen fehlerfrei, aber daraus lässt sich ja leider nicht immer ableiten, dass das auch zu einem gewünschten und fehlerfreien Ergebnis führt. Nun gibt sich der Compiler zufrieden.

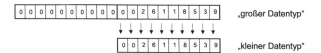

Abb. 1.6. In diesem Beispiel passt der Inhalt problemlos

1.7.2 Übersicht zu impliziten Typumwandlungen

Es gelten für die Zahlentypen folgende Größenverhältnisse, die sich aus der Tabelle 1.1 ableiten lassen:

```
byte < short < int < long
float < double
```

Schauen wir uns dazu folgendes Beispiel an:

```
byte   b = 1;
short  s;
int    i;
long   l;
float  f;
double d;

s = b;  // Short  <- Byte
i = b;  // Int    <- Byte, Short
i = s;
l = b;  // Long   <- Byte, Short, Int
l = s;
l = i;
f = b;  // Float  <- Byte, Short, Int, Long
f = s;
f = i;
f = l;
d = b;  // Double <- Byte, Short, Int, Long, Float
d = s;
d = i;
d = l;
d = f;
```

Alle diese Typumwandlungen werden vom Compiler erlaubt. Da stellt sich aber die Frage, wie der Inhalt eines `long` (64 BIT) ohne Datenverlust in einen `float` (32 BIT) kopiert werden kann. Später in den Übungsaufgaben werden wir diese Frage noch einmal aufgreifen.

1.7.3 Die Datentypen sind für die Operation entscheidend

An dieser Stelle ist es wichtig, auf einen häufig gemachten Fehler hinzuweisen. In dem folgenden Beispiel wollen wir zwei `int`-Werte dividieren und das Ergebnis als `double` ausgeben.

```
int a=5, b=7;
double erg = a/b;
```

Wir erwarten eigentlich einen Wert um 0.71, aber erhalten als Ergebnis merkwürdigerweise 0.0.

Der Grund für das Ergebnis ist der Tatsache geschuldet, dass der DIV-Operator für zwei `int`-Werte nur den ganzzahligen Wert ohne Rest zurückgibt, so wie wir es in

Abschn. 1.6.3 gesehen haben. Sollte einer der beiden Operanden ein double sein, so wird die Funktion ausgeführt, die auf mehrere Stellen nach dem Komma den richtigen Wert für die Division berechnet. Der Datentyp des zweiten Operanden spielt dann keine Rolle, da er ebenfalls als double interpretiert wird. Uns genügt an dieser Stelle also lediglich, einen der beiden Operanden in einen double umzuwandeln, um das gewünschte Ergebnis zu erhalten.

Wenn wir die Programmzeilen wie folgt ändern, dann wird das erwartete Ergebnis geliefert.

```
int a=5, b=7;
double erg = (double)a/b;
```

Wir erhalten für erg den Ergebniswert 0.7142857142857143.

Diese Grundlagen der primitiven Datentypen und deren Operationen sollen uns an dieser Stelle erst einmal genügen. Im folgenden Abschnitt lernen wir die einzelnen Anweisungen sinnvoll zu kombinieren und werden dabei sehen, dass es eigentlich nur drei einfache Methoden gibt, um Programme zu schreiben.

1.8 Zusammenfassung und Aufgaben

Das Java-System steht jetzt bereit und wir haben bereits die kleinsten Bausteine eines Programms kennengelernt. Java bietet boolean, char, byte, short, int, long, float und double. Die arithmetischen Operationen auf den Zahlen +, -, *, /, % und booleschen Operationen mit Wahrheitswerten &&, ||, ! wurden erläutert. Größere Datentypen können wir jetzt in kleinere konvertieren.

Aufgaben

Übung 1) Welche der folgenden Variablennamen sind ungültig?
Norbert, $eins, _abc123, #hallihallo, erne$to, const, int, 1a, gRoSs, k_l-e_i-n, %nummer, Class, klasse, !wahr, final, blablubs

Übung 2) Was ist der Unterschied zwischen: a=b und a==b?

Übung 3) Welchen Datentyp und welche Bezeichnung würden Sie für die folgenden Informationen vergeben:
i) das Alter Ihrer Familienmitglieder
ii) den Geldbetrag Ihres Kontos
iii) die Fläche eines Fußballfeldes in cm^2
vi) Anzahl der theoretische möglichen Positionen im Schach
v) die durchschnittliche Anzahl der Kinder in Deutschland pro Paar

22 1 Tag 1: Vorbereitungen und Javas kleinste Bausteine

Übung 4) Deklarieren Sie Variablen und weisen ihnen Werte zu. Geben Sie eine Variable c an, die die Funktion aus folgender Wertetabelle berechnet:

B_1	B_2	$(B_1$ AND $B_2)$ OR $\neg B_2$
0	0	1
0	1	0
1	0	1
1	1	1

Übung 5) Werten Sie die folgenden Programmzeilen aus und geben Sie die Werte von c, d, e, f und g an:

```
boolean a=true, b=false, c, d, e, f, g;
c = a ^ b;
d = !a || b;
e = (d && !c) || !a;
f = ((d == e) || (d != e)) == true;
g = 5==7;
```

Übung 6) Geben Sie ein Programmabschnitt in Java an, der die folgenden kleinen Berechnungen für Sie ausführt:
  i) Gegeben sei ein Rechteck mit den Seitenlängen a=5 und b=4. Geben Sie die Variable c an, die die Fläche des Rechtecks berechnet.
  ii) Wenn 12 Äpfel 22% entsprechen, wie viele Äpfel gibt es dann insgesamt?

Übung 7) Gegeben sei folgender Programmabschnitt, welchen Wert hat b am Ende?

```
boolean b;
int a=7, c=22, d;
d=(c/a)*2;
b=((c%a)<=(c/a))&&(d==6)
```

2

Tag 2: Grundlegende Prinzipien der Programmentwicklung

In diesem Kapitel werden wir sehen, dass die Erstellung von Programmen viel mit alltäglichen Abläufen zu tun hat. Kochrezepte lassen sich beispielsweise als Programme auffassen und mit diesem naheliegenden Vergleich wird klar, Programmieren kann jeder!

Die Erstellung von Programmen lässt sich auf nur drei Programmierkonzepte reduzieren. Diese drei einfachen Konzepte sind in fast allen Programmiersprachen gültig. Wer diese verinnerlicht, dem wird das Programmieren und das Lesen anderer Programme leichter fallen. Im Anschluss daran können wir mit den ersten Programmierübungen beginnen.

2.1 Programm als Kochrezept

Ein Programm kann nur erstellt werden, wenn klar ist, dass die Reihenfolge der Anweisungen entscheidend ist. Ein Programm ist wie ein Kochrezept zu verstehen, bei dem ebenfalls das Vertauschen der Reihenfolge der Anweisungen zu einem Kochdesaster führen kann. Nehmen wir als Beispiel für ein Rezept die leckeren Eierpfannkuchen (siehe Abb. 2.1).

Für die Zubereitung sind nun verschiedene Arbeitsschritte auszuführen. Bei den meisten ist dabei die Reihenfolge entscheidend, schauen wir uns dazu einmal Omas Rezept für sechs Portionen Eierpfannkuchen an.

Omas Eierpfannkuchen – Sechs Portionen

Zutaten: 4 Eier, Mehl, Milch, 1 Apfel, Wurst/Käse, Marmelade, Apfelmus, Zucker

– vier Eier in eine Schüssel schlagen und verrühren

– solange Mehl hinzugeben, bis der Teig schwer zu rühren ist

– solange Milch hinzugeben, bis die Masse wieder leicht zu rühren ist, damit sie sich gut in der Pfanne verteilen lässt

– etwas Fett in einer Pfanne erhitzen

Abb. 2.1. Eierpfannkuchen sind schnell gemacht und in verschiedenen Variationen bekannt

2.2 Methoden der Programmerstellung   25

- einen Teil der Masse in die Mitte der Pfanne geben, bis der Boden gut bedeckt ist

- bei der süßen Variante können Apfelscheiben dazu gegeben werden, bei der herzhaften Variante Wurst und Käse

- die Eierpfannkuchen von beiden Seiten gut braun braten

- die süßen Eierpfannkuchen können nach belieben, z. B. mit Marmelade, Apfelmus oder Zucker garniert werden

Dieses Rezept können wir nun als Programm verstehen. Versuchen wir es einmal umgangssprachlich (in Pseudocode) aufzuschreiben. Mit Pseudocode bezeichnen wir die Notation eines Programms in keiner speziellen Programmiersprache, sondern in einer allgemeineren Form. Es können ganze Sätze verwendet werden, um Anweisungen zu beschreiben.

```
 1  vier Eier in eine Schüssel schlagen und verrühren
 2  Mehl in die Schüssel hinzugeben
 3      -> wenn Teig noch nicht schwer zu rühren ist gehe zu 2
 4      Milch in die Schüssel geben
 5  -> wenn Teig nicht leicht zu rühren ist gehe zu 4
 6      etwas Fett in einer Pfanne erhitzen
 7      einen Teil in die Pfanne geben, bis Boden gut bedeckt
 8      wenn süße Variante gewünscht gehe zu 9 ansonsten zu 11
 9      Variante 1 (süß):
10          Apfelscheiben hinzugeben, gehe zu 13
11      Variante 2 (herzhaft):
12          Wurst und Käse hinzugeben
13          die Eierpfannkuchen von beiden Seiten gut braun braten
14          wenn süße Variante gewünscht gehe zu 15 ansonsten zu 17
15      Variante 1 (süß):
16              mit Marmelade, Apfelmus oder Zucker garnieren
17  FERTIG
```

Die Reihenfolge der Anweisungen ist dabei wichtig. Sollten wir beispielsweise die Hinzugabe von Mehl und Milch vertauschen, dann stimmt das Verhältnis der Zutaten zueinander nicht mehr.

Alltägliche Prozesse können als Programme verstanden werden. Es gibt immer wiederkehrende Vorgehensweisen. Bei genauerer Betrachtung gibt es sogar nur drei. Alle anderen Methoden sind leicht als Spezialfall dieser drei zu interpretieren.

2.2 Methoden der Programmerstellung

Im folgenden Abschnitt werden diese Konzepte vorgestellt, die ausreichend sind, um das Prinzip der Programmerstellung zu verstehen. Anschließend kommen wir zum Kochrezeptbeispiel zurück und werden das bestätigen können. Alle üblichen Programmiersprachen lassen sich auf diese Methoden reduzieren. Anschließend werden wir schon in der Lage sein, die ersten einfachen Programme zu schreiben.

Das Verständnis dieser drei grundlegenden Konzepte scheint ein Problem vieler Programmieranfänger zu sein. Werden diese Konzepte und die Tatsache, dass die Reihenfolge entscheidend ist, verinnerlicht, dann sind die nachfolgenden Abschnitte viel besser verständlich.

2.2.1 Sequentieller Programmablauf

Ein Programm kann prinzipiell Anweisung für Anweisung hintereinander weg geschrieben werden. Kein Abschnitt wird wiederholt. Das könnte z. B. eine maschinelle Qualitätsüberprüfung bei einem fertigen Produkt sein: prüfe die Größe, prüfe die Farbe, prüfe die Form, prüfe die Widerstandsfähigkeit, usw. Ein weißes Kästchen steht für eine Anweisung, die das Programm auszuführen hat. Wir lesen das Programm von links nach rechts (siehe Abb. 2.2).

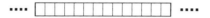

Abb. 2.2. Anweisungen werden sequentiell ausgeführt. In unserem Diagramm lesen wir die Reihenfolge von links nach rechts

Im weiteren Verlauf werden wir diese Abbildungsform als Ablaufdiagramm bezeichnen.

2.2.2 Verzweigungen

Oft kommt es aber vor, dass eine Entscheidung getroffen werden muss, die die Wahl der nachfolgenden Anweisungen beeinflusst (siehe Abb. 2.3). Es handelt sich dabei um eine Verzweigung.

Abb. 2.3. Im Programm können sich Anweisungen verzweigen

In unserem Rezeptbeispiel ist es die Wahl der Variante. Wir brauchen keine Apfelstückchen, wenn Variante 2 gewählt ist.

Es gibt auch die Möglichkeit, eine Verzweigung in beliebig vielen Wegen fortzusetzen. Wir sprechen dann von einer Mehrfachverzweigung (siehe Abb. 2.4).

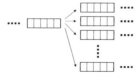

Abb. 2.4. Es kann auch die Entscheidung zwischen mehreren Fortsetzungen gewählt werden

2.2 Methoden der Programmerstellung

Wir können das als Einfahrt auf eine mehrspurige Autobahn interpretieren, bei der nach der ersten Spurwahl ein Wechsel nicht mehr erlaubt ist.

2.2.3 Sprünge

Sprünge sind ein Spezialfall einer Verzweigung (siehe Abb. 2.5).

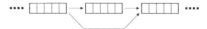

Abb. 2.5. Als Spezialfall der Verzweigung haben wir den Sprung

2.2.4 Schleifen

Schleifen sind ebenfalls ein Spezialfall der Verzweigung (siehe Abb. 2.6). Wir könnten einen bestimmten Prozess solange wiederholen lassen, z. B. Mehl in die Schüssel geben, bis die gewünschte Konsistenz erreicht ist. Oder wir möchten ganz einfach mehrmals einen bestimmten Programmteil ausführen und wollen nicht die Eingabe desselben Programmcodes wiederholen.

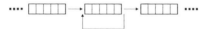

Abb. 2.6. Ein Sprung kann auch in den vorderen Teil des Programmes führen. Dadurch lassen sich Schleifen erzeugen

Schleifen kommen oft genug verschachtelt vor. Wir bezeichnen diese dann als Mehrfachschleifen oder verschachtelte Schleifen (siehe Abb. 2.7).

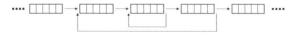

Abb. 2.7. Ineinander verschachtelte Schleifen

Aber auch das sind nur wieder Spezialfälle oder Kombinationen aus Verzweigung und sequentiellem Ablauf.

2.2.5 Parallelität

Das dritte wichtige Konzept, das ich hier, neben der sequentiellen Abfolge und dem Sprung, erwähnen möchte, ist die Parallelität. In den folgenden Abschnitten findet diese zunächst keinerlei Verwendung. Die Idee ist aber wichtig und bei großen Softwareprojekten kommt es vor, dass Programmteile parallel (also gleichzeitig) laufen müssen (siehe Abb. 2.8).

Abb. 2.8. Zwei oder mehrere Abschnitte sollen parallel abgearbeitet werden

Zwei Striche auf den Verzweigungspfeilen sollen bedeuten, dass die beiden Wege gleichzeitig bearbeitet werden sollen und sich später wieder treffen können. Das Stichwort in diesem Zusammenhang ist **Thread** und wird in einem der späteren Kapitel wieder auftauchen.

2.2.6 Kombination zu Programmen

Die vorgestellten Methoden können nun beliebig kompliziert verknüpft werden und ergeben in ihrer Kombination schließlich ein Programm. Als Beispiel für ein Programm wollen wir nun nochmal das Eierpfannkuchen-Rezept nehmen (siehe Abb. 2.9).

Jede Zeile ist nummeriert und stellt eine Anweisung dar. In der folgenden Darstellung sind die Anweisungen durch ihre Zeilennummern repräsentiert, wie wir sie in Abschn. 2.1 in Pseudocode notiert haben. So findet beispielsweise die Wahl zwischen Variante 1 (süß) und 2 (herzhaft) in Zeile 8 statt.

Ein Programm sollte nach der Fertigstellung einer Aufgabe immer **terminieren** (beenden). Das bedeutet, dass wir immer dafür Sorge tragen müssen, dass das Programm nicht in eine Sackgasse oder Endlosschleife gerät.

Ich hoffe der Leser entwickelt ein Gefühl für diese sehr nützliche Denkweise, dann ist das Programmieren keine Kunst mehr.

2.3 Programme in Java

Nach den bisherigen Trockenübungen geht es nun mit den ersten Javaprogrammen los. Es gibt zahlreiche Entwicklungsumgebungen für Java. Um keine zu bevorzugen und den Leser dafür zu sensibilisieren, was „hinter den Kulissen" geschieht, werden wir keine bestimmte verwenden, sondern erarbeiten unsere Programme mit einem Texteditor.

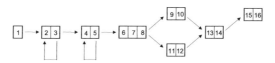

Abb. 2.9. Das Kochrezept zu den leckeren Eierpfannkuchen, dargestellt als Ablaufdiagramm

2.3.1 Erstellen eines Javaprogramms in Pseudocode

Wir könnten sogar schon die Erstellung eines Javaprogramms mit Hilfe von Pseudocode ausdrücken:

```
1  Öffne einen Texteditor
2  Lege ein Dokument mit gewünschtem Programmnamen an
3  Schreibe Dein Programm
4  Speichere es mit der Endung ".java" in Ordner <X>
5  Gehe außerhalb des Editors in einer Konsole zu Ort <X>
6  Schreibe "javac <Programmname>.java"
7  Falls java einen Fehler ausgibt
8     -> gehe zu Editor
9        repariere Fehler
10       springe zu Zeile 4
11 Falls java keinen Fehler ausgibt
12    -> schreibe "java <Programmname>"
13       falls das Programm nicht das gewünschte tut
14          -> springe zu Zeile 8
15       falls alles ok ist
16          -> fertig und Freude
```

Das dazugehörige Ablaufdiagramm ist in Abb. 2.10 zu sehen.

Versuchen Sie doch an dieser Stelle einmal die folgenden Programmzeilen

```java
public class TestProgramm{
   public static void main(String[] args){
      System.out.println("Das habe ich ganz allein geschafft!");
   }
}
```

entsprechend den Anweisungen des Pseudocodes einzugeben und das Programm zu starten.

2.3.2 Erstellen eines Javaprogramms

Gehen wir einmal Schritt für Schritt durch, wie sich ein Java-Programm mit einem Texteditor unter Windows schreiben lässt. Wir öffnen zunächst unseren Texteditor und legen eine Datei mit dem Namen **ProgrammEins.java** an. Der Name der Datei muss mit dem Namen des Programms, das wir schreiben, übereinstimmen.

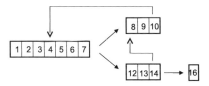

Abb. 2.10. Die Programmerstellung in Java wurde in Pseudocode vorgestellt. Dieses Ablaufdiagramm zeigt die einzelnen Schritte und Übergänge

```
1  public class ProgramEins{
2    public static void main(String[] args){
3      System.out.println("Endlich ist es soweit! Mein erstes Programm
4                          läuft...");
5    }
6  }
```

Wir speichern in diesem Beispiel das Programm in das Verzeichnis „*C:\Java*". Uns ist im Programm ein kleiner Fehler unterlaufen, den wir gleich sehen werden. Jetzt wechseln wir in ein Konsolenfenster und gehen in den Ordner, in dem unser Programm gespeichert ist. Anschließend kompilieren wir es mit **javac ProgrammEins.java** und hoffen, dass der Java-Compiler im Programm keinen Fehler findet.

```
C:\Java>javac ProgramEins.java
ProgramEins.java:1: class ProgramEins is public, should be declared
in a file named ProgramEins.java
public class ProgramEins{
       ^
1 error
```

Leider tritt ein Fehler auf. Die Fehlermeldung sagt uns, dass wir der Klasse **ProgramEins** auch den entsprechenden Dateinamen geben müssen. Wir haben ein `'m'` vergessen. Wir wechseln wieder in den Editor und ändern den Namen der Klasse. Nun entspricht er dem Dateinamen und wir dürfen nicht vergessen zu speichern. Ansonsten hätte unsere Veränderung keinen Einfluss.

```
1  public class ProgrammEins{
2    public static void main(String[] args){
3      System.out.println("Endlich ist es soweit! Mein erstes Programm
4                          läuft...");
5    }
6  }
```

Ein zweiter Versuch liefert keine Fehlermeldung. Demzufolge scheint das Programm **syntaktisch**, also von der äußerlichen Form her, korrekt zu sein und es kann gestartet werden:

```
C:\Java>javac ProgrammEins.java

C:\Java>java ProgrammEins
Endlich ist es soweit! Mein erstes Programm lõuft...
```

Es hat funktioniert aber wir sehen noch einen kleinen Makel. Bei der Ausgabe wurde das Zeichen `'ä'` durch ein anderes ersetzt. Der Grund dafür ist, dass Java mit einem internationalen Zeichensatz arbeitet und `'ä'` zu den deutschen Sonderzeichen gehört.

2.4 Programmieren mit einem einfachen Klassenkonzept

Nachdem wir uns im vorhergehenden Abschnitt mit den notwendigen Grundlagen beschäftigt haben, wollen wir jetzt mit der Programmierung in Java beginnen, ohne

2.4 Programmieren mit einem einfachen Klassenkonzept   31

vorher viel Theorie zum Thema Klassen und Vererbung zu studieren. Jedes von uns geschriebene Programm sehen wir erstmal als eine Klasse an. Später in Kap. 6 werden wir dann verstehen, warum wir von **Klassen** sprechen und lernen verschiedene Methoden kennen, die uns helfen werden, systematische und wiederverwendbare Programme zu schreiben.

Das folgende Programm tut erstmal herzlich wenig, soll aber zeigen, welche Zeilen wir zum Schreiben eines Javaprogramms benötigen. Das Einrücken der Zeilen innerhalb eines Blocks (so wird der Abschnitt zwischen '/' und '/' genannt) dient der übersichtlicheren Lesbarkeit eines Programms.

```
1  public class MeinErstesProgramm {
2      public static void main(String[] args){
3          //HIER KOMMEN DIE ANWEISUNGEN DES PROGRAMMS HIN
4      }
5  }
```

In *Zeile 1* geben wir unserem Programm einen Namen, z. B. `MeinErstesProgramm`. Der Name ist ein Wort, bestehend aus Groß- und Kleinbuchstaben. Begonnen wird laut Konvention aber immer mit einem Großbuchstaben. Dann speichern wir dieses Programm mit dem Namen `MeinErstesProgramm.java`. Das ist sehr wichtig, da Java das Programm sonst nicht finden kann.

In *Zeile 2* sehen wir eine Funktion mit dem Namen `main`. Was eine Funktion ist, warum in Klammern dahinter `String[] args` steht und was die anderen Wörter bedeuten, werden wir später verstehen. Im Moment ist es wichtig, dass wir mit der Programmierung beginnen und schreiben die Zeile einfach erstmal hin.

In *Zeile 3* wird nun das eigentliche Programm, also die Anweisungen, geschrieben. Wenn das Programm gestartet wird, werden diese Anweisungen ausgeführt und nach Ausführung aller Anweisungen beendet sich das Programm. Die dritte Zeile beginnt mit „//". Das bedeutet, dass ein Kommentar folgt und Java den Rest dieser Zeile bitte ignorieren soll. Sie dient lediglich dem Programmierer, der sich so Notizen machen kann. Es ist nicht immer einfach, ein langes Programm ohne hilfreiche Kommentare zu verstehen. Dies trifft sogar auf selbst geschriebene Programme zu, erst recht auf die von anderen. Daher sind gerade in Projekten, bei denen mehrere Programmierer zusammenarbeiten, Kommentare unverzichtbar.

Es gibt zwei Möglichkeiten in Java Kommentare zu schreiben:

```
1   // Programm: Kommentierung.java
2
3   // Ich bin ein hilfreicher Kommentar in einer Zeile
4
5   /* Falls ich mal Kommentare über mehrere Zeilen
6      hinweg schreiben möchte, so kann ich das
7      mit diesem Kommentarsymbol tun
8   */
9
10  public class Kommentierung{          // ich kann auch hier stehen
11      public static void main(String[] args){
```

```
12
13        /* An diese Stelle schreiben wir die
14           Programmanweisungen */
15
16    }
17 }
```

Die Lesbarkeit eines Programms lebt von Einrückungen. Schauen wir uns beispielsweise folgenden Programmteil an, den wir in einem der späteren Kapitel noch genauer besprechen werden:

```
1 public static int zaehleUmgebung(boolean[][] m, int x, int y){
2 int ret = 0;
3 for (int i=(x-1);i<(x+2);++i){
4 for (int j=(y-1);j<(y+2);++j){
5 try{if (m[i][j]) ret += 1;}catch (IndexOutOfBoundsException e){}
6 }
7 }// einen zuviel mitgezaehlt?
8 if (m[x][y]) ret -= 1;
9 return ret;
10 }
```

Das richtige Einrücken signalisiert Zugehörigkeit. In Kombination mit ein paar zusätzlichen Leerzeilen, können wir das Programm sehr viel lesbarer machen:

```
1 public static int zaehleUmgebung(boolean[][] m, int x, int y){
2     int ret = 0;
3     for (int i=(x-1);i<(x+2);++i){
4         for (int j=(y-1);j<(y+2);++j){
5             try{
6                 if (m[i][j])
7                     ret += 1;
8             } catch (IndexOutOfBoundsException e){}
9         }
10     }
11
12     // einen zuviel mitgezaehlt?
13     if (m[x][y])
14         ret -= 1;
15
16     return ret;
17 }
```

Jetzt sehen wir, dass beispielsweise die Zeilen 3-10 zusammengehörig sind. Dabei ist es Geschmackssache, ob zwei, drei Leerzeichen oder ein Tabulator zur Einrückung verwendet werden.

Im Folgenden werden wir die Java-Konzepte kennenlernen, die den vorgestellten Methoden der Programmerstellung aus Abschn. 2.2 entsprechen.

2.5 Sequentielle Anweisungen

Wir betrachten jetzt den eigentlichen Programmabschnitt. Eine Anweisung ist ein Befehl und Anweisungen werden sequentiell, also hintereinander ausgeführt. Nach

2.6 Verzweigungen   33

einer Anweisung steht das Symbol „;". Damit schließen wir immer eine Anweisung ab.

```
// Programm: Sequentiell.java
public class Sequentiell{
    public static void main(String[] args){
        int a=5;      // Anweisung 1
        a=a*2;        // Anweisung 2
        a=a+10;       // Anweisung 3
        a=a-5;        // Anweisung 4
    }
}
```

Unser Programm **Sequentiell** deklariert eine neue Variable a vom Typ int und initialisiert sie mit dem Wert 5. Das ist unsere erste Anweisung im Programm. Anschließend soll a mit 2 multipliziert und das Ergebnis wieder in a gespeichert, a also überschrieben werden. Nach der vierten Anweisung sollte a den Wert 15 haben.

Um das zu überprüfen, geben wir folgende Zeile als fünfte Anweisung dazu, also zwischen Zeile 7 und 8:

```
System.out.println("a hat den Wert: "+a);
```

Die Anweisung System.out.println() gibt im Konsolenfenster eine Textzeile aus. Der Inhalt der Variable a wird an den String „a hat den Wert: " gehängt und ausgegeben.

In diesem Beispiel haben wir unsere erste Zeichenkette verwendet. Später werden wir noch einmal darauf zu sprechen kommen und Methoden zur Manipulation von Zeichenketten kennen lernen. Testen wir das einmal auf der Kommandozeile und starten das geänderte Programm:

```
C:\>javac Sequentiell.java

C:\>java Sequentiell
a hat den Wert: 15
```

Wunderbar, wir haben uns also nicht verrechnet, a hat den Wert 15.

2.6 Verzweigungen

In Abschn. 2.2 haben wir gesehen, dass es Verzweigungen gibt. Die Syntax für eine Verzweigung kann auf verschiedene Weise formuliert werden. Zunächst schauen wir uns die am häufigsten verwendete Verzweigung if an. In den meisten Fällen geht es darum, ob eine Bedingung erfüllt ist oder nicht. Wir haben demnach eine Straßenkreuzung mit zwei Wegen vor uns und entscheiden, welchem Weg wir folgen.

Die zweite Verzweigungsmöglichkeit switch kann als mehrspurige Autobahn angesehen werden und wir entscheiden, auf welcher der vielen Spuren wir nun weiterfahren möchten.

2.6.1 Verzweigung mit if

Wenn eine Bedingung erfüllt ist, führe eine einzelne Anweisung aus

```
if (<Bedingung>) <Anweisung>;
```

Es folgt ein Beispiel, in dem die Variable a nach der Ausführung dieses Programmabschnitts den maximalen Wert von a und b trägt.

```
if (a<b) a=b;
```

Wenn a>=b ist, bleibt a unverändert und wenn a<b ist, kopieren wir den Wert von b in a.

Es können aber auch mehrere Anweisungen, also ein ganzer Block von Anweisungen, ausgeführt werden. Dazu verwenden wir wieder die geschweiften Klammern. Das ist für die Folgebeispiele ebenfalls immer eine Alternative. Anstatt eine Anweisung auszuführen, kann ein ganzer Anweisungsblock ausgeführt werden.

```
if (<Bedingung>){
    <Anweisungen>;
}
```

Eine Erweiterung dazu ist die if-else-Verzweigung. Wenn eine Bedingung erfüllt ist, führe eine Anweisung 1 aus. Wenn diese Bedingung nicht erfüllt ist, dann führe Anweisung 2 aus. In jedem Fall wird also eine der beiden Anweisungen ausgeführt, denn die Bedingung ist entweder erfüllt (true) oder nicht (false).

```
if (<Bedingung>) <Anweisung1>;
else <Anweisung2>;
```

Angenommen, dass die Inhalte von a und b noch später im Programm unverändert benötigt werden, dann können wir das Maximum in einer neuen Variable c wie folgt speichern

```
if (a<b)
    c=b;
else
    c=a;
```

Im Anschluss ist der maximale Wert von a und b in c gespeichert.

Jetzt können wir auch verschiedene Bedingungen verknüpfen. Wenn Bedingung 1 erfüllt ist, führe Anweisung 1 aus. Falls nicht, dann prüfe, ob Bedingung 2 erfüllt ist. Wenn ja, dann führe Anweisung 2 aus, wenn nicht, dann mache weder Anweisung 1 noch Anweisung 2.

2.6 Verzweigungen   35

```
if (<Bedingung1>) <Anweisung1>;
else if (<Bedingung2>) <Anweisung2>;
```

Mit der if-Verzweigung können wir immer nur eine Bedingung überprüfen und anschließend in zwei Wegen weiter gehen. Diese können wir aber beliebig verschachteln.

2.6.2 Verzweigung mit switch

Um nun Mehrfachverzweigungen zu realisieren und nicht zu einer unübersichtlichen Flut von if-Verzweigungen greifen zu müssen, steht uns die switch-Verzweigung zur Verfügung. Leider gibt es für die Verwendung ein paar Einschränkungen, so können wir nur Bedingungen der Form: *Ist int a == 4?*, usw. überprüfen.

Die Syntax sieht wie folgt aus.

```
switch (<Ausdruck>) {
    case <Konstante1>:
        <Anweisung1>;
        break;
    case <Konstante2>:
        <Anweisung2>;
        break;
    default:
        <Anweisung3>;
}
```

Als Ausdruck lassen sich verschiedene primitive Datentypen auf Ihren Inhalt untersuchen. Zu den erlaubten gehören: char, byte, short und int. Dieser Ausdruck, also eine Variable diesen Typs, wird mit den Konstanten verglichen. Für <Ausdruck> könnte beispielsweise int a stehen und wir möchten den Fall 1 anwenden, wenn a=3 erfüllt ist. Die <Konstante1> wäre dann eine 3.

Ein Beispiel wäre jetzt angebracht:

```java
for (int i=0; i<5; i++){
    switch(i){
        case 0:
            System.out.println("0");
            break;
        case 1:
        case 2:
            System.out.println("1 oder 2");
            break;
        case 3:
            System.out.println("3");
            break;
        default:
            System.out.println("hier landen alle anderen...");
            break;
    }
}
```

36   2 Tag 2: Grundlegende Prinzipien der Programmentwicklung

In der *ersten Zeile* dieses Beispiels haben wir bereits den Schleifentyp `for` verwendet, der erst im nächsten Abschnitt erläutert wird. Die `switch`-Verzweigung wird fünf Mal mit den Zahlen i=0,1,2,3,4 für eine Verzweigung verwendet. Bei der Ausführung dieser Zeilen in einem Programm erzeugen wir folgende Ausgabe:

```
C:\Java>java Verzweigung
0
1 oder 2
1 oder 2
3
hier landen alle anderen...
```

Für i=0 wird der erste Fall `case 0` ausgeführt und mit dem `break` signalisiert, dass die `switch`-Verzweigung beendet wird. Die Fälle `case 1` und `case 2` führen für i=1,2 zu derselben Ausgabe, denn nur ein `break` beendet ein `case`. Fall i=3 verhält sich analog zu i=0. Für alle anderen Fälle, also Werte für i, die nicht durch ein `case i` abgedeckt sind, tritt der `default`-Block in Kraft.

2.7 Verschiedene Schleifentypen

Folgendes Programm ist gegeben, das eine Zahl quadriert und das Ergebnis ausgibt:

```
System.out.println("1 zum Quadrat ist "+(1*1));
System.out.println("2 zum Quadrat ist "+(2*2));
System.out.println("3 zum Quadrat ist "+(3*3));
System.out.println("4 zum Quadrat ist "+(4*4));
System.out.println("5 zum Quadrat ist "+(5*5));
System.out.println("6 zum Quadrat ist "+(6*6));
```

Wir sehen schon, dass es mühsam ist, jedes Mal die gleiche Anweisung aufzuschreiben. Es wäre sicherlich auch eine unangenehme Aufgabe, alle ganzen Zahlen zwischen 1 und 1000 auf diese Weise quadrieren und ausgeben zu lassen. Daher ist das Schleifen-Konzept ziemlich nützlich.

Angenommen, wir möchten die Aufgabe lösen, alle Quadrate der Zahlen zwischen 1 und 1000 auszugeben. Dann könnten wir das in Pseudocode in etwa so ausdrücken:

```
1  Beginne bei i=1
2  Gib den Wert i*i aus
3  Falls i<=1000
4      -> Erhöhe i um 1 und springe zu Zeile 2
```

Oder in Worten: Starte bei i=1 und solange i<=1000 ist, mache folgendes: quadriere i und gib den Wert aus. Erhöhe i um eins und mache weiter.

2.7.1 Schleife mit for

Eine `for`-Schleife benötigt eine Variable, die zu Beginn mit einem Startwert initialisiert wird und führt den nachfolgenden Anweisungsblock solange aus, erhöht oder

2.7 Verschiedene Schleifentypen

verringert dabei die Variable um eine konstante Schrittgröße, bis die Bedingung nicht mehr erfüllt ist:

```
for (<Variable>=<Startwert>; <Bedingung>;
    <Variable>+=<Schrittweite>) {
  <Anweisung>;
}
```

Im Programm könnten wir die zu Beginn geschilderte Aufgabe, alle Quadratzahlen für die Werte 1 bis 1 000 auszugeben, mit einer `for`-Schleife so lösen:

```
for (int i=1; i<=1000; i=i+1){
   System.out.println(i+" zum Quadrat ist "+(i*i));
}
```

Mit `int i=1` geben wir einen Startwert vor. Die Schleife führt die Anweisungen innerhalb der geschweiften Klammern solange aus und erhöht jedes Mal `i` um 1 bis die Bedingung `i<=1000` nicht mehr erfüllt ist. Es sei dem Leser überlassen, diesen Programmabschnitt einmal auszuprobieren.

Wir können `for`-Schleifen auch für andere Probleme verwenden, es gilt immer:

```
for (Startwert;
     Bedingung die erfüllt sein muss, damit es weiter geht;
     Schrittweite)
{
  Anweisungen
}
```

Beispielsweise könnten wir bei 0 anfangen, in Fünferschritten weiterlaufen und alle Werte bis einschließlich 25 erzeugen (siehe Abb. 2.11).

Im Programm sieht die entsprechende `for`-Schleife wie folgt aus:

```
for (int i=0; i<=25; i=i+5){
   System.out.println("Aktueller Wert für i ist "+i);
}
```

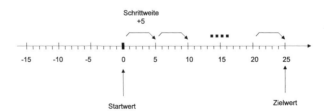

Abb. 2.11. Eine konkrete Schleife mit Startwert 0, Schrittweite +5 und Zielwert 25 als Bild dargestellt

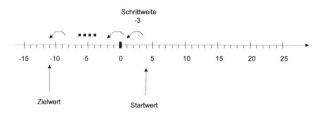

Abb. 2.12. Ein Schleifenbeispiel, in dem wir den Parameter schrittweise verringern

Eine Schleife muss Variablen nicht immer vergrößern (wie in Abb. 2.12), wir können auch bei 4 beginnend immer 3 abziehen, bis wir bei -11 angelangt sind.

Der zugehörige Programmabschnitt sieht dann so aus:

```
for (int i=4; i>=-11; i=i-3){
    System.out.println("Aktueller Wert für i ist "+i);
}
```

Neben der for-Schleife gibt es noch mehr Schleifenvarianten. Jede hat auf Grund der Programmästhetik ihre Existenzberechtigung, obwohl leicht zu zeigen ist, dass wir mit einer Variante immer auskommen könnten.

2.7.2 Schleife mit while

Es gibt neben der for-Schleife noch weitere Möglichkeiten, Schleifen zu konstruieren. Manchmal ist es nicht klar, wie viele Schleifendurchläufe benötigt werden, um ein Ergebnis zu erhalten. Da wäre es schön, eine Möglichkeit zu haben, wie diese: Wiederhole die Anweisungen solange, eine Bedingung erfüllt ist.

Genau diesen Schleifentyp repräsentiert die while-Schleife.

```
while (<Bedingung>) {
    <Anweisung>;
}
```

Wir werden das Beispiel aus der for-Schleife wieder aufnehmen und sehen, wie das mit while gelöst werden kann:

```
int i=1;
while (i<=1000){
    System.out.println(i+" zum Quadrat ist "+(i*i));
    i=i+1;
}
```

Die Schleife wird einfach solange ausgeführt, bis die Bedingung hinter while nicht mehr erfüllt ist.

2.7 Verschiedene Schleifentypen

```
while (Bedingung die erfüllt sein muss, damit es weiter geht)
{
   Anweisungen
}
```

Hier ist natürlich auch die Gefahr gegeben, dass es unendlich lang weiter geht, wenn aus Versehen eine Endlosschleife, wie in diesem Beispiel, konstruiert wird:

```
int i=1;
while (i<=1000){
   System.out.println(i+" zum Quadrat ist "+(i*i));
}
```

An dieser Stelle haben wir einfach vergessen, die Variable i zu erhöhen.

Abschließend können wir zu der while-Schleife sagen, dass zunächst eine Bedingung erfüllt sein muss, bevor das erste Mal die nachfolgende Anweisung ausgeführt wird. Wenn diese Bedingung allerdings nicht erfüllt ist, überspringen wir den Schleifenabschnitt und machen an der Stelle nach der Schleife weiter.

2.7.3 Schleife mit do-while

Die do-while-Schleife führt im Gegensatz zur while-Schleife zuerst den Anweisungsblock einmal aus und prüft anschließend die Bedingung.

```
do {
   <Anweisung>;
} while (<Bedingung>);
```

Schauen wir uns dazu mal folgendes Beispiel an:

```
int i=0;
do{
   i++;
   System.out.println("Wert von i: "+i);
} while (i<5);
```

Wir erhalten folgende Ausgabe:

```
C:\Java>java Schleifen
Wert von i: 1
Wert von i: 2
Wert von i: 3
Wert von i: 4
Wert von i: 5
```

Wenn wir die Bedingung so ändern, dass sie von vornherein nicht erfüllt ist,

```
int i=0;
do{
   i++;
   System.out.println("Wert von i: "+i);
} while (i<0);
```

40   2 Tag 2: Grundlegende Prinzipien der Programmentwicklung

geschieht trotzdem das Folgende:

```
C:\Java>java Schleifen
Wert von i: 1
```

Das war auch zu erwarten, da die Überprüfung der Bedingung erst nach der ersten Ausführung stattfindet.

2.8 Sprunganweisungen

In manchen Situationen ist es notwendig, eine Schleife vorzeitig zu beenden. Wir können das erzwingen, indem die Zählvariable einer for-Schleife innerhalb der Schleife auf einen Wert gesetzt wird, der die Bedingung zum Weiterlaufen nicht mehr erfüllt.

Das ist aber sehr unschön, denn nun ist es nicht mehr so einfach ersichtlich, wann die Schleife verlassen wird. Aus diesem Grund gibt es Sprunganweisungen.

2.8.1 Sprung mit break

Der einfachste Sprungbefehl ist break. Diese Anweisung schließt nicht nur die case-Fälle bei switch, sondern beendet eine while-, do-while-, und for-Schleife auch unmittelbar.

```
int wert;
for (int i=0; i<=100; i++){
    wert = (i*i) + 2;
    System.out.println("Wert i="+i+", Funktionswert von i=" + wert);
    if (wert>100)
        break;
}
```

In diesem Beispiel berechnen wir für i die Funktion $f(i) = i^2 + 2$. Wir wollen alle i von 0 bis 100 durchlaufen, aber aufhören, sobald $f(i) > 100$ oder $i > 100$ ist.

```
C:\Java>java Spruenge
Wert i=0, Funktionswert von i=2
Wert i=1, Funktionswert von i=3
Wert i=2, Funktionswert von i=6
Wert i=3, Funktionswert von i=11
Wert i=4, Funktionswert von i=18
Wert i=5, Funktionswert von i=27
Wert i=6, Funktionswert von i=38
Wert i=7, Funktionswert von i=51
Wert i=8, Funktionswert von i=66
Wert i=9, Funktionswert von i=83
Wert i=10, Funktionswert von i=102
```

Wir haben die for-Schleife einfach abgebrochen und sind ans Ende gesprungen, um dort weiterzumachen. Bei verschachtelten Schleifen wird immer die aktuelle innere

2.8 Sprunganweisungen   41

Schleife beendet. Um aber explizit anzugeben, aus welcher Schleife gesprungen werden soll, lassen sich Marken unterbringen („markierte Anweisungen" [2]). Diese Marken werden mit folgender Syntax angegeben:

```
<Marke>:
```

Wenn hinter break eine Marke steht, dann springt das Programm zu der Marke und beendet die Schleife.

```
break <Marke>;
```

Die Idee besteht darin, mehrere Schleifen zu beenden und mit einer bestimmten weiterzumachen. Hier ein auf den ersten Blick etwas kompliziert aussehendes Beispiel dazu:

```
SprungZuI :              // Sprungmarke
for (int i=0; i<=2; i++){
    System.out.println("... jetzt sind wir hier bei i, mit i="+i);
    SprungZuJ:           // Sprungmarke
    for (int j=0; j<=2; j++){
        System.out.println("... jetzt sind wir hier bei j, mit j="+j);
        for (int k=0; k<=2; k++){
            System.out.println("... jetzt sind wir hier bei k, mit k="+k);
            if (k==1)
                break SprungZuI;
        }
    }
}
System.out.println("hier sind wir...");
```

Wir springen zur Sprungmarke **SprungZuI**. Das bewirkt folgendes:

```
C:\Java>java Spruenge
... jetzt sind wir hier bei i, mit i=0
... jetzt sind wir hier bei j, mit j=0
... jetzt sind wir hier bei k, mit k=0
... jetzt sind wir hier bei k, mit k=1
hier sind wir...
```

Jetzt ändern wir das Programm so, dass wir zu der Sprungmarke **SprungZuJ** springen und damit die Schleife j beenden wollen.

```
SprungZuI :              // Sprungmarke
for (int i=0; i<=2; i++){
    System.out.println("... jetzt sind wir hier bei i, mit i="+i);
    SprungZuJ:           // Sprungmarke
    for (int j=0; j<=2; j++){
        System.out.println("... jetzt sind wir hier bei j, mit j="+j);
        for (int k=0; k<=2; k++){
            System.out.println("... jetzt sind wir hier bei k, mit k="+k);
            if (k==1)
                break SprungZuJ;
        }
    }
}
System.out.println("hier sind wir...");
```

42   2 Tag 2: Grundlegende Prinzipien der Programmentwicklung

Nun muss der Computer ein wenig mehr arbeiten, denn die äußere Schleife i wird weiterhin bearbeitet, auch wenn k==1 zum Beenden der Schleife j führt.

```
C:\Java>java Spruenge
... jetzt sind wir hier bei i, mit i=0
... jetzt sind wir hier bei j, mit j=0
... jetzt sind wir hier bei k, mit k=0
... jetzt sind wir hier bei k, mit k=1
... jetzt sind wir hier bei i, mit i=1
... jetzt sind wir hier bei j, mit j=0
... jetzt sind wir hier bei k, mit k=0
... jetzt sind wir hier bei k, mit k=1
... jetzt sind wir hier bei i, mit i=2
... jetzt sind wir hier bei j, mit j=0
... jetzt sind wir hier bei k, mit k=0
... jetzt sind wir hier bei k, mit k=1
hier sind wir...
```

Da wir in die erste Schleife reinspringen, wird diese für alle noch ausstehenden i ausgeführt. Falls der Leser hier Schwierigkeiten beim Nachvollziehen hat, so weise ich darauf hin, dass in den Übungsaufgaben noch einmal darauf eingegangen wird. Spätestens beim Lösen und Ausprobieren der Übungsaufgaben sollte klar sein, was an dieser Stelle passiert.

2.8.2 Sprung mit continue

Die Anweisung continue beendet nicht die aktuelle innere Schleife wie break, sondern springt zum nächsten Schleifendurchlauf, verändert entsprechend die Variable um die angegebene Schrittweite und setzt die Arbeit fort. Schauen wir uns dazu ein Beispiel an:

```
 1  public class Sprunganweisungen{
 2     public static void main(String[] args){
 3        for (int i=0; i<3; i++){
 4           System.out.println("Schleife i="+i+", Code 1");
 5           for (int j=0; j<3; j++){
 6              System.out.println("   Schleife j="+j+", Code 1");
 7              if (j==1){
 8                 System.out.println("   continue-Anweisung");
 9                 continue;
10              }
11              System.out.println("   Schleife j="+j+", Code 2");
12           }
13           if (i==1){
14              System.out.println("continue-Anweisung");
15              continue;
16           }
17           System.out.println("Schleife i="+i+", Code 2");
18        }
19     }
20  }
```

Wenn wir das Programm starten, erhalten wir sehr anschaulich ein Beispiel für die Funktionalität von continue.

2.9 Funktionen in Java   43

```
C:\Java>java Sprunganweisungen
Schleife i=0, Code 1
    Schleife j=0, Code 1
    Schleife j=0, Code 2
    Schleife j=1, Code 1
    continue-Anweisung
    Schleife j=2, Code 1
    Schleife j=2, Code 2
Schleife i=0, Code 2
Schleife i=1, Code 1
    Schleife j=0, Code 1
    Schleife j=0, Code 2
    Schleife j=1, Code 1
    continue-Anweisung
    Schleife j=2, Code 1
    Schleife j=2, Code 2
continue-Anweisung
Schleife i=2, Code 1
    Schleife j=0, Code 1
    Schleife j=0, Code 2
    Schleife j=1, Code 1
    continue-Anweisung
    Schleife j=2, Code 1
    Schleife j=2, Code 2
Schleife i=2, Code 2
```

Auch die Anweisung `continue` lässt sich mit einer Sprungmarke versehen. Der Aufruf ist identisch zu dem im Abschn. 2.8.1 beschriebenen Beispiel mit `break`.

2.9 Funktionen in Java

Angenommen wir haben eine schöne Ausgabe für Zahlen programmiert und möchten nach jedem Berechnungsschritt diese Ausgabe ausführen. Über die „Schönheit" nachfolgender Ausgabe kann sicherlich diskutiert werden, hier dient sie lediglich dazu, in die Arbeit mit Funktionen einzuführen. Momentan würden wir es noch so schreiben:

```java
 1  // Ausgabe.java
 2  public class Ausgabe{
 3    public static void main(String[] args){
 4      int a=4;
 5
 6      System.out.println();
 7      System.out.println("*******************************************");
 8      System.out.println("*** Wert der Variable ist "+a);
 9      System.out.println("*******************************************");
10      System.out.println();
11
12      a=(a*13)%12;
13
14      System.out.println();
15      System.out.println("*******************************************");
16      System.out.println("*** Wert der Variable ist "+a);
17      System.out.println("*******************************************");
18      System.out.println();
19
```

```
20      a+=1000;
21
22      System.out.println ();
23      System.out.println ("******************************************");
24      System.out.println ("**** Wert der Variable ist "+a);
25      System.out.println ("******************************************");
26      System.out.println ();
27    }
28 }
```

Um Redundanz zu vermeiden und die Programmzeilen nur einmal aufzuschreiben, lagern wir diese Zeilen in eine Funktion aus. In unserem einfachen Verständnis von Klassen schreiben wir vor jeder Funktion public static. Später werden wir erfahren, was es damit auf sich hat und welche Alternativen es gibt.

Funktionen repräsentieren einen Programmabschnitt, der einmal formuliert beliebig oft aufgerufen und verwendet werden kann. Eine Funktion erhält dabei einen eindeutigen Namen (beginnend mit einem Kleinbuchstaben) und kann Parameter entgegennehmen. Wir machen hier keine Unterscheidung zwischen den Begriffen **Funktion** und **Methode** und werden diese beiden Begriffe gleich verwenden. Dazu schreiben wir hinter dem Programmnamen in Klammern die zu erwartenden Datentypen und vergeben Namen.

Diese Variablen gelten zunächst nur innerhalb der Methode (daher werden sie auch lokale Variablen genannt) auch wenn in der main-Methode eine Variable mit dem gleichen Namen existiert, haben diese beiden nichts miteinander zu tun.

Aus der Mathematik wissen wir, dass Funktionen auch ein Ergebnis liefern – genau ein Ergebnis. Auch für unsere Funktionen gilt das. Falls, wie in unserem Fall, kein Rückgabewert existiert, schreiben wir als Rückgabewert das Schlüsselwort void.

```
public static <Rückgabewert> Funktionsname (Parameter) {
    // Funktionskörper
}
```

In den vielen vorhergehenden Beispielen haben wir oft die main-Funktion verwendet, die nur einmal vorhanden ist und mit z. B. java Ausgabe genau einmal aufgerufen wird.

Jetzt wollen wir versuchen, mit Hilfe einer Funktion, die Ausgabe ein wenig zu erleichtern. In unserem Ausgabebeispiel ist a ein Eingabeparameter für die neue Funktion. Die Funktion schreiben wir laut Konvention oberhalb der main-Funktion. Für die Lesbarkeit des Programms sind sprechende Namen, in unserem Beispiel gibAus, unerlässlich.

Wir werden, wie in der Mathematik üblich, Funktionen vor der Verwendung erst definieren. Obwohl die Funktionen auch in einer beliebigen Reihenfolge im Programm stehen können, fördert die mathematische Reihenfolge die Lesbarkeit doch erheblich.

2.9 Funktionen in Java

```java
public class AusgabeFunktion{
    public static void gibAus(int a){        // neue Funktion
        System.out.println();
        System.out.println("******************************************");
        System.out.println("*** Wert der Variable ist "+a);
        System.out.println("******************************************");
        System.out.println();
    }

    // main-Funktion
    public static void main(String[] args){
        int a=4;
        gibAus(a);
        a=(a*13)%12;
        gibAus(a);
        a+=1000;
        gibAus(a);
    }
}
```

Schauen wir uns noch ein weiteres Beispiel an. Dazu berechnen wir in einer Funktion für die Eingabe x den Wert f(x)=x*13-1024%(34+12):

```java
public class Funktion{
    public static int funktion(int x){
        int wert=(x*13)-1024%(34+12);
        return wert;
    }

    public static void main(String[] args){
        for (int i=0; i<10; i++)
            System.out.println("x="+i+" und f(x)="+funktion(i));
    }
}
```

In diesem Beispiel gibt die Funktion einen int-Wert mit der Anweisung return zurück und wird beendet. Sollten noch Zeilen nach einem return stehen, so gibt Java einen Fehler aus, denn diese Zeilen können nie ausgeführt werden.

Als Ausgabe erhalten wir:

```
C:\Java>java Funktion
x=0 und f(x)=-12
x=1 und f(x)=1
x=2 und f(x)=14
x=3 und f(x)=27
x=4 und f(x)=40
x=5 und f(x)=53
x=6 und f(x)=66
x=7 und f(x)=79
x=8 und f(x)=92
x=9 und f(x)=105
```

Die Auslagerung von Programmabschnitten in Funktionen ist eines der wichtigsten Programmierkonzepte. Aus Gründen der Fehlersuche und Übersichtlichkeit werden wir immer versuchen, dieses Konzept einzusetzen.

46   2 Tag 2: Grundlegende Prinzipien der Programmentwicklung

2.10 Zusammenfassung und Aufgaben

Wir haben die abstrakten Methoden der Programmerstellung kennengelernt: sequentieller Programmablauf, Verzweigung, Sprung, Schleife, Mehrfachverzweigung, Mehrfachschleife und Parallelität. Anschließend haben wir zum ersten Mal ein Javaprogramm kompiliert und gestartet.

Mit dem einfachen Klassenkonzept ist es uns möglich, erste Programme in Java zu schreiben. Wir haben Werkzeuge in Java kennengelernt, mit denen wir die vorgestellten Methoden der Programmentwicklung verwirklichen können. Neben der ausreichenden Kommentierung eines Programms haben wir gesehen wie es möglich ist, Programmabschnitte, die mehrfach verwendet werden, in Funktionen auszulagern.

Aufgaben

Übung 1) Versuchen Sie Ihr Lieblingsrezept in Pseudocode und anschließend in ein Ablaufdiagramm zu übertragen.

Übung 2) Überlegen Sie sich Fälle, bei denen ein Programm nicht terminiert. Verwenden Sie als Beschreibung die Konzepte aus Abschn. 2.2.

Übung 3) Gehen Sie die einzelnen Schritte aus Abschn. 2.3.2 durch und bringen Sie das Programm **ProgrammEins.java** zum Laufen.

Übung 4) Geben Sie ein Programm in Java an, das folgende Formeln berechnet:
i) $f_1(x) = x$,
ii) $f_2(x) = x^2/2 + 17*2$,
iii) $f_3(x) = \frac{(x-1)^3 - 14}{2}$.

Übung 5) Schreiben Sie ein Programm, das für alle Zahlen $i = 1 \ldots 20$ folgende Funktion $f(i) = i!$ (Fakultät) berechnet und für jedes i eine Zeile ausgibt.

Übung 6) Berechnen Sie ein paar Summen:
i) $\sum_{i=0}^{28} (i-1)^2$,
ii) $\sum_{i=1}^{100} \frac{i*(i+1)}{2}$,
iii) $\sum_{i=1}^{25} \frac{(i+1)}{i}$.

Übung 7) In Abschn. 1.7.2 wurden Typumwandlungen mittels Casten vorgestellt. Überprüfen Sie, ob der größte darstellbare Wert für einen long in einen float passt (kleiner Hinweis: der größte darstellbare long ist Long.MAX_VALUE), indem Sie zunächst den Inhalt des long in den float speichern, zurückcasten und beide, den Startwert und den neuen Wert, vergleichen.

2.10 Zusammenfassung und Aufgaben   47

Übung 8) Welche der folgenden Ausdrücke sind äquivalent (vergleichen Sie dabei
die Resultate)?

i) a) `if (i==2) {j = n++;}`
    b) `if (i==(4/2)) {j = ++n;}`
    c) `if (i==((2*3)+5-9)) {j = n+1;}`

ii) a) `for (int i=0; i<10;i++)`
       `{System.out.println(„Nummer:"+i+);}`
    b) `int i=0; while (i<10)`
       `{System.out.print(„Nummer:"+i+ „\n"); i++;}`

Übung 9) Analysieren Sie den folgenden Programmabschnitt schrittweise und ver-
gegenwärtigen Sie sich die Funktionsweise:

```
SprungZuI:
for (int i=0; i<=2; i++){
    SprungZuJ:
    for (int j=0; j<=2; j++){
        for (int k=0; k<=2; k++){
            if (k==1)
                break SprungZuJ;
        }
    }
}
```

3

Tag 3: Daten laden und speichern

In vielen Fällen ist es erforderlich, in Dateien vorliegende Daten für die Ausführung eines Programms zu verwenden. Es könnte z. B. eine Datei vorliegen, in der die Namen, Matrikelnummern und erreichten Punkte in den Übungszetteln gespeichert sind und es stellt sich die Frage, wer von den Studenten nun die Zulassung für die Klausur erworben hat.

Ebenso ist es oft erforderlich, berechnete Daten nicht nur auszugeben, sondern diese in einer Datei abzulegen, um sie zu einem späteren Zeitpunkt wieder hervorzuholen. Diese beiden Verfahren und die Möglichkeit, beim Start eines Javaprogramms Parameter zu übergeben, werden wir in diesem Kapitel behandeln.

M. Block, *JAVA-Intensivkurs*
DOI 10.1007/978-3-642-03955-3, © Springer 2010

3 Tag 3: Daten laden und speichern

Ein Lernziel an dieser Stelle wird sein, die im ersten Augenblick unverständlich erscheinenden Programmteile, einfach mal zu verwenden. Wir müssen am Anfang einen Kompromiss, zwischen dem absoluten Verständnis für jede Programmzeile und der Verwendung einer gegebenen Teillösung, finden. Spätestens bei der Aufarbeitung in Kap. 7 werden die hier verwendeten Konzepte klar verständlich werden.

3.1 Externe Programmeingaben

Die einfachste Methode, einem Javaprogramm ein paar Daten mit auf den Weg zu geben, ist die Übergabe von Parametern in der Kommandozeile. Wir haben ja schon gesehen, dass ein Javaprogramm nach der Kompilierung mit

```
C:\>javac MirIstWarm.java
C:\>java MirIstWarm
```

aufgerufen und gestartet wird. Wenn beispielsweise das Programm **MirIstWarm.java**, wie weiter unten angegeben, aussieht, wird einfach der Text „Mir ist heute zu warm, ich mache nix :).“ ausgegeben.

```
1  // MirIstWarm.java
2  public class MirIstWarm{
3      public static void main(String[] args){
4          System.out.println("Mir ist heute zu warm, ich mache nix :).");
5      }
6  }
```

In *Zeile 3* sehen wir den Parameter String[] args. Er steht für solche Fälle zur Verfügung, in denen wir dem Programm einen oder mehrere Parameter vor dem Start mitgeben wollen. Ein Beispiel, an dem klar wird, wie es funktioniert:

```
1  // MeineEingaben.java
2  public class MeineEingaben{
3      public static void main(String[] args){
4          System.out.println("Eingabe 1: >"+args[0]+"< und");
5          System.out.println("Eingabe 2: >"+args[1]+"<");
6      }
7  }
```

Wenn wir zwei Eingaben erwarten, können wir diese mit args[0] und args[1] einlesen. Der Zählindex beginnt dabei stets bei 0. Testen wir das Programm, indem wir zwei Eingaben, die durch ein Leerzeichen getrennt sind, an die Kommandozeile zum Aufruf des Programms hängen. Das Programm **MeineEingaben.java** gibt nun aus, welche zwei Eingaben es erhalten hat:

```
C:\>javac MeineEingaben.java
C:\>java MeineEingaben Hallo 27
Eingabe 1: >Hallo< und
Eingabe 2: >27<
```

3.2 Daten aus einer Datei einlesen 51

In diesem Fall war es wichtig zu wissen, wie viele Eingaben wir erhalten haben. Sollten wir auf einen Eintrag in der Stringliste `args` zugreifen, der keinen Wert erhalten hat, also auch nicht mit der Kommandozeile übergeben wurde, dann passiert folgendes:

```
C:\>java MeineEingaben Hallo
Exception in thread "main" java.lang.ArrayIndexOutOfBoundsException: 1
        at MeineEingaben.main(MeineEingaben.java:5)
```

Eine Fehlermeldung mit dem Hinweis „`ArrayIndexOutOfBoundsException`" wird vom Programm geliefert. Wir haben also in *Zeile 5* auf einen Index der nicht existiert zugegriffen und damit einen Fehler verursacht. Dieses Problem können wir mit folgenden zusätzlichen Zeilen umgehen:

```
1  // MeineEingaben.java
2  public class MeineEingaben{
3      public static void main(String[] args){
4          for (int i=0; i<args.length; i++)
5              System.out.println("Eingabe "+i+": >"+args[i]+"<");
6      }
7  }
```

Dieser Fehler lässt sich vermeiden, wenn wir zuerst die Anzahl der übergebenen Elemente überprüfen. In einer Schleife laufen wir anschließend durch die Elemente und geben sie nacheinander aus.

```
C:\>java MeineEingaben Hallo 27 und noch viel mehr!
Eingabe 0: >Hallo<
Eingabe 1: >27<
Eingabe 2: >und<
Eingabe 3: >noch<
Eingabe 4: >viel<
Eingabe 5: >mehr!<
```

Jetzt ist das Programm ohne Fehler in der Lage, beliebig viele Eingaben auszugeben, ohne es jedes Mal mit `javac` neu kompilieren zu müssen.

3.2 Daten aus einer Datei einlesen

Wenn wir es aber mit der Verwaltung einer Datenbank zu tun haben, wollen wir nicht über die Kommandozeile die vielen Daten übergeben. Wir können die Daten aus einer Datei lesen. Es gibt viele Möglichkeiten in Java, mit denen das zu bewerkstelligen ist.

Obwohl wir die Begriffe Objektorientierung, Klassen, try-catch usw. erst in späteren Kapiteln behandeln werden, müssen wir hier auch schon externe Klassen und deren Funktionen verwenden. Das soll uns aber nicht weiter stören, wir sehen an einem

Beispiel, wie einfach es funktioniert. Hier geht es erstmal darum, Programmteile zu benutzen, wenn das Verwendungsschema bekannt ist. Später werden wir uns diese Programme noch einmal anschauen und sie besser verstehen.

```java
import java.io.*;
public class LiesDateiEin{
    public static void main(String[] args){
        // Dateiname wird übergeben
        String filenameIn = args[0];
        try{
            FileInputStream fis   = new FileInputStream(filenameIn);
            InputStreamReader isr = new InputStreamReader(fis);
            BufferedReader bur    = new BufferedReader(isr);

            // die erste Zeile wird eingelesen
            String sLine = bur.readLine();

            // lies alle Zeilen aus, bis keine mehr vorhanden sind
            // und gib sie nacheinander aus
            // falls von vornherein nichts in der Datei enthalten
            // ist, wird dieser Programmabschnitt übersprungen
            int zaehler = 0;
            while (sLine != null) {
                System.out.println("Zeile "+zaehler+": "+sLine);
                sLine = bur.readLine();
                zaehler++;
            }
            // schließe die Datei
            bur.close();
        } catch (IOException eIO) {
            System.out.println("Folgender Fehler trat auf: "+eIO);
        }
    }
}
```

Dieses Programm bedarf zunächst keiner weiteren Erläuterung, da eine fürs Erste ausreichende Kommentierung vorhanden ist. Es gehört auch zum Erlernen einer Programmiersprache zu entscheiden, an welchen Stellen des Programms Kommentare notwendig sind. Oft vermindern zu viele unnötige Hinweise die Lesbarkeit eines Programms, aber das ist Geschmackssache.

Verwenden könnten wir **LiesDateiEin.java**, z. B. mit der Datei **namen.dat**. Der Inhalt einer Datei kann auf der Konsole mit dem Befehl type angezeigt werden.

```
C:\>type namen.dat
Harald Liebchen
Gustav Peterson
Gunnar Heinze
Paul Freundlich

C:\>java LiesDateiEin namen.dat
Zeile 0: Harald Liebchen
Zeile 1: Gustav Peterson
Zeile 2: Gunnar Heinze
Zeile 3: Paul Freundlich
```

Unser Programm kann eine Datei zeilenweise auslesen und gibt das eingelesene gleich auf der Konsole aus.

3.3 Daten in eine Datei schreiben

Um Daten in eine Datei zu speichern, schauen wir uns mal folgendes Programm an:

```
 1  import java.io.*;
 2  public class SchreibeInDatei{
 3    public static void main(String[] args){
 4      // Dateiname wird übergeben
 5      String filenameOutput = args[0];
 6      try{
 7        BufferedWriter myWriter =
 8          new BufferedWriter(new FileWriter(filenameOutput, false));
 9
10        // schreibe zeilenweise in die Datei filenameOutput
11        myWriter.write("Hans Mueller\n");
12        myWriter.write("Gundel Gaukel\n");
13        myWriter.write("Fred Feuermacher\n");
14
15        // schliesse die Datei
16        myWriter.close();
17      } catch (IOException eIO) {
18        System.out.println("Folgender Fehler trat auf: "+eIO);
19      }
20    }
21  }
```

Mit der Anweisung `write` schreiben wir eine Zeichenkette in die durch `myWriter`
bekannte Datei `filenameOutput`. Mit den zwei Symbolen „\n" am Ende der Zeilen, wird ein Zeilenumbruch getätig. Das erleichtert anschließend das zeilenweise
Einlesen der Datei.

Jetzt testen wir unser Programm und verwenden zur Überprüfung das vorher vorgestellte Programm **LiesDateiEin.java**.

```
C:\>java SchreibeInDatei namen2.dat

C:\>java LiesDateiEin namen2.dat
Zeile 0: Hans Mueller
Zeile 1: Gundel Gaukel
Zeile 2: Fred Feuermacher
```

Wir stellen fest: Es hat funktioniert! Wir haben zunächst die drei Zeilen in `namen2.`
`dat` gespeichert und konnten diese anschließend wieder auslesen.

3.4 Daten von der Konsole einlesen

Jetzt sind wir in der Lage, Parameter beim Programmstart mitzugeben und Daten
in Dateien zu speichern und wieder auszulesen, oft ist es aber wünschenswert eine
Interaktion zwischen Benutzer und Programm zu haben.

Beispielsweise soll der Benutzer eine Entscheidung treffen oder eine Eingabe machen. Das ist mit der Klasse **BufferedReader** schnell realisiert:

```java
import java.io.*;
public class Einlesen{
    public static void main(String[] args){
        System.out.print("Eingabe: ");
        try{
            InputStreamReader isr  = new InputStreamReader(System.in);
            BufferedReader bur     = new BufferedReader(isr);

            // Hier lesen wir einen String ein:
            String str = bur.readLine();

            // und geben ihn gleich wieder aus
            System.out.println(str);
        } catch(IOException e){}
    }
}
```

Noch ein kleiner Test:

```
C:\>java Einlesen
Eingabe: Ich gebe etwas ein 4,5 a 1/2
Ich gebe etwas ein 4,5 a 1/2
```

3.5 Zusammenfassung und Aufgaben

Softwareprojekte sind kaum ohne ein gutes Datenverwaltungsmanagement zu realisieren. Seien es beispielsweise Benutzereinstellungen in Programmen oder Ergebnisse, die gespeichert werden müssen. Das Ein- bzw. Auslesen von Daten aus Dateien ist ein wichtiges Instrument für die Gestaltung von Programmen.

Neben den zwei vorgestellten Programmen zum Ein- und Auslesen von Dateien wurde auch das Konzept der externen Parameterübergabe, vor und während eines Programmablaufs, in Java besprochen.

Aufgaben

Übung 1) Wir haben gesehen was passiert, wenn **weniger** Parameter übergeben werden als das Programm sie verlangt oder erwartet (siehe Abschn. 3.1). Testen Sie, wie das Programm reagiert, wenn Sie **mehr** als die erwartete Anzahl von Parametern übergeben.

Übung 2) Erzeugen Sie mit der Klasse **ErzeugeVieleWerte** eine Datei, die 100 Zeilen á 10 Spalten besitzt und in jedem Eintrag folgenden Wert enthält: Eintrag(Zeile i, Spalte j) = $i^2 + j$.

3.5 Zusammenfassung und Aufgaben   55

Übung 3) Schreiben Sie ein Programm, das das Alphabet in Groß- und Kleinbuchstaben nacheinander in eine Datei `Alphabet.dat` schreibt. Anschließend soll
die Datei eingelesen werden und die Anzahl der enthaltenen Buchstaben gezählt
und ausgegeben werden.

Übung 4) Schreiben Sie die Funktion `istPrim`, die als Eingabe einen Integerwert
n erhält und mit einem `boolean` zurückgibt, ob n eine Primzahl ist oder nicht.
Eine Primzahl n ist eine Zahl, die nur durch 1 und sich selber ganzzahlig ohne
Rest teilbar ist. Die ersten Primzahlen sind: $2, 3, 5, 7, 11, 13, \ldots$

Übung 5) Verändern Sie die Funktion aus **Übung** 4 so, dass alle Primzahlen bis n
auf dem Bildschirm ausgegeben werden.

Übung 6) Modifizieren Sie Ihre Lösung zur Berechnung der **Primzahlen** mit folgenden Eigenschaften:
  – die Funktion wird von der Klasse `MeineFunktionen` angeboten
  – nach Verwendung wird eine schöne Ausgabe geboten
  – die Klasse soll ausreichend kommentiert werden und den bereits besproche-
    nen Konventionen entsprechen

4

Tag 4: Verwendung einfacher Datenstrukturen

Bisher haben primitive Datentypen für die Lösung einfacher Probleme ausgereicht. Jetzt wollen wir uns mit zusammengesetzten Datentypen auseinandersetzen, den so genannten Datenstrukturen. Das Wort Datenstruktur verrät schon, dass es sich um Daten handelt, die in irgendeiner Form in Strukturen, die spezielle Eigenschaften besitzen, zusammengefasst werden.

Diese Eigenschaften können sich z. B. darin auswirken, dass ein bestimmtes Datum (an dieser Stelle ist nicht das zeitliche Datum, sondern der Singular von Daten gemeint) schneller gefunden oder eine große Datenmenge platzsparender gespeichert werden kann (eine gute Referenz zu diesem Thema ist [19]).

M. Block, *JAVA-Intensivkurs*
DOI 10.1007/978-3-642-03955-3, © Springer 2010

Als Einstiegspunkt sind Arrays, die in jeder höheren Programmiersprache angeboten werden, gut geeignet. Mit Hilfe eines zweidimensionalen Arrays werden wir **Conway's Game of Life** implementieren, dazu müssen wir uns aber zunächst mit der Handhabung eines Arrays vertraut machen.

4.1 Arrays

Beginnen wir mit der einfachsten Datenstruktur. Nehmen wir an, wir möchten nicht nur einen int, sondern viele davon verwalten. Dann könnten wir dies, mit dem uns bereits bekannten Wissen, in etwa so bewerkstelligen:

```
int a, b, c, d, e, f;
a=0;
b=1;
c=2;
d=3;
e=4;
f=5;
```

Das ist sehr aufwändig und nicht besonders elegant. Einfacher wäre es, wenn wir sagen könnten, dass wir k verschiedene int-Werte haben und diese dann über einen Index ansprechen. Genau das nennen wir eine **Liste** oder ein **Array** (siehe Abb. 4.1).

Zu beachten ist, dass das erste Element eines Arrays mit dem Index 0 und das letzte der k Elemente mit dem Index k-1 angesprochen werden. Daran müssen wir uns gewöhnen und es ist eine beliebte Fehlerquelle. Es könnte sonst passieren, dass wir z. B. in einer Schleife alle Elemente durchlaufen möchten, auf das k-te Element zugreifen und einen Fehler verursachen.

```
int[] a = new int[10]; // Erzeugung eines Arrays
for (int i=0; i<=10; i++)
    System.out.println("a["+i+"]="+a[i]);
```

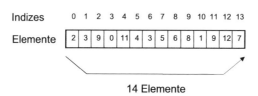

14 Elemente

Abb. 4.1. Visualisierung eines Arrays mit 14-Elementen. Es ist darauf zu achten, dass das erste Element immer mit dem Index 0 startet

4.1 Arrays 59

Wenn wir diesen Programmabschnitt aufrufen, erhalten wir folgende Ausgabe mit
Fehler:

```
C:\Java>java Array
a[0]=0
a[1]=0
a[2]=0
a[3]=0
a[4]=0
a[5]=0
a[6]=0
a[7]=0
a[8]=0
a[9]=0
Exception in thread "main" java.lang.ArrayIndexOutOfBoundsException: 10
at Array.main(Array.java:5)
```

Wieder erhalten wir die schon bekannte `ArrayIndexOutOfBoundsException`. Sie
tritt immer dann auf, wenn wir auf den Index eines Arrays zugreifen, den es gar nicht
gibt. Glücklicherweise liefert Java an dieser Stelle einen Fehler. Das ist bei anderen
Programmiersprachen, wie z. B. C++, nicht immer der Fall.

Im letzten Kapitel wurde gezeigt, wie Daten an ein Programm bei dessen Aufruf zu
übergeben sind. Auch hier wurde Gebrauch von einem Array `args`, in diesem Fall
ein Array von Strings, gemacht. Die Variablenbezeichnung `args` wird sehr häufig
verwendet, ist aber beliebig und kann geändert werden.

4.1.1 Deklaration und Zuweisung

Um ein k-elementiges `int`-Array zu erzeugen, schreiben wir:

```
<Datentyp>[] <name>;
<name> = new <Datentyp>[k];
```

oder in einer Zeile zusammengefasst:

```
<Datentyp>[] <name> = new <Datentyp>[k];
```

Mit dem Befehl `new` wird Speicher für das Array bereitgestellt. Ein tiefergehendes
Verständnis für die Hintergründe werden wir später in Kap. 6 entwickeln.

Das obere Beispiel hat gezeigt, wie auf die einzelnen Elemente über einen Index
zugegriffen werden kann. Wir haben auch gesehen, dass die Einträge eines `int`-
Arrays mit 0 initialisiert wurden. Die Initialisierung findet aber nicht immer statt,
daher sollte anschließend in einer Schleife dafür Sorge getragen werden.

In dem folgenden Beispiel wollen wir jetzt neue Daten in ein Array schreiben:

```
int[] a = new int[2];
a[0]    = 3;
a[1]    = 4;
```

Sollten wir schon bei der Erzeugung des Arrays wissen, welchen Inhalt die Elemente haben sollen, dann können wir das so vornehmen („literale Erzeugung" [11]):

```
int[] a = {1,2,3,4,5};
```

Wenn wir, wie bereits gesehen, auf den Index eines Arrays zugreifen, der nicht existiert, erhalten wir eine Fehlermeldung. Da dieser Fehlertyp relativ häufig auftritt, gibt es seit der Javaversion 1.5 eine elegante Möglichkeit diese zu vermeiden.

4.1.2 Vereinfachte Schleife mit for

Die vereinfachte for-Schleifennotation benötigt beim Durchlaufen von Arrays keine Schranken. Die Syntax sieht wie folgt aus:

```
for (<Typ> <Variablenname> : <Ausdruck>) {
    <Anweisungen>;
}
```

Wir sagen also nicht mehr explizit, welche Indizes innerhalb der Schleife durchlaufen werden sollen, sondern geben eine Variable an, die jeden Index (beginnend beim kleinsten) einmal annimmt. Schauen wir uns ein Beispiel an:

```
int[] werte = {1,2,3,4,5,6};    // literale Erzeugung

// Berechnung der Summe
int summe = 0;
for (int x : werte)
    summe += x;
```

Damit lässt sich die ArrayIndexOutOfBoundsException vermeiden.

4.2 Matrizen oder multidimensionale Arrays

Für verschiedene Anwendungen ist es notwendig, Arrays mit mehreren Dimensionen anzulegen und zu verwenden. Ein Spezialfall mit der Dimension 2 ist die Matrix. Wir haben ein Feld von Elementen der Größe $n \times m$ (siehe Abb. 4.2).

4.3 Conway's Game of Life

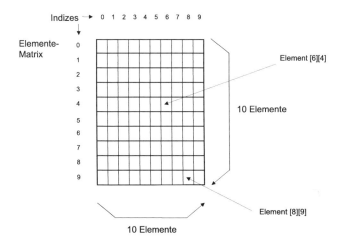

Abb. 4.2. Visualisierung eines zweidimensionales Arrays mit den entsprechenden Zugriffen

Wir erzeugen eine $n \times m$ Matrix, indem wir zum Array eine Dimension dazunehmen:

```
int[][] a = new int[n][m];
a[4][1]   = 27;
```

Auf diese Weise können wir sogar noch mehr Dimensionen erzeugen:

```
int[][][][] a = new int[k][l][m][n];
```

4.3 Conway's Game of Life

Damit wir unsere neu gewonnenen Kenntnisse über Matrizen gleich einmal anwenden können, beschäftigen wir uns mit *Conway's Game of Life* (z. B. bei Wikipedia [43] nachzulesen). Mein Großvater brachte mir damals die Programmierung mit diesem Beispiel in BASIC bei. Es hat einen nachhaltigen Eindruck bei mir hinterlassen und motivierte mich weiter zu machen. Man könnte sagen, dass *Conway's Game of Life* mein Interesse für die Informatik und gerade für die Künstliche Intelligenz geweckt hat.

Man stelle sich vor, eine Welt (zellulärer Automat) bestünde nur aus einer 2-dimensionalen Matrix. Jeder Eintrag, wir nennen ihn jetzt mal Zelle, kann innerhalb dieser Welt zwei Zustände annehmen, er ist entweder lebendig oder tot. Jede Zelle interagiert dabei mit ihren maximal 8 Nachbarn (siehe Abb. 4.3).

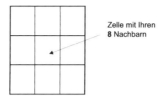

Abb. 4.3. Die Nachbarschaft eines Feldes in der Matrix

Diese Interaktion unterliegt den folgenden vier Spielregeln „des Lebens":

1. jede *lebendige* Zelle, die weniger als zwei lebendige Nachbarn hat, *stirbt* an Einsamkeit
2. jede *lebendige* Zelle mit mehr als drei lebendigen Nachbarn *stirbt* an Überbevölkerung
3. jede *lebendige* Zelle mit zwei oder drei Nachbarn fühlt sich wohl und *lebt* weiter
4. jede *tote* Zelle mit genau drei lebendigen Nachbarn wird wieder *zum Leben erweckt*.

Die Idee besteht nun darin, eine konkrete oder zufällige Konstellation von lebendigen und toten Zellen in dieser Matrix vorzugeben. Das bezeichnen wir dann als die erste Generation. Die zweite Generation wird durch die Anwendung der vier Regeln auf jede der Zellen erzeugt. Es wird geprüft, ob Zellen lebendig bleiben, sterben oder neu entstehen.

Wird ein solches System beispielsweise mit einer zufälligen Konstellation laufen gelassen, also die Generationen nacheinander erzeugt und ausgegeben, so erinnert uns das Zusammenspiel von Leben und Tod z. B. an Bakterienkulturen in einer Petrischale, daher der Name „Spiel des Lebens".

Es gibt inzwischen viele Variationen und die verschiedensten Darstellungsmöglichkeiten. Wir werden für unser Programm eine traditionelle Darstellung für unser Matrizenbeispiel verwenden. Ein Beispiel für drei Generationen in einer Welt mit den Maßen 11×11 zeigt Abb. 4.4.

In den Jahren des Experimentierens sind viele interessante Konstellationen aufgetaucht, beispielsweise gibt es Muster, die scheinbar endlos neue Generationen erzeugen, also in der Lage sind, sich zu reproduzieren, oder andere, die zyklisch bestimmte Zustände annehmen.

Abb. 4.4. Ganz links ist eine zufällige Startkonfiguration gegeben und nach rechts sind die entsprechenden Folgegenerationen zu sehen

4.3 Conway's Game of Life

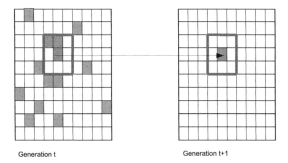

Generation t   Generation t+1

Abb. 4.5. Anhand der vier gegebenen Regeln werden die Informationen der alten in die neue Generation übernommen

4.3.1 Einfache Implementierung

Unsere Aufgabe wird es nun sein, eine sehr einfache Version zu implementieren. Wir benötigen dazu eine $n \times m$ Matrix welt und setzen die Elemente welt[i,j] auf 0 (false) für *tot* und 1 (true) für *lebendig*. Damit hätten wir uns eine einfache Umgebung definiert. Jetzt müssen wir diese Matrix mit Werten füllen. Erst in einem späteren Kapitel werden wir besprechen, wie es möglich ist, Zufallszahlen in Java zu erzeugen, daher müssten wir an dieser Stelle die Werte eigentlich „per Hand" setzen. Aber, um uns die Arbeit zu ersparen, verwenden wir die Methode einfach schon.

Angenommen wir haben die Matrix bereits und jedes Element enthält entweder eine 0 oder 1. Um nun eine Folgegeneration zu berechnen, müssen wir eine zweite, leere Matrix welt_neu erzeugen. Anschließend gehen wir systematisch über alle Elemente der Matrix welt und prüfen die jeweiligen Nachbarn. Die Regeln liefern eine eindeutige Entscheidung, ob wir in der neuen Matrix an der gleichen Stelle den Wert 0 oder 1 setzen (siehe Abb. 4.5).

Wir könnten systematisch durch die Matrix welt laufen, indem wir zwei for-Schleifen verwenden.

Da wir über jede Generation informiert werden wollen, gibt es eine kleine Ausgabefunktion.

```java
import java.util.Random; // erläutern wir später
public class GameOfLife{
    public static void gebeAus(boolean[][] m){
        // Ein "X" symbolisiert eine lebendige Zelle
        for (int i=0; i<10; i++){
            for (int j=0; j<10; j++){
                if (m[i][j]) System.out.print("X ");
                else         System.out.print("  ");
            }
            System.out.println();
        }
    }
}
```

Um die Regeln zu überprüfen, müssen wir die Anzahl der in der Nachbarschaft befindlichen lebenden Zellen ermitteln. Mit einem kleinen Trick können wir die Funktion sehr kurz halten. An dieser Stelle muss ich darauf hinweisen, dass dieser Trick zwar machbar, aber unter Programmierern etwas verpönt ist. Es gilt die Regel: „*Do not use exceptions for flow control!*". Das bedeutet, dass unsere Schreibweise zwar recht kurz ist, aber das auf Kosten der Performanz. Der Leser sei also ermuntert, eine eigene Methode zu schreiben, die die Nachbarschaftsregeln überprüft.

```java
14    // Diese Methode lässt sich sicherlich schöner schreiben — wir
15    // nutzen hier die Tatsache aus, dass Java einen Fehler erzeugt,
16    // wenn wir auf ein Element außerhalb der Matrix zugreifen
17    public static int zaehleUmgebung(boolean[][] m, int x, int y){
18        int ret = 0;
19        for (int i=(x-1);i<(x+2);++i){
20            for (int j=(y-1);j<(y+2);++j){
21                try{
22                    if (m[i][j])
23                        ret += 1;
24                }
25                catch (IndexOutOfBoundsException e){}
26            }
27        }
28        // einen zuviel mitgezaehlt?
29        if (m[x][y])
30            ret -= 1;
31
32        return ret;
33    }
```

In der `main`-Methode werden zwei Matrizen für zwei aufeinander folgende Generationen bereitgestellt. Exemplarisch werden die Zellkonstellationen einer Generation, gemäß den zuvor definierten Regeln, berechnet und ausgegeben.

```java
29    public static void main(String[] args){
30        // unsere Welt soll aus 10x10 Elemente bestehen
31        boolean[][] welt     = new boolean[10][10];
32        boolean[][] welt_neu = new boolean[10][10];
33
34        // ********************************************************
35        // Erzeugt eine zufällige Konstellation von Einsen und Nullen
36        // in der Matrix welt. Die Chancen liegen bei 50%, dass eine
37        // Zelle lebendig ist.
38        Random generator = new Random();
39        double zufallswert;
40        for (int i=0; i<10; i++){
41            for (int j=0; j<10; j++){
42                zufallswert = generator.nextDouble();
43                if (zufallswert >=0.5)
44                    welt[i][j] = true;
45            }
46        }
47        // ********************************************************
48
49        // Ausgabe der ersten Generation
50        System.out.println("Generation 1");
51        GameOfLife.gebeAus(welt);
52
53        int nachbarn;
54        for (int i=0; i<10; i++){
```

4.3 Conway's Game of Life

```java
55    for (int j=0; j<10; j++){
56        // Zaehle die Nachbarn
57        nachbarn = zaehleUmgebung(welt, i, j);
58
59        if (welt[i][j]){
60            // Regel 1, 2:
61            if ((nachbarn<2) || (nachbarn>3))
62                welt_neu[i][j] = false;
63
64            // Regel 3:
65            if ((nachbarn==2) || (nachbarn==3))
66                welt_neu[i][j] = true;
67        }
68        else {
69            // Regel 4:
70            if (nachbarn==3)
71                welt_neu[i][j] = true;
72        }
73    }
74    }
75    // Ausgabe der zweiten Generation
76    System.out.println("Generation 2");
77    GameOfLife.gebeAus(welt_neu);
78    }
79 }
```

Unser Programm **GameOfLife.java** erzeugt zunächst zwei Matrizen der Größe 10×10 (die Größe lässt sich natürlich nach Belieben variieren). Dann wird die Matrix welt zufällig mit 1 und 0 gefüttert. Mit Zufallsgeneratoren beschäftigen wir uns aber erst später in Abschn. 8.3. Die mit Zufallszahlen gefütterte welt lassen wir uns auf dem Bildschirm ausgeben, wobei ein X für eine lebendige und eine Lücke für eine tote Zelle steht. Im Anschluss daran gehen wir über alle Elemente der welt und wenden die vier Regeln zu Erzeugung einer neuen Generation welt_neu an.

```
C:\JavaCode>java GameOfLife
Generation 1
X X X X       X
    X       X X X
    X X   X   X X
  X X     X X     X
    X       X X
  X X X     X X     X X
  X   X X   X
  X X X   X X
    X X     X       X
  X X       X X X X X
Generation 2
  X X X       X
      X       X
  X   X   X       X
  X       X
      X           X
  X           X
X
  X           X X
                  X
  X X X   X X X X X
```

Schließlich geben wir die neu berechnete Generation wieder aus und können überprüfen, ob die Regeln eingehalten wurden.

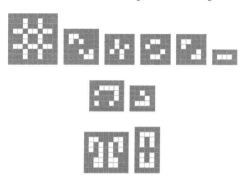

Abb. 4.6. In der oberen Reihe ist eine Sammlung zyklischer Muster zu sehen. In der mittleren sind zwei Gleiter, die sich reproduzieren und in der unteren zwei interessante Startkonstellationen

4.3.2 Auswahl besonderer Muster und Ausblick

Für den interessierten Leser ist hier eine kleine Sammlung besonderer Zellkonstellationen zusammengestellt (siehe Abb. 4.6). Aber Vorsicht: *Conway's Game of Life* macht süchtig!

Wer jetzt denkt, dass „Conway's Game of Life" nur eine Spielerei ist, der täuscht sich. An dieser Stelle muss kurz erwähnt werden, dass dieses Modell aus Sicht der Berechenbarkeit ebenso mächtig ist, wie z. B. die Turingmaschine und das λ-Kalkül [10]. Informatikstudenten, die sich im Grundstudium mit dieser Thematik intensiv auseinandersetzen müssen, wissen welche Konsequenz das hat.

4.4 Zusammenfassung und Aufgaben

Die Verwendung von Datenstrukturen verbessert die Erstellung von Programmen enorm. Je nach Anwendung und gewünschter Funktionalität kann der Entwickler zwischen verschiedenen Datenstrukturen wählen. Listen, in unserem Fall Arrays, sind einfach zu verwenden und kommen in fast jedem Programm vor. Die Dimension der Datenstruktur Liste lässt sich erweitern. Für unser Projekt **Conway's Game of Life** haben wir Matrizen verwendet und daran die Handhabung geübt. In einem späteren Kapitel kommen wir auf dieses Projekt zurück und es wird Aufgabe des Lesers sein, eine dynamische Oberfläche zu entwickeln, die eine schickere Ausgabe erzeugt als die in unserem einfachen Beispiel.

Aufgaben

Übung 1) Schreiben Sie eine Methode, die als Eingaben zwei `int`-Arrays a und b erhält. Die Funktion liefert die elementweise Addition beider Vektoren, falls Sie

4.4 Zusammenfassung und Aufgaben

die gleiche Dimension besitzen und ansonsten `null` (damit repräsentieren wir ein leeres Objekt) ist.

Übung 2) Analog zu **Übung** 1 sollen Funktionen für Vektorsubtraktion und das Produkt aus Vektor und Skalar implementiert werden.

Übung 3) Schreiben Sie eine Funktion, die die Matrizenmultiplikation ausführt.

Übung 4) Experimentieren Sie mit dem Programm „**Conway's Game of Life**". Erweitern Sie das Programm so, dass beliebig viele Generationen ausgeführt werden können. Finden Sie weitere Muster, die sich immer reproduzieren oder Besonderheiten aufweisen.

Übung 5) Schreiben Sie ein Programm, das neben der `main`-Funktion eine weitere enthält. Erzeugen Sie in der `main` zwei identisch gefüllte `int`-Listen der Länge 10. Übergeben Sie eine der beiden Listen per Parameterübergabe an die Funktion. Die Funktion soll die Reihenfolge der Werte innerhalb dieses Parameters umdrehen, aber keinen Rückgabewert liefern. Geben Sie die beiden Listeninhalte in der `main` nach Verwendung der Funktion aus.
Hat Sie das Ergebnis überrascht? Den Grund erfahren Sie später in Abschn. 7.

5
Tag 5: Debuggen und Fehlerbehandlungen

Zum Handwerkzeug eines Programmierers gehört die Fähigkeit, Fehler in seinen und anderen Programmen aufzuspüren und zu behandeln. Im folgenden Kapitel werden wir ein paar dieser Techniken kennenlernen und gemeinsam auf die Suche nach Fehlern gehen.

Die bessere Methode allerdings ist die Investition in ein gutes Konzept, um viele Fehler bereits vor der Implementierung auszuschließen oder diese besser lokalisieren zu können.

5.1 Das richtige Konzept

Es sollte bei der Entwicklung darauf geachtet werden, dass nicht allzu viele Programmzeilen zu einer Funktion gehören. Das Problem sind oft wiederverwendete Variablen oder Seiteneffekte.

Besser ist es, das Programm zu gliedern und in Programmabschnitte zu unterteilen. Zum Einen wird damit die Übersicht gefördert und zum Anderen verspricht die Modularisierung den Vorteil, Fehler in kleineren Programmabschnitten besser aufzuspüren und vermeiden zu können (siehe Abb. 5.1).

Ein wichtiges Werkzeug der Modularisierung stellen so genannte **Constraints** (Einschränkungen) dar. Beim Eintritt in einen Programmabschnitt (z. B. eine Funktion) müssen die Eingabeparameter überprüft und damit klargestellt werden, dass der Programmteil mit den gewünschten Daten arbeiten kann. Das gleiche gilt für die Ausgabe (siehe dazu Abb. 5.2).

Der Entwickler der Funktion ist dafür verantwortlich, dass auch die richtigen Berechnungen durchgeführt und zurückgeliefert werden. Dies stellt sicher, dass ein innerhalb eines Moduls auftretender Fehler, auch dort gesucht und behandelt werden muss und nicht im aufrufenden Modul, welches eventuell fehlerhafte Daten geliefert hat.

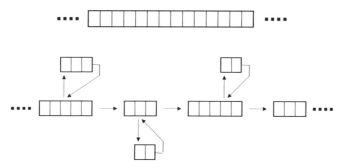

Abb. 5.1. *Oben:* Wenn das Programm nicht strukturiert ist und der Programmcode einfach Anweisung für Anweisung hintereinander weg geschrieben wird, können Fehler auf Grund der fehlenden Übersicht oft sehr schwer gefunden werden. *Unten:* Neben einer besseren Übersicht verspricht die Modularisierung einen größeren Erfolg bei der Fehlersuche. Einzelne kleine Abschnitte, die eventuell mehrfach verwendet werden, können dabei individuell überprüft werden

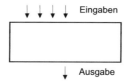

Abb. 5.2. Die erlaubten Eingaben und zu erwartenden Ausgaben für einen kleinen Programmabschnitt können genau spezifiziert werden

5.1 Das richtige Konzept 71

Kommentare sind hier unverzichtbar und fördern die eigene Vorstellung von der Funktionsweise eines Programmabschnitts. Als Beispiel schauen wir uns mal die Fakultätsfunktion an:

```java
public class Fakultaet{
    /* Fakultätsfunktion liefert für i=0 ... 20 die entsprechenden
    Funktionswerte i! = i * (i-1) * (i-2) * ... * 1
    (0! ist per Definition 1)

    Der Rückgabewert liegt im Bereich 1 .. 2432902008176640000

    Sollte eine falsche Eingabe vorliegen, so liefert das Programm
    als Ergebnis -1. */
    public static long fakultaet(long i){
        // Ist der Wert außerhalb des erlaubten Bereichs?
        if ((i<0)||(i>20))
            return -1;

        // Rekursive Berechnung der Fakultaet
        if (i==0)
            return 1;
        else
            return i*fakultaet(i-1);
    }

    public static void main(String[] args){
        for (int i=-2; i<22; i++)
            System.out.println("Fakultaet von "+i+" liefert "+fakultaet(i));
    }
}
```

Damit haben wir ersteinmal die Ein- und Ausgaben überprüft und sichergestellt, dass wir mit den gewünschten Daten arbeiten, nun müssen wir dafür Sorge tragen, die Module fehlerfrei zu halten.

Wenn wir die Funktion fakultaet, wie in der main-Funktion gezeigt mit verschiedenen Parametern testen, erhalten wir die folgende Ausgabe:

```
C:\Java>java Fakultaet
Fakultaet von -2 liefert -1
Fakultaet von -1 liefert -1
Fakultaet von 0 liefert 1
Fakultaet von 1 liefert 1
Fakultaet von 2 liefert 2
Fakultaet von 3 liefert 6
Fakultaet von 4 liefert 24
Fakultaet von 5 liefert 120
Fakultaet von 6 liefert 720
Fakultaet von 7 liefert 5040
Fakultaet von 8 liefert 40320
Fakultaet von 9 liefert 362880
Fakultaet von 10 liefert 3628800
Fakultaet von 11 liefert 39916800
Fakultaet von 12 liefert 479001600
Fakultaet von 13 liefert 6227020800
Fakultaet von 14 liefert 87178291200
Fakultaet von 15 liefert 1307674368000
Fakultaet von 16 liefert 20922789888000
Fakultaet von 17 liefert 355687428096000
Fakultaet von 18 liefert 6402373705728000
Fakultaet von 19 liefert 121645100408832000
```

```
Fakultaet von 20 liefert 2432902008176640000
Fakultaet von 21 liefert -1
```

Leider treten auch nach den besten Vorbereitungen Fehler in verschiedenen Formen auf. Dabei unterscheiden wir zwischen Fehlern, die das Programm zum Absturz bringen und fehlerhaften Berechnungen. Schauen wir uns zunächst an, wie wir Fehler in Java vermeiden können, die das Programm zum Absturz bringen.

5.2 Exceptions in Java

Wenn ein Fehler während der Ausführung eines Programms auftritt, wird ein Objekt einer Fehlerklasse (Exception) erzeugt. Da der Begriff Objekt erst später erläutert wird, stellen wir uns einfach vor, dass ein Programm gestartet wird, welches den Fehler analysiert und wenn der Fehler identifizierbar ist, können wir dieses Programm nach dem Fehler fragen und erhalten einen Hinweis, der Aufschluss über die Fehlerquelle gibt.

Schauen wir uns ein Beispiel an:

```java
public class ExceptionTest{
    public static void main(String[] args){
        int d = Integer.parseInt(args[0]); // macht aus String einen int
        int k = 10/d;
        System.out.println("Ergebnis ist "+k);
    }
}
```

Auf den ersten Blick ist kein Fehler erkennbar, aber ein Test zeigt schon die Fehleranfälligkeit des Programms.

```
C:\>java ExceptionTest 2
Ergebnis ist 5

C:\>java ExceptionTest 0
Exception in thread "main" java.lang.ArithmeticException: / by zero
        at ExceptionTest.main(ExceptionTest.java:5)

C:\>java ExceptionTest d
Exception in thread "main" java.lang.NumberFormatException: For input
string: "d"
        at java.lang.NumberFormatException.forInputString(Unknown Source)
        at java.lang.Integer.parseInt(Unknown Source)
        at java.lang.Integer.parseInt(Unknown Source)
        at ExceptionTest.main(ExceptionTest.java:4)
```

Zwei Fehlerquellen sind hier erkennbar, die Eingabe eines falschen Datentyps und die Eingabe einer 0, die bei der Division einen Fehler verursacht. Beides sind für Java wohlbekannte Fehler, daher gibt es auch in beiden Fällen entsprechende Fehlerbezeichnungen NumberFormatException und ArithmeticException.

5.2 Exceptions in Java   73

Um nun Fehler dieser Art zu vermeiden, müssen wir zunächst auf die Fehlersuche
gehen und den Abschnitt identifizieren, der den Fehler verursacht. Wir müssen uns
dazu die Frage stellen: In welchen Situationen (unter welchen Bedingungen) stürzt
das Programm ab? Damit können wir den Fehler einengen und den Abschnitt besser
lokalisieren. Dann müssen wir Abhängigkeiten überprüfen und die Module identifizieren, die für die Eingabe in diesem Abschnitt zuständig sind.

Angenommen, wir haben einen Bereich lokalisiert und wollen diesen nun beobach-
ten. Hierzu verwenden wir die try-catch-Klausel, die im folgenden Abschnitt vorgestellt wird.

5.2.1 Einfache try-catch-Behandlung

Die Syntax dieser Klausel sieht wie folgt aus:

```
try {
    <Anweisung>;
    ...
    <Anweisung>;
} catch(Exception e){
    <Anweisung>;
}
```

Die try-catch Behandlung lässt sich als „*Versuche dies, wenn ein Fehler dabei auftritt, mache jenes.*" lesen. Um unser Programm aus Abschn. 5.2 vor einem Absturz
zu bewahren, wenden wir diese Klausel an und testen das Programm.

```
 1  public class ExceptionTest2{
 2      public static void main(String[] args){
 3          try{
 4              int d = Integer.parseInt(args[0]);
 5              int k = 10/d;
 6              System.out.println("Ergebnis ist "+k);
 7          } catch(Exception e){
 8              System.out.println("Fehler ist aufgetreten...");
 9          }
10      }
11  }
```

Wie testen nun die gleichen Eingaben.

```
C:\>java ExceptionTest 2
Ergebnis ist 5

C:\>java ExceptionTest 0
Fehler ist aufgetreten...

C:\>java ExceptionTest d
Fehler ist aufgetreten...
```

74   5 Tag 5: Debuggen und Fehlerbehandlungen

Einen Teilerfolg haben wir nun schon zu verbuchen, da das Programm nicht mehr
abstürzt. Der Bereich in den geschweiften Klammern nach dem Schlüsselwort try
wird gesondert beobachtet. Sollte ein Fehler auftreten, so wird die weitere Abarbeitung innerhalb dieser Klammern abgebrochen und der Block nach dem Schlüsselwort
catch ausgeführt.

5.2.2 Mehrfache try-catch-Behandlung

Dummerweise können wir nun die Fehler nicht mehr eindeutig identifizieren, da sie
die gleiche Fehlermeldung produzieren. Um die Fehler aber eindeutig abzufangen,
lassen sich einfach mehrere catch-Blöcke mit verschiedenen Fehlertypen angeben:

```
try {
    <Anweisung>;
    ...
    <Anweisung>;
} catch(Exceptiontyp1 e1){
    <Anweisung>;
} catch(Exceptiontyp2 e2){
    <Anweisung>;
} catch(Exceptiontyp3 e3){
    <Anweisung>;
}
```

Wenden wir die neue Erkenntnis auf unser Programm an:

```
 1  public class ExceptionTest3{
 2      public static void main(String[] args){
 3          try{
 4              int d = Integer.parseInt(args[0]);
 5              int k = 10/d;
 6              System.out.println("Ergebnis ist "+k);
 7          } catch(NumberFormatException nfe){
 8              System.out.println("Falscher Typ! Gib eine Zahl ein ...");
 9          } catch(ArithmeticException ae){
10              System.out.println("Division durch 0! ...");
11          } catch(Exception e){
12              System.out.println("Unbekannter Fehler aufgetreten ...");
13          }
14      }
15  }
```

Bei den schon bekannten Eingaben liefert das Programm nun folgende Ausgaben:

```
C:\>java ExceptionTest3 2
Ergebnis ist 5

C:\>java ExceptionTest3 0
Division durch 0! ...

C:\>java ExceptionTest3 d
Falscher Typ! Gib eine Zahl ein ...
```

5.3 Fehlerhafte Berechnungen aufspüren

Hier sei nur am Rande erwähnt, dass die `try-catch`-Klausel noch weitere Eigenschaften besitzt und Fehlerklassen selber programmiert werden können. Da wir aber noch kein Verständnis für Objektorientierung entwickelt haben und das erst im Folgekapitel besprochen wird, lege ich dem interessierten Leser hier ans Herz, sich zunächst mit dem erweiterten Klassenkonzept auseinander zu setzen und später das erweiterte Fehlerkonzept nachzuarbeiten (z. B. hier [2, 12]).

5.3 Fehlerhafte Berechnungen aufspüren

Im vorhergehenden Abschnitt haben wir uns mit den Fehlern auseinander gesetzt, die das Programm unweigerlich zum Absturz bringen und eine Technik kennengelernt, diese Abstürze aufzuspüren und zu vermeiden.

Beim Programmieren wird leider ein nicht unwesentlicher Teil der Zeit mit dem Aufsuchen von Fehlern verbracht. Das ist selbst bei sehr erfahrenen Programmierern so und gerade, wenn die Projekte größer und unübersichtlicher werden, sind effiziente Programmiertechniken, die Fehler vermeiden, unabdingbar. Sollte sich aber doch ein Fehler eingeschlichen haben, gibt es einige Vorgehensweisen, die die zum Auffinden benötige Zeit auf ein Mindestmaß reduzieren.

Wir wollen hier eine einfache, aber effektive Denkweise zum Aufspüren von Fehlern vorstellen. Fangen wir mit einem Beispiel an.

5.3.1 Berechnung der Zahl pi nach Leibniz

Folgendes Programm soll eine Näherung für die Kreiszahl π berechnen. Gottfried Wilhelm Leibniz gab 1682 für die Näherung von $\frac{\pi}{4}$ eine Berechnungsvorschrift an, die als **Leibniz-Reihe** bekannt ist. Am Ende der Berechnung müssen wir das Ergebnis also noch mit 4 multiplizieren, um eine Näherung für π zu erhalten.

Die Vorschrift besagt:

$$\frac{\pi}{4} = 1 - \frac{1}{3} + \frac{1}{5} - \frac{1}{7} + \frac{1}{9} - \ldots$$

Der Nenner wird also immer um 2 erhöht, während das Vorzeichen jeden Schritt wechselt. Eine Schleife bietet sich zur Berechnung an.

```
public class BerechnePI {
    public static double pi(int max_iterationen){
        double PI = 0;
        int vorzeichen = 1;
        for (int i=1; i<=max_iterationen*2; i+=2){
            PI += vorzeichen*(1/i);
            vorzeichen *= -1;
        }
```

```
 9        return 4*PI;
10    }
11
12    public static void main(String[] args){
13        double PI = pi(100);
14        System.out.println("Eine Naeherung fuer PI ist "+PI);
15    }
16 }
```

Der Wert für π beginnt mit 3,141592... usw., wir erwarten nach 100 Iterationen also ein ähnliches Ergebnis. Stattdessen erhalten wir:

```
C:\JavaCode>java BerechnePI
Eine Naeherung fuer PI ist 4.0
```

Mit dem Wert 4.0 haben wir keine wirklich gute Näherung, obwohl eine Anekdote besagt, dass 1897 im US-Bundesstaat Indiana dieser ungenaue Wert sogar per Gesetz festgelegt wurde. Beim Studieren dieses Gesetzes wird allerdings klar, dass der Wert gar nicht auf 4 sondern auf 3.2 festgelegt wurde [14].

Erhöhen wir die Iterationsanzahl von 100 auf 1 000, bleibt das Ergebnis mit 4.0 sogar unverändert.

Um den Fehler aufzuspüren, versuchen wir die Berechnungen schrittweise nachzuvollziehen. Überprüfen wir zunächst, ob das Vorzeichen und der Nenner für die Berechnung stimmen. Dazu fügen wir in die Schleife folgende Ausgabe ein:

```
...
for (int i=1; i<max_iterationen; i+=2){
    System.out.println("i:"+i+" vorzeichen:"+vorzeichen);
    PI += vorzeichen*(1/i);
    vorzeichen *= -1;
}
...
```

Als Ausgabe erhalten wir:

```
C:\JavaCode>java BerechnePI
i:1 vorzeichen:1
i:3 vorzeichen:-1
i:5 vorzeichen:1
i:7 vorzeichen:-1
...
```

Das Vorzeichen alterniert, ändert sich also in jeder Iteration, das ist korrekt. Die Ausgabe erweitern wir jetzt, um zu sehen, wie sich PI im Laufe der Berechnungen verändert.

```
System.out.println("i:"+i+" vorzeichen:"+vorzeichen+" PI:"+PI);
```

5.3 Fehlerhafte Berechnungen aufspüren 77

Wir erhalten folgende Ausgabe:

```
C:\JavaCode>java BerechnePI
i:1 vorzeichen:1 PI:0.0

i:3 vorzeichen:-1 PI:1.0
i:5 vorzeichen:1 PI:1.0
i:7 vorzeichen:-1 PI:1.0
...
```

Vor dem ersten Schritt hat `PI` den Initialwert 0. Nach dem ersten Schritt ist `PI=1`, soweit so gut. Allerdings ändert sich `PI` in den weiteren Iterationen nicht mehr. Hier tritt der Fehler zum ersten Mal auf.

Werfen wir einen Blick auf die Zwischenergebnisse:

```
double zwischenergebnis = vorzeichen*(1/i);
System.out.println("i:"+i+" Zwischenergebnis:"+zwischenergebnis);
```

Jetzt sehen wir, an welcher Stelle etwas schief gelaufen ist:

```
C:\JavaCode>java BerechnePI
i:1 Zwischenergebnis:1.0
i:3 Zwischenergebnis:0.0
i:5 Zwischenergebnis:0.0
i:7 Zwischenergebnis:0.0
...
```

Der Fehler ist zum Greifen nah. Die Berechnung `vorzeichen*(1/i)` liefert in jedem Schritt, außer dem ersten, den Wert `0.0` zurück. Im Abschn. 1.7.3 wurde auf dieses Problem hingewiesen.

Die Berechnung `(1/i)` liefert immer das Ergebnis 0, da sowohl 1 als auch `i` vom Typ `int` sind. Der Compiler verwendet die ganzzahlige Division, was bedeutet, dass alle Stellen nach dem Komma abgerundet werden. Dieses Problem lässt sich leicht lösen, indem wir die 1 in `1.d` ändern und damit aus dem implizit angenommenen `int` ein `double` machen. Eine andere Möglichkeit wäre das Casten von `i` zu einem `double`. In beiden Fällen liefert das korrigierte Programm eine gute Näherung.

```
C:\JavaCode>java BerechnePI
Eine Naeherung fuer PI ist 3.1315929035585537
```

Ein etwas geübter Programmierer erahnt einen solchen Fehler bereits beim Lesen des Codes. Das strategisch günstige Ausgeben von Zwischenergebnissen und Variablenwerten ist jedoch auch ein probates Mittel zum Auffinden von schwierigeren Fehlern. Wird das Programm jedoch größer, ist Code von anderen Programmieren beteiligt und sind die Berechnungen unübersichtlich, dann helfen die von den meisten Programmierumgebungen bereitgestellten Debugger enorm. Ein Debugger ermöglicht, durch die Kontrolle des Programmablaufs während der Ausführung, Fehler gezielter zu finden. Die meisten Systeme erlauben Breakpoints (Haltepunkte), bei denen alle aktuell im Speicher befindlichen Variablen und Zustände ausgelesen werden können.

5.3.2 Zeilenweises Debuggen und Breakpoints

Wir haben gesehen, wie wichtig es sein kann, den Inhalt von Variablen während des Programmablaufs zu überwachen. Dies lässt sich mit geschickt platzierten Konsolenausgaben lösen, wir wollen es als **zeilenweises Debuggen** bezeichnen.

Ist der Fehler allerdings noch nicht ausreichend lokalisiert, hat man entweder die Wahl extrem viele Ausgaben einzubauen oder das Programm immer nur um eine Ausgabe zu ergänzen und es dann neu zu compilieren. Die erste Möglichkeit hat den großen Nachteil, dass die Übersicht der Ausgaben und des Programms meistens verschlechtert wird, was die Suche nach einem Fehler nicht gerade erleichtert. Bei der zweiten Variante kann der Zeitaufwand sehr groß sein, besonders wenn das Programm groß ist und das Compilieren bereits Minuten verbraucht. Ein Debugger bietet dem Programmierer die Möglichkeit das Programm jederzeit zu unterbrechen und sich den Wert jeder Variablen anzusehen. Anschließend kann man das Programm weiterlaufen lassen oder gezielt Zeile für Zeile abarbeiten.

Das Unterbrechen eines Programms geschieht mit Hilfe so genannter **Breakpoints** (Haltpunkte). In den meisten Entwicklungsumgebungen (z. B. Eclipse, NetBeans) klickt man, um einen Breakpoint zu setzen, links neben die entsprechende Programmzeile. Dort erscheint dann ein meist rot markierter Punkt. Das Programm kann jetzt gestartet werden (darauf achten, dass man es mit Debugging startet und nicht einfach mittels Run/Start). Sobald die Programmausführung an einer Zeile, die mit einem Breakpoint versehen ist, ankommt, wird das Programm angehalten.

Oft ist es hilfreich, nicht jedes Mal wenn eine bestimmte Zeile ausgeführt wird, das Programm anzuhalten. Es könnte zum Beispiel sein, dass wir bereits wissen, dass der Fehler erst nach 100 Schleifendurchläufen auftritt. Wir wollen den Breakpoint also in einer Schleife platzieren, aber nicht erst 100 mal das Programm fortsetzen müssen, bevor es interessant wird. Dazu gibt es **konditionale Breakpoints**. Man verknüpft den Breakpoint also mit einer Bedingung, z. B. $k > 100$.

5.4 Zusammenfassung und Aufgaben

Um Funktionen übersichtlich zu halten und Fehler zu vermeiden oder besser finden zu können, müssen Programme modularisiert werden. Das richtige Konzept ist dabei entscheidend.

Programme können Fehler verursachen, die sie zum Absturz bringen, oder Berechnungen nicht in der Weise durchführen, wie es eigentlich gewünscht ist. Für den ersten Fall haben wir die Exception-Klasse kennengelernt und wissen, wie sie verwendet wird. Mit dem zeilenweisen Debuggen oder mit der Hilfe von Breakpoints können wir fehlerhafte Berechnungen aufspüren.

5.4 Zusammenfassung und Aufgaben   79

Aufgaben

Übung 1) In einer früheren Übung sollte die Summe $\sum_{i=1}^{100} \frac{i*(i+1)}{2}$ in einer Funktion berechnet werden. Leider liefert der folgende Programmcode nicht das gewünschte Ergebnis. Finden Sie die Fehler:

```
public static double sum1(){
    int i, startwert=1;
    double d, h;
    for (i=—startwert; i>100; i++)
        System.out.println(d);
        {h=(i*i*i)/2;
        d=d+h;
    }
    return d;
}
```

Übung 2) Das **Wallis-Produkt**, 1655 von John Wallis formuliert, gibt eine Näherung für $\frac{\pi}{2}$ mit der Vorschrift $\frac{\pi}{2} = \frac{2}{1} * \frac{2}{3} * \frac{4}{3} * \frac{4}{5} * \frac{6}{5} * \frac{6}{7} * \ldots$ Implementieren Sie dieses Verfahren und geben Sie damit eine Näherung für π an.

Übung 3) Die trigonometrische Funktion $sin(x)$ kann durch die folgende unendliche Potenzreihe dargestellt werden:

$$sin(x) = x - \frac{x^3}{3!} + \frac{x^5}{5!} - \frac{x^7}{7!} + \ldots$$

Wenn diese Reihe nur bis zu einem bestimmten Glied ausgewertet wird, erhält man einen Näherungswert für $sin(x)$. Entwickeln Sie ein entsprechendes Programmfragment und testen es mit verschiedenen Werten für x im Bereich $[0, \frac{\pi}{2}]$.

6

Tag 6: Erweitertes Klassenkonzept

Bisher haben wir ein sehr einfaches Klassenkonzept verwendet, um die ersten Programmierübungen beginnen zu können. Jetzt ist es an der Zeit den Begriff **Objektorientierung** näher zu beleuchten und zu verstehen.

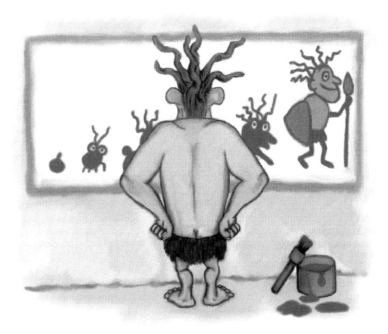

Wir werden mit dem Spielprojekt *Fußballmanager* verschiedene Konzepte erörtern. Parallel zu den Grundideen werden wir eine Motivation für die Verwendung der **Vererbung** entwickeln.

M. Block, *JAVA-Intensivkurs*
DOI 10.1007/978-3-642-03955-3, © Springer 2010

6.1 Entwicklung eines einfachen Fußballmanagers

Es gibt viele Standardbeispiele für die Einführung in die Objektorientierung, da wären **Autos** und **Autoteile** oder **Professoren** und **Studenten** zu nennen. Dieses Buch möchte davon abweichen und gleich mit einem ersten richtigen Softwareprojekt starten. Wir werden Schritt für Schritt einen kleinen Fußballmanager entwickeln und am Ende des Kapitels sogar zwei Mannschaften in einem Freundschaftsspiel gegeneinander antreten lassen. An vielen Stellen wurde aufgrund der Übersichtlichkeit immer die einfachste Variante verwendet. Es sei dem interessierten Leser überlassen, diese Fußballmanager-Version auszubauen und mit weiteren interessanten Funktionen auszustatten.

6.2 Spieler und Trainer

Beginnen wir mit den wichtigen Akteuren einer Mannschaft, da wären der **Trainer** und die elf **Spieler**. Spieler und Trainer besitzen dabei gemeinsame und unterschiedliche Eigenschaften. Bevor wir mit dem Entwurf der Klassen beginnen, müssen wir zunächst das Konzept der Klassifizierung behandeln. Dabei spielen die Begriffe Generalisierung und Spezialisierung eine entscheidende Rolle.

6.2.1 Generalisierung und Spezialisierung

Unter den beiden Begriffen **Generalisierung** und **Spezialisierung** verstehen wir zwei verschiedene Vorgehensweisen, Kategorien und Stammbäume von Dingen zu beschreiben. Wenn wir bei Dingen Gemeinsamkeiten beschreiben und danach kategorisieren, dann nennen wir das eine **Generalisierung**.

Beispielsweise wurden und werden viele evolutionäre Stammbäume der Pflanzen und Tiere so aufgestellt, dass bei einer großen Übereinstimmung bestimmter biologischer Eigenschaften mit größerer Wahrscheinlichkeit ein gemeinsamer Vorfahre existiert haben muss. Dieser Vorfahre erhält einen Namen und besitzt meistens die Eigenschaften, die die direkten Nachfahren gemeinsam haben. Er ist sozusagen eine Generalisierung seiner Nachfahren. Wir erhalten auf diese Weise einen Stammbaum von den Blättern zu der Wurzel.

Mit der **Spezialisierung** beschreiben wir den umgekehrten Weg, aus einem „Ur-Ding" können wir durch zahlreiche Veränderungen der Eigenschaften neue Dinge kreieren, die Eigenschaften übernehmen oder neue entwickeln (siehe Abb. 6.1).

Eine Person kann sich zu Trainer oder Spieler spezialisieren. Mit zusätzlichen Eigenschaften ausgestattet, lässt sich ein Spieler, der immer noch eine Person ist, zu einem Torwart erweitern.

6.2 Spieler und Trainer 83

Abb. 6.1. Generalisierung sehen wir in diesem Fall von unten nach oben und Spezialisierung von oben nach unten

Abb. 6.2. Spieler und Trainer haben Unterschiede und Gemeinsamkeiten

Wir haben elf Spieler, z. B. mit den Eigenschaften *Name*, *Alter*, *Stärke*, *Torschuss*, *Motivation* und *Tore*. Neben den Spielern haben wir einen Trainer mit den Eigenschaften *Name*, *Alter* und *Erfahrung*. Wir sehen schon, dass es Gemeinsamkeiten gibt:

Es wäre natürlich vollkommen legitim, Spieler und Trainer auf diese Weise zu modellieren. Aber wir wollen das Konzept der **Vererbung** kennenlernen und anwenden. Daher versuchen wir Gemeinsamkeiten zu finden und diese besser darzustellen.

6.2.2 Klassen und Vererbung

Die Gemeinsamkeiten können wir zu einer eigenen Kategorie zusammenfassen und an beide, den Spielern und den Trainer, diese Eigenschaften vererben. Diese neue Kategorie nennen wir z. B. Person. Spieler, Trainer und Person sind Kategorien oder **Klassen** (siehe Abb. 6.3).

Die Pfeile zeigen in die Richtung des Vorfahren (siehe Abschn. 15.2 oder UML [45]). Wir haben also eine Repräsentation gefunden, die die Daten nicht mehr unnötig doppelt darstellt, wie es bei name und alter gewesen wäre, sondern sie übersichtlich nur

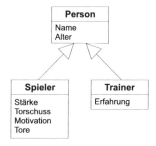

Abb. 6.3. Zusammenfassung der drei Klassen **Person**, **Spieler** und **Trainer**. **Spieler** und **Trainer** erben dabei alle Eigenschaften der Klasse **Person**

einmal in der Klasse **Person** abgelegt. Des Weiteren wurde die Spezialisierung der **Person** zu den Klassen **Spieler** und **Trainer** durch zusätzliche Eigenschaften beschrieben. Um diese Darstellung in einem Javaprogramm zu implementieren, müssen wir drei Klassen **Person**, **Spieler** und **Trainer** anlegen.

Beginnen wir mit der Klasse **Person**:

```
public class Person{
    // Eigenschaften einer Person:
    public String name;
    public int alter;
}
```

Jetzt wollen wir die Klasse **Spieler** von **Person** ableiten und damit alle Eigenschaften, die die Klasse **Person** anbietet, in die Klasse **Spieler** übernehmen. In Java erweitern wir die Definition einer Klasse mit dem Befehl extends und den Namen der Klasse, von der wir ableiten wollen.

```
public class A extends B{
}
```

Jetzt können wir **Spieler** von **Person** ableiten:

```
public class Spieler extends Person{
    // Zusätzliche Eigenschaften eines Spielers:
    public int staerke;      // von 1 (schlecht) bis 10 (super)
    public int torschuss;    // von 1 (schlecht) bis 10 (super)
    public int motivation;   // von 1 (schlecht) bis 10 (super)
    public int tore;
}
```

Das war alles. Jetzt haben wir zwei Klassen **Spieler** und **Person**. Alle Eigenschaften oder Attribute der Klasse **Person** sind nun auch in **Spieler** enthalten, darüber hinaus hat ein Spieler noch die Attribute staerke, torschuss, motivation und tore. Mit diesen beiden Klassen haben wir eine einfache Vererbung realisiert.

6.2.3 Modifizierer public und private

Nehmen wir an, dass zwei verschiedene Programmierer diese Klassen geschrieben haben und dass der Programmierer der Klasse **Person** für die Variable alter nur positive Zahlen zwischen 1 und 100 akzeptieren möchte. Er hat aber keinen Einfluss auf die Verwendung, da die Variable alter mit dem Attribut public versehen wurde. Das bedeutet, dass jeder, der diese Klasse verwenden möchte auf diese Attribute uneingeschränkt zugreifen kann.

Eine Klasse kann Eigenschaften (name, alter, ... – das sind Daten oder Fakten), aber auch Methoden oder Funktionen haben. Es gibt die Möglichkeit diese Variablen vor Zugriff zu schützen, indem das Attribut private verwendet wird. Jetzt kann diese Variable nicht mehr außerhalb der Klasse angesprochen werden. Um weiterhin die Variablen verändern und lesen zu können, schreiben wir zwei Funktionen und vergeben ihnen das Attribut public. Diese beiden Funktionen sind so genannte **get-set-Funktionen**. Es gibt meistens eine get- und eine set-Funktion pro Klassenattribut. Für die Klasse **Person** könnte es so aussehen:

```java
public class Person{
    // Eigenschaften einer Person:
    private String name;
    private int alter;

    // Funktionen (get und set):
    public String getName(){
        return name;
    }

    public void setName(String n){
        name = n;
    }

    public int getAlter(){
        return alter;
    }

    public void setAlter(int a){
        alter = a;
    }
}
```

Um die Variable name zu verändern, kann der externe Aufruf setName("neuer Name") verwendet werden. Später werden wir die Zugriffe auf diese Klassen noch einmal genauer besprechen, jetzt geht es uns erstmal um eine einfache Darstellungsform.

Bei den Spielern gibt es noch einen Sonderling, den Torwart. Als zusätzliche Eigenschaft hat er reaktion, damit wird später entschieden, ob er die Torschüsse hält oder nicht. Sicherlich könnten wir an dieser Stelle die Spieler noch in Abwehr, Mittelfeld und Angriff unterscheiden, aber fürs erste soll die Spezialisierung der Klasse **Spieler** zum **Torwart** als Spezialfall eines Spielers genügen (siehe Abb. 6.4).

Abb. 6.4. Zusammenfassung der vier Klassen, die wir in dem Vererbungsbeispiel vorgestellt haben

6.2.4 Objekte und Instanzen

Bisher haben wir die Dinge klassifiziert und die Gemeinsamkeiten in zusätzlichen Klassen beschrieben, aber noch keinen Spieler oder Trainer, der diese Eigenschaften und Funktionen besitzt erzeugt und untersucht. Wenn von einer Klasse ein Exemplar erzeugt wird (die Klasse stellt sozusagen den Bauplan dar), dann nennt man das ein **Objekt**, ein **Exemplar** oder eine **Instanz** dieser Klasse.

Hier die aktuelle Klasse **Trainer** mit den get-set-Funktionen:

```
public class Trainer extends Person{
    // Zusätzliche Eigenschaften eines Trainers:
    private int erfahrung; // von 1 (schlecht) bis 10 (super)

    // Funktionen (get und set):
    public int getErfahrung(){
        return erfahrung;
    }

    public void setErfahrung(int e){
        erfahrung = e;
    }
}
```

Wenn wir beispielsweise ein Programm schreiben wollen, dass mit Jürgen Klinsmann als Trainer arbeiten möchte, dann erzeugen wir eine neue Instanz der Klasse **Trainer** und geben ihm die Informationen name="Jürgen Klinsmann", alter=42 und erfahrung=7.

```
public class Test{
    public static void main(String[] args){
        Trainer trainer = new Trainer();
```

6.2 Spieler und Trainer 87

```
4        trainer.setName("Jürgen Klinsmann");
5        trainer.setAlter(42);
6        trainer.setErfahrung(7);
7    }
8 }
```

Wir erzeugen eine Instanz der Klasse **Trainer**. Ähnlich wie bei den primitiven Datentypen müssen wir Speicherplatz reservieren und machen das hier in der dritten Zeile.

```
Trainer trainer = new Trainer();
```

Jetzt können wir mit dem Objekt Trainer arbeiten. Sollten die Daten des Objekts geändert werden, so können wir das über die mit public versehenen Funktionen der Klasse **Trainer** und **Person** tun. Wir sehen schon, dass die Funktion setErfahrung in der Klasse **Trainer** definiert wurde und verwendet werden kann. Die Funktion setName wurde aber in **Person** definiert und kann trotzdem verwendet werden. Das verdanken wir der Vererbung.

6.2.5 Konstruktoren in Java

Im vorhergehenden Beispiel war es etwas umständlich, erst ein Objekt zu erzeugen und anschließend die Parameter über die set-Methoden zu setzen. Es geht bedeutend einfacher mit den **Konstruktoren**. Sie sind quasi die Funktionen, die bei der Reservierung des Speicherplatzes, bei der Erzeugung eines Objekts, ausgeführt werden. Beim **Trainer**-Beispiel könnten wir folgende Zeile schreiben, um die ganze Sache zu verkürzen, meinen aber das gleiche:

```
1 public class Test{
2    public static void main(String[] args){
3        Trainer trainer = new Trainer("Jürgen Klinsmann", 42, 7);
4    }
5 }
```

Wir könnten festlegen, dass an der ersten Stelle der name, dann alter und erfahrung stehen. Das machen wir nun mit folgender Änderung in der Klasse **Trainer**:

```
1  public class Trainer extends Person{
2     // Zusätzliche Eigenschaften eines Trainers:
3     private int erfahrung;
4
5     // Konstruktor
6     public Trainer(String n, int a, int e){
7        super(n, a);
8        erfahrung     = e;
9     }
10
11    // Funktionen (get und set):
12    ...
13 }
```

Ein **Konstruktor** entspricht folgender Syntax:

```
public <Klassenname>(Parameterliste){
}
```

Die Anweisung super mit den Parametern name und alter ruft den **Konstruktor** der Klasse auf, von der geerbt wird. In diesem Beispiel also den Konstruktor der Klasse **Person**. Da aber name und alter in der Klasse **Person** gespeichert sind und wir dort ebenfalls mit einem **Konstruktor** eine einfachere Initialisierung eines Objekts haben möchten, ändern wir die Klasse **Person**, wie folgt:

```
 1  public class Person{
 2      // Eigenschaften einer Person:
 3      private String name;
 4      private int alter;
 5
 6      // Konstruktoren
 7      public Person(String n, int a){
 8          name = n;
 9          alter = a;
10      }
11
12      // Funktionen (get und set):
13      ...
14  }
```

Die Begriffe Generalisierung, Spezialisierung, Klasse, Objekt, Instanz, Konstruktor, Vererbung, super, public und private sollten jetzt keine größeren Probleme mehr darstellen. Jetzt wollen wir uns noch die Klasse **Spieler** anschauen:

```
 1  import java.util.Random;
 2
 3  public class Spieler extends Person{
 4      // Zusätzliche Eigenschaften eines Spielers:
 5      private int staerke;      // von 1 (schlecht) bis 10 (super)
 6      private int torschuss;    // von 1 (schlecht) bis 10 (super)
 7      private int motivation;   // von 1 (schlecht) bis 10 (super)
 8      private int tore;
 9
10      // Konstruktor
11      public Spieler(String n, int a, int s, int t, int m){
12          super(n, a);
13          staerke    = s;
14          torschuss  = t;
15          motivation = m;
16          tore       = 0;
17      }
18
19      // Funktionen (get und set):
20      ...
21
22      // Spielerfunktionen:
23
24      // Der Spieler hat ein Tor geschossen
25      public void addTor(){
26          tore++;
27      }
```

```
28
29   // eine Zahl von 1-10 liefert die Qualität des Torschusses mit
30   // einem kleinen Zufallswert +1 oder -1
31   public int schiesstAufTor(){
32     Random r = new Random();
33     // Torschussqualität kann abweichen [+1,0,-1,-2]
34     // Anschließend werden die Intervallränder wieder überprüft
35     int ret = Math.max(1, Math.min(10, torschuss+r.nextInt(4)-2));
36     return ret;
37   }
38 }
```

Die Klasse **Spieler** hat eine Funktion schiesstAufTor, falls dieser Spieler in der Partie eine Torchance erhält, dann wird eine zufällige Zahl im Bereich von 1–10 gewählt, die abhängig von der Torschussqualität des Spielers ist. Trifft der Spieler erfolgreich das Tor, wird später über die Funktion addTor das Torekonto erhöht.

6.3 Torwart

Kommen wir jetzt zu dem Spieler, der die zusätzliche Eigenschaft reaktion hat und mit einer bestimmten Wahrscheinlichkeit die Möglichkeit erhält, einen Schuss zu halten. Damit erstellen wir dann auch die letzte noch offene Klasse der Spielteilnehmer.

Der Torwart erhält eine Funktion haeltDenSchuss, die entscheidet, ob der abgegebene Torschuss pariert oder durchgelassen wird. Dabei wird ebenfalls ein wenig Zufall verwendet.

```
1  import java.util.Random;
2
3  public class Torwart extends Spieler{
4    // Zusätzliche Eigenschaften eines Torwarts:
5    private int reaktion;
6
7    // Konstruktor
8    public Torwart(String n, int a, int s, int t, int m, int r){
9      super(n, a, s, t, m);
10     reaktion = r;
11   }
12
13   // Funktionen (get und set):
14   ...
15
```

```java
16  // Torwartfunktion:
17
18  // Als Parameter erhält der Torwart die Torschussstärke und nun muss
19  // entschieden werden, ob der Torwart den Ball hält oder nicht
20  public boolean haeltDenSchuss(int schuss){
21      Random r = new Random();
22      // Reaktion kann abweichen [+1,0,-1]
23      int ret = reaktion+r.nextInt(3)-1;
24      if (ret >= schuss) return true;  // Ball gehalten
25      else              return false; // TOR!!!
26  }
27  }
```

Es wird ein Zufallswert ermittelt, der das Reaktionspotenial `reaktion` des Torwarts um $+-1$ variieren lassen kann. Anschließend wird entschieden, ob dieser Reaktionswert mindestens so groß ist, wie der abgegebene Schuss `schuss`.

Jetzt sind alle notwendigen Eigenschaften und Funktionen der Akteure fertig gestellt und wir können zum nächsten Projektteil übergehen.

6.4 Die Mannschaft

Wir haben die Spieler und den Trainer bereits fertig gestellt, jetzt ist es an der Zeit eine Mannschaft zu beschreiben. Eine **Mannschaft** ist eine Klasse mit den Eigenschaften name, **Trainer**, **Torwart** und **Spieler**. Es gibt wieder einen Konstruktor und die get-set-Funktionen.

```java
1   public class Mannschaft{
2       // Eigenschaften einer Mannschaft:
3       private String name;
4       private Trainer trainer;
5       private Torwart torwart;
6       private Spieler[] kader;
7
8       // Konstruktoren
9       public Mannschaft(String n, Trainer t, Torwart tw, Spieler[] s){
10          name    = n;
11          trainer = t;
12          torwart = tw;
13          kader   = s;
14      }
15
16      // Funktionen (get und set):
17      ...
18
19      // Mannschaftsfunktionen:
20
21      // liefert die durchschnittliche Mannschaftsstaerke
22      public int getStaerke(){
23          int summ = torwart.getStaerke();
24          for (int i=0; i<10; i++)
25              summ += kader[i].getStaerke();
26          return summ/11;
27      }
28
29      // liefert die durchschnittliche Mannschaftsmotivation
```

6.5 Turniere und Freundschaftsspiele 91

```java
public int getMotivation(){
    int summ = torwart.getMotivation();
    for (int i=0; i<10; i++)
        summ += kader[i].getMotivation();
    return summ/11;
}
}
```

Zusätzlich besitzt die Klasse **Mannschaft** die Funktionen getStaerke und getMotivation, die die durchschnittliche Stärke, bzw. Motivation der Mannschaft als Zahlenwert wiedergibt.

6.5 Turniere und Freundschaftsspiele

Die Klasse **Mannschaft** und alle dazugehörigen Klassen **Spieler**, **Torwart** und **Trainer** wurden definiert. Es ist an der Zeit, ein Freundschaftsspiel zweier Mannschaften zu realisieren. Auf die hier vorgestellte Weise könnten ganze Ligen und Turniere implementiert werden. Das wird Teil der Übungsaufgaben und der eigenen Motivation sein.

Wir lernen dabei eine weitere wichtige Vererbungsvariante kennen. Zunächst beschreiben wir allgemein, wie wir uns ein Freundschaftsspiel vorstellen und implementieren es dann.

6.5.1 Ein Interface Freundschaftsspiel festlegen

Ein Freundschaftsspiel findet zwischen zwei Mannschaften statt. Es könnten Tennis-, Hockey- oder z. B. Fußballmannschaften sein. Das wissen wir nicht genau, aber wir wissen, dass jede Mannschaft einen Namen und Ihre im Spiel erreichten Punkte hat. Dann könnten wir einen Ergebnistext, der das Resultat beschreibt, ebenfalls als Funktion verlangen. Das sollte ersteinmal genügen.

Wir definieren jetzt eine Schnittstelle Freundschaftsspiel, an der sich alle anderen Programmierer orientieren können. Jeder der ein Freundschaftsspiel, so wie wir es verstehen, implementieren möchte, kann es nach dieser Schnittstelle umsetzen und bleibt mit unserem Kontext kompatibel. Es werden in einem **Interface** (Schnittstelle) nur die Funktionen beschrieben, die jeder implementieren muss. Es gibt keine ausgefüllten Funktionen, sondern nur die Funktionsköpfe.

```java
public interface Freundschaftsspiel{
    public String getHeimMannschaft();
    public String getGastMannschaft();
    public int getHeimPunkte();
    public int getGastPunkte();

    public String getErgebnisText();
}
```

Anhand dieses Interfaces können wir speziell für den Fußball eine neue Klasse **FussballFreundschaftsspiel** entwerfen. Wir **müssen** alle vorgegebenen Funktionen eines Interfaces implementieren. Es können noch mehr dazu kommen, aber es dürfen keine fehlen.

Erstellen wir für unseren Fußballmanager über das Schlüsselwort `implements` also eine Klasse **FussballFreundschaftsspiel** und implementieren dafür das Interface **Freundschaftsspiel**.

```java
import java.util.Random;

public class Fussballfreundschaftsspiel implements Freundschaftsspiel{
    private String nameHeimMannschaft;
    private String nameGastMannschaft;
    private int punkteHeim;
    private int punkteGast;

    // Konstruktor
    public Fussballfreundschaftsspiel(){
        punkteHeim    = 0;
        punkteGast    = 0;
    }

    // Methoden des Interface, die implementiert werden müssen:
    public String getHeimMannschaft(){
        return nameHeimMannschaft;
    }

    public String getGastMannschaft(){
        return nameGastMannschaft;
    }

    public int getHeimPunkte(){
        return punkteHeim;
    }

    public int getGastPunkte(){
        return punkteGast;
    }
```

Nachdem die Funktionen `getHeimMannschaft`, `getGastMannschaft`, `getHeim-Punkte` und `getGastPunkte` implementiert sind, folgt die Methode `starteSpiel`. Damit die Funktion nicht so groß wird, lagern wird die Verarbeitung der Torchance in die Funktion `torchance` aus.

```java
    // ein Torschütze und der Torwart stehen bereit ...
    boolean torchance(Spieler s,Torwart t,int aktuelleZeit,Mannschaft m){
        boolean tor = !t.haeltDenSchuss(s.schiesstAufTor());
        System.out.println();
        System.out.println(aktuelleZeit+".Minute: ");
        System.out.println("   Chance fuer "+m.getName()+" ...");
        System.out.println("   "+s.getName()+" zieht ab");
        return tor;
    }
```

Innerhalb dieser Funktion wird die Schussstärke des Schützen bestimmt und geprüft, ob der Torwart den Ball hält. Wenn das Tor fällt, liefert die Funktion ein `true`

6.5 Turniere und Freundschaftsspiele 93

zurück, ansonsten eine `false`. Diese Funktion können wir jetzt in unserer Funktion
`starteSpiel` verwenden.

```
42   // Ein Fussballfreundschaftsspiel zwischen beiden Mannschaften
43   // wird gestartet.
44   public void starteSpiel(Mannschaft m1, Mannschaft m2){
45       nameHeimMannschaft      = m1.getName();
46       nameGastMannschaft      = m2.getName();
47       punkteHeim              = 0;
48       punkteGast              = 0;
49
50       // jetzt starten wir das Spiel und erzeugen für die 90 Minuten
51       // Spiel plus Nachspielzeit die verschiedenen Aktionen
52       // (wahrscheinlichkeitsbedingt) für das Freundschaftsspiel
53       Random r = new Random();
54
55       boolean spiellaeuft    = true;
56       int spieldauer         = 90 + r.nextInt(5);
57       int zeit               = 1;
58       int naechsteAktion;
59
60       // solange das Spiel laeuft, koennen Torchancen entstehen...
61       while (spiellaeuft){
62           naechsteAktion = r.nextInt(15)+1;
63
64           // Ist das Spiel schon zu Ende?
65           if (zeit + naechsteAktion>spieldauer){
66               spiellaeuft = false;
67               break;
68           }
69
70           // ************************************************************
71           // Eine neue Aktion findet statt...
72           zeit = zeit + naechsteAktion;
```

Jetzt müssen wir entscheiden, wer den Torschuss abgibt, wie stark er schießt und ob
der Torwart den Ball hält. Dazu wählen wir eine Mannschaft für eine Torchance aus.
Als Kriterien dienen dafür Stärke und Motivation der Mannschaften sowie die Erfahrung des Trainers. Nach der Berechnung aller Einflüsse, hat die bessere Mannschaft
eine größere Torchance.

```
74       // Einfluss von Motivation (15%) und Trainererfahrung (5%)
75       // auf die Stärke (80%) der Mannschaften:
76       float staerke_1 = 0.8f  * m1.getStaerke() +
77                         0.15f * m1.getMotivation() +
78                         0.05f * m1.getTrainer().getErfahrung();
79       float staerke_2 = 0.8f  * m2.getStaerke() +
80                         0.15f * m2.getMotivation() +
81                         0.05f * m2.getTrainer().getErfahrung();
```

Anschließend wählen wir zufällig einen Spieler aus dieser Mannschaft aus, berechne
den Torschuss und geben dem Torwart der anderen Mannschaft die Möglichkeit,
diesen Ball zu halten.

```
83       int schuetze    = r.nextInt(10);
84
85       // die stärkere Mannschaft hat die höhere Wahrscheinlichkeit
```

```java
 86        // für einen Torschuss
 87        if ((r.nextInt(Math.round(staerke_1+staerke_2))-staerke_1) < 0){
 88            // Mannschaft 1 erhält die Torschussmöglichkeit
 89            Spieler s = m1.getKader()[schuetze];
 90            if (torchance(s, m2.getTorwart(), zeit, m1)) {
 91                punkteHeim++;
 92                s.addTor();
 93                System.out.println("    TOR!!!    "+punkteHeim+":"+
 94                        punkteGast+" "+s.getName()+"("+s.getTore()+")");
 95            } else
 96                System.out.println("    "+m2.getTorwart().getName()+
 97                        " pariert glanzvoll.");
 98        } else {
 99            // Mannschaft 2 erhält die Torschussmöglichkeit
100            Spieler s = m2.getKader()[schuetze];
101            if (torchance(s, m1.getTorwart(), zeit, m2)) {
102                punkteGast++;
103                s.addTor();
104                System.out.println("    TOR!!!    "+punkteHeim+":"+
105                        punkteGast+" "+s.getName()+"("+s.getTore()+")");
106            } else
107                System.out.println("    "+m1.getTorwart().getName()+
108                        " pariert glanzvoll.");
109        }
110    }
111 }
```

Es fehlt für die vollständige Implementierung aller Funktionen des Interfaces noch die Methode getErgebnisText.

```java
102    public String getErgebnisText(){
103        return "Das Freundschaftsspiel endete \n\n"+nameHeimMannschaft
104            +" - "+nameGastMannschaft+" "+punkteHeim+":"
105            +punkteGast+".";
106    }
107 }
```

Jetzt haben wir alle notwendigen Funktionen implementiert und können schon im nächsten Abschnitt mit einem Spiel beginnen.

6.5.2 Freundschaftsspiel FC Steinhausen-Oderbrucher SK

Nach der ganzen Theorie und den vielen Programmzeilen, können wir uns zurück-lehnen und ein Derby anschauen, dass sich so oder so ähnlich in der Steinzeit zugetragen haben könnte. Dazu müssen wir zunächst zwei Mannschaften definieren und anschließend beide mit der Klasse **SteinzeitFussballKlasse** eine Partie spielen lassen.

```java
1 public class SteinzeitFussballKlasse{
2    public static void main(String[] args){
3        // ********************************************************
4        // Mannschaft 1
5        Trainer t1        = new Trainer("Paul Steinwerfer", 39, 7);
6        Torwart tw1       = new Torwart("H. Schleifer", 22, 8, 1, 9, 7);
7
```

6.5 Turniere und Freundschaftsspiele

```java
    Spieler[] sp1    = new Spieler[10];
    sp1[0]           = new Spieler("A. Baumfaeller", 23, 9, 5, 9);
    sp1[1]           = new Spieler("F. Feuerstein", 25, 8, 2, 7);
    sp1[2]           = new Spieler("P. Knochenbrecher", 22, 9, 2, 8);
    sp1[3]           = new Spieler("M. Holzkopf", 29, 7, 5, 8);
    sp1[4]           = new Spieler("B. Geroellheimer", 26, 9, 8, 9);
    sp1[5]           = new Spieler("D. Bogenbauer", 22, 7, 5, 8);
    sp1[6]           = new Spieler("B. Schnitzer", 22, 2, 3, 2);
    sp1[7]           = new Spieler("L. Schiesser", 21, 7, 8, 9);
    sp1[8]           = new Spieler("M. Klotz", 28, 10, 9, 7);
    sp1[9]           = new Spieler("O. Mammut", 33, 8, 8, 7);
    // ***************************************************************

    // ***************************************************************
    // Mannschaft 2
    Trainer t2       = new Trainer("Ferdinand Jaeger", 50, 3);
    Torwart tw2      = new Torwart("T. Faenger", 25, 9, 1, 6, 8);

    Spieler[] sp2    = new Spieler[10];
    sp2[0]           = new Spieler("H. Faustkeil", 33, 8, 4, 6);
    sp2[1]           = new Spieler("R. Hoehlenmaler", 32, 9, 9, 2);
    sp2[2]           = new Spieler("L. Steinzeit", 29, 10, 9, 9);
    sp2[3]           = new Spieler("R. Birkenpech", 25, 10, 9, 5);
    sp2[4]           = new Spieler("Z. Fallensteller", 27, 7, 7, 4);
    sp2[5]           = new Spieler("K. Zahnlos", 22, 10, 8, 10);
    sp2[6]           = new Spieler("J. Haeuptling", 26, 7, 10, 3);
    sp2[7]           = new Spieler("A. Baerenstark", 23, 8, 8, 4);
    sp2[8]           = new Spieler("R. Kopfnuss", 19, 9, 8, 9);
    sp2[9]           = new Spieler("L. Sammler", 28, 4, 10, 2);
    // ***************************************************************

    Mannschaft m1    = new Mannschaft("FC Steinhausen", t1, tw1, sp1);
    Mannschaft m2    = new Mannschaft("Oderbrucher SK", t2, tw2, sp2);
    Fussballfreundschaftsspiel f1 = new Fussballfreundschaftsspiel();

    System.out.println("---------------------------------------------");
    System.out.println("Start des Freundschaftspiels zwischen");
    System.out.println();
    System.out.println(m1.getName());
    System.out.println("   Trainer: "+m1.getTrainer().getName());
    System.out.println();
    System.out.println("   und");
    System.out.println();
    System.out.println(m2.getName());
    System.out.println("   Trainer: "+m2.getTrainer().getName());
    System.out.println("---------------------------------------------");

    f1.starteSpiel(m1, m2);

    System.out.println();
    System.out.println("---------------------------------------------");
    System.out.println(f1.getErgebnisText());
    System.out.println("---------------------------------------------");
  }
}
```

Das Spiel ist vorbereitet und die Akteure warten ungeduldig auf den Anpfiff ...

Folgender Spielverlauf mit einem gerechten Sieg für den Oderbrucher SK wurde durch unser Programm erzeugt:

```
C:\Java\FussballManager>javac SteinzeitFussballKlasse.java
C:\Java\FussballManager>java SteinzeitFussballKlasse
```

```
Start  des  Freundschaftspiels  zwischen
FC Steinhausen
    Trainer: Paul Steinwerfer

    und

Oderbrucher SK
    Trainer: Ferdinand Jaeger
```

```
16. Minute:
    Chance fuer Oderbrucher SK ...
    L. Sammler zieht ab       TOR!!!
    0:1  L. Sammler(1)

29. Minute:
    Chance fuer FC Steinhausen ...
    B. Geroellheimer zieht ab       TOR!!!
    1:1  B. Geroellheimer(1)

44. Minute:
    Chance fuer Oderbrucher SK ...
    L. Sammler zieht ab       TOR!!!
    1:2  L. Sammler(2)
```

Halbzeitpfiff. Kurz durchatmen und weiter geht es:

```
50. Minute:
    Chance fuer Oderbrucher SK ...
    R. Kopfnuss zieht ab       TOR!!!
    1:3  R. Kopfnuss(1)

58. Minute:
    Chance fuer FC Steinhausen ...
    O. Mammut zieht ab
    T. Faenger pariert glanzvoll.

66. Minute:
    Chance fuer FC Steinhausen ...
    M. Holzkopf zieht ab
    T. Faenger pariert glanzvoll.

72. Minute:
    Chance fuer FC Steinhausen ...
    M. Holzkopf zieht ab
    T. Faenger pariert glanzvoll.

77. Minute:
    Chance fuer FC Steinhausen ...
    B. Schnitzer zieht ab
    T. Faenger pariert glanzvoll.

84. Minute:
    Chance fuer Oderbrucher SK ...
    H. Faustkeil zieht ab
    H. Schleifer pariert glanzvoll.

87. Minute:
    Chance fuer Oderbrucher SK ...
    A. Baerenstark zieht ab
    H. Schleifer pariert glanzvoll.
```

```
Das Freundschaftsspiel endete
```

6.5 Turniere und Freundschaftsspiele   97

```
FC Steinhausen — Oderbrucher SK  1:3.
```

Nachdem die Torhüter wenig Glück beim Halten der Schüsse hatten (4 Chancen mit
4 Toren!), konnten sie die folgenden 6 Schüsse glanzvoll parieren. Das Beispielprogramm kann als Basis für einen professionelleren Fußballmanager verwendet werden. Im Aufgabenteil sind ein paar Anregungen zu finden.

6.5.3 Beispiel zu Interface

Beim Fußballmanager hatten wir ein Interface **Freundschaftsspiel** verwendet. An dieser Stelle ist es aber nur sinnvoll, wenn es mindestens eine zweite Seite
gibt, die dieses Interface auch verwendet. Das war bei uns nicht der Fall. Deshalb
wollen wir uns ein weiteres Beispiel hinzunehmen, um den Einsatz von Interfaces
besser zu verstehen.

Angenommen, wir wollen einen oder mehrere Haustierhalter auf der einen und ein
oder mehrere Haustiere auf der anderen Seite realisieren. Es gibt jetzt zwei Pro-
grammierteams, die sich an die Implementierung setzen wollen. Beide einigen sich
zunächst auf eine gemeinsame Schnittstelle **Haustier** und beschreiben die Funktionen, die erforderlich sind. Das könnte beispielsweise so aussehen:

```java
public interface Haustier {
    public void    benenne(String n);  // zur Namensvergabe
    public String  heisst();           // gibt den Namen zurück
    public int     alter();            // gibt das Alter zurück
    public String  tierart();          // gibt die Tierart zurück
    public String  tierlaut();         // gibt ein Tierlautbeispiel zurück
}
```

Beide Teams können jetzt schon mit der Implementierung beginnen. Schauen wir
uns zunächst den **Haustierhalter** an. In dieser Klasse können wir das Interface
Haustier bereits verwenden.

```java
public class Haustierhalter {
    private String    name;
    private Haustier  meinHaustier;

    public Haustierhalter(String n, Haustier ht){
        name        = n;
        meinHaustier = ht;      // jeder Haustierhalter hat ein Haustier :)
    }

    public String allesZuMeinemHaustier(){
        return "Mein Haustier - Name: "+meinHaustier.heisst()+
               ", Alter: "+meinHaustier.alter()+
               ", Tierart: "+meinHaustier.tierart()+
               ", Tierlaut: "+meinHaustier.tierlaut();
    }
}
```

Obwohl es noch keine Implementierung des Interface gibt, kann die Klasse **Haustierhalter** bereits jetzt erfolgreich kompiliert werden. Parallel kann das Team zur Formulierung der gewünschten Haustiere, mit der Implementierung beginnen. Als Beispiel wollen wir uns die Klasse **Hund** anschauen:

```java
public class Hund implements Haustier{
    private String name;
    private int alter;
    private String lieblingsfutter;

    public Hund(String n, int a) {
        name           = n;
        alter          = a;
        lieblingsfutter = "Katzen";
    }

    // ****************************************************************
    // Interface-Methoden von Haustier
    public void benenne(String n) {
        name = n;
    }

    public String heisst(){
        return name;
    }

    public int alter() {
        return alter;
    }

    public String tierart() {
        return "Hund";
    }

    public String tierlaut(){
        return "wuff";
    }
    // ****************************************************************

    public String lieblingsfutter(){          // weitere Methode
        return lieblingsfutter;
    }
}
```

Alle Methoden von **Haustier** wurden implementiert und es gibt sogar noch eine weitere. Da der Haustierhalter diese Funktion aber nicht bei allen Haustieren voraussetzen kann, kann er sie auch nicht über die Klasse **Haustier** verwenden. Dazu müsste dann das Interface entsprechend angepasst werden.

Führen wir noch kurz einen Test durch und schreiben dazu die Klasse Haushalt:

```java
public class Haushalt {
    public static void main(String[] args) {
        Hund rambo          = new Hund("Rambo", 3);
        Haustierhalter meier = new Haustierhalter("Meier", rambo);
        System.out.println(meier.allesZuMeinemHaustier());
    }
}
```

6.5 Turniere und Freundschaftsspiele

Nachdem sich die Teams auf ein Interface geeinigt hatten, konnten beide schon mit der Programmierung beginnen und jeweils den Code kompilieren, obwohl noch gar nicht die komplette Funktionalität vorhanden war.

6.5.4 Interface versus abstrakte Klasse

Im Vergleich zu einem **Interface**, bei dem es nur Funktionsköpfe gibt, besteht bei einer **abstrakten Klasse** die Möglichkeit, neben **abstrakten Funktionen** (Funktionsköpfe) bereits bei der Definition der Klasse, Funktionen vollständig zu implementieren. Dabei muss eine abstrakte Klasse weder zwingend eine abstrakte noch eine implementierte Methode besitzen. Deshalb kann das Interface als Spezialfall der abstrakten Klasse mit ausschliesslich abstrakten Funktionen betrachtet werden.

Schauen wir uns ein ganz kurzes Beispiel dazu an. Die Klasse **A** verwaltet die Variable wert und bietet bereits die Methode getWert. Die Methode setWert soll aber implementiert werden und deshalb wird sie mit dem Schlüsselwort abstract versehen.

```java
public abstract class A{
    protected int wert;

    public int getWert(){
        return wert;
    }

    public abstract void setWert(int w);
}
```

Die Klasse **B** erbt die Informationen der Klasse **A**, also wert und die Methode getWert, muss aber die Methode setWert implementieren. Durch das Schlüsselwort protected ist es der Klasse **B** nach der Vererbung erlaubt, auf die Variable wert zuzugreifen.

```java
public class B extends A{
    public void setWert(int w){
        this.wert = w;
    }
}
```

Jetzt nehmen wir noch eine Testklasse **Tester** dazu und testen mit ihr die gültige Funktionalität. Als erstes wollen wir versuchen eine Instanz der Klasse **A** zu erzeugen.

```java
A a = new A();
```

Das schlägt mit der folgenden Ausgabe fehl:

```
C:\JavaCode>javac Tester.java
Tester.java:3: A is abstract; cannot be instantiated
                A a = new A();
                      ^
1 error
```

Es ist nicht erlaubt von einer abstrakten Klasse eine Instanz zu erzeugen!

```
B b = new B();
b.setWert(4);
System.out.println(""+b.getWert());
```

Wir erzeugen eine Instanz der Klasse **B**, die nun keine abstrakten Methoden enthält und verwenden beide Methoden.

```
C:\JavaCode>javac Tester.java
C:\JavaCode>java Tester
4
```

Die fehlerfreie Ausgabe bestätigt, dass es funktioniert hat.

6.6 Zusammenfassung und Aufgaben

In diesem umfangreichen Kapitel haben wir das Konzept der Objektorientierung kennengelernt. Generalisierung und Spezialisierung sind die Schlüssel für das Verständnis und die Motivation zum Vererbungskonzept. Klassen verstehen wir jetzt als Baupläne für Objekte und wissen, wie Instanzen einer Klasse zu erzeugen und zu verwenden sind. Konstruktoren helfen uns, die Instanzen vernünftig zu initialisieren und get-set-Funktionen die Klassenattribute zu manipulieren.

Die Funktionalität von Klassen können wir mittels Vererbung erweitern oder ihren Bauplan über Interfaces und abstrakte Klassen definieren.

Aufgaben

Übung 1) Überlegen Sie sich analog zu **Spieler**, **Trainer** und **Person** eine Klassenstruktur, die **Studenten**(name, vorname, wohnort, matrikelnummer, ...) und **Professoren** (name, ..., gehalt, publikationen, ...) modelliert. Erzeugen Sie Instanzen beider Klassen und experimentieren Sie damit herum.

Übung 2) Das Ihnen bereits bekannte Spiel Conway's Game of Life sollen Sie objektorientiert programmieren. Es gibt dabei eine Klasse **Zelle** und eine Klasse **Petrischale**. Finden Sie geeignete Funktionen und erläutern Sie Ihr Konzept.

6.6 Zusammenfassung und Aufgaben 101

Übung 3) Erweitern Sie das Fußballmanagerspiel mit folgenden Eigenschaften, bzw. Funktionen:

i) Klasse **Spieler**: `boolean verletzt, int gelbeKarten,`
   `int roteKarten`

ii) Während des Spieles sollten Aktionen, wie vergebene oder erfolgreiche Torschüsse Einfluss auf die Motivation der Spieler haben.

iii) Die Daten der Mannschaften, die in dem Buchbeispiel verwendet wurden, eignen sich gut, um sie in eine Datei auszulagern.

iv) Führen Sie als Aktionen gelbe und rote Karten ein. Sollte ein Spieler beispielsweise eine gelbe Karte erhalten haben, so sinkt seine Motivation.

v) Erweitern Sie den Fußballmanager um einen größeren Kader, bei denen Stamm- und Ersatzspieler verwaltet werden können.

vi) Schreiben Sie den Turniermodus Ligapokal und lassen verschiedene Mannschaften um den Pokal spielen.

Übung 4) Erläutern Sie das Grundkonzept der Objektorientierung. Was bedeuten dabei die Begriffe: Klasse, Instanz, Objekt, Vererbung und Interface?

7

Tag 7: Aufarbeitung der vorhergehenden Kapitel

Das letzte Kapitel hat uns eine Tür in die Welt der Objektorientierung geöffnet und uns damit scheinbar ein komplett neues Werkzeug in die Hand gegeben. Es ist aber so, dass wir bisher bereits objektorientiert gearbeitet haben, es nur nicht wussten.

In den vorhergehenden Kapiteln sind einige Fragen aufgekommen, die mit dem Konzept der Objektorientierung zu erklären sind. Wir werden jetzt in der Lage sein, diese Fragen zu beantworten und blättern dabei die ersten Kapitel noch einmal gemeinsam durch. Da wir noch nicht alle Facetten der Objektorientierung in Java kennengelernt haben, werden weitere mit Beispielen vorgestellt.

M. Block, *JAVA-Intensivkurs*
DOI 10.1007/978-3-642-03955-3, © Springer 2010

7.1 Referenzvariablen

Zur Erinnerung, wir haben in Abschn. 6.2.5 die Klasse **Person** implementiert. Hier noch einmal der Programmcode dieser Klasse:

```java
public class Person{
    // Eigenschaften einer Person:
    private String name;
    private int alter;

    // Konstruktoren
    public Person(String n, int a){
        name  = n;
        alter = a;
    }

    // Funktionen (get und set):
    ...
}
```

Um zu verstehen, dass Referenzen Adressverweise auf einen reservierten Speicherplatz sind, schauen wir uns folgendes Beispiel an.

```java
Person p1, p2;
p1 = new Person("Hugo", 12);
p2 = p1;

if (p1 == p2)
    System.out.println("Die Referenzen sind gleich");
```

In der ersten Zeile werden p1 und p2 deklariert. p1 ist eine Referenzvariable und beinhaltet eine Adresse. Diese Adresse ist momentan nicht gesetzt, sollten wir versuchen auf p1 zuzugreifen, würde Java einen Fehler beim Kompilieren mit der Begründung verursachen: „Variable p1 ist nicht initialisiert". Die zweite Zeile stellt nun aber Speicherplatz bereit und erzeugt ein Objekt der Klasse **Person** und vergibt den Attributen gleich Werte. p1 zeigt nun auf diesen Speicherbereich.

In Zeile drei weisen wir die Adresse von p1 der Variablen p2 zu. Beide Variablen zeigen nun auf den gleichen Speicherplatz, auf dasselbe Objekt. Sollten wir Veränderungen in p1 vornehmen, so treten diese Veränderungen ebenfalls bei p2 auf, denn es handelt sich um dasselbe Objekt!

Anders wäre es, wenn beide Ihre eigene Instanz der Klasse Person erzeugen würden:

```java
Person p1, p2;
p1 = new Person("Hugo", 12);
p2 = new Person("Hugo", 12);
```

Dann wären die Referenzen nicht gleich, aber jeweils die Inhalte (siehe dazu Abb. 7.1).

Damit ist auch das Ergebnis von Übung 6 aus Kap. 4 zu erklären.

7.2 Zugriff auf Attribute und Methoden durch Punktnotation 105

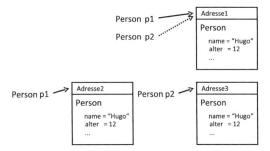

Abb. 7.1. Im oberen Beispiel zeigen die Referenzen p1 und p2 auf die selbe Speicheradresse. Änderungen in den Daten von p1 wirken sich also unmittelbar auf p2 aus. Im unteren verweisen beide dagegen jeweils auf einen anderen Speicherbereich mit zufällig den gleichen Inhalten

7.2 Zugriff auf Attribute und Methoden durch Punktnotation

Wir haben diese Syntax bereits schon mehrfach verwendet, aber nun werden wir sie konkretisieren. Existiert eine Referenz auf ein Objekt, so können wir mit einem Punkt nach der Referenz und dem Namen des entsprechenden Attributs (das nennen wir dann **Instanzvariable**) bzw. der entsprechenden Methode (analog **Instanzmethode**) auf diese zugreifen.

```
Referenz.Attribut
Referenz.Methode()
```

Dazu schauen wir uns ein kleines Beispiel an und werden den Unterschied zwischen Variablen, die primitive Datentypen repräsentieren, und Variablen, die Referenzen repräsentieren, erläutern.

```
int a    = 2;
Person p = new Person("Hans", 92);
// An dieser Stelle hat p.getName() den Rückgabewert "Hans"
komischeFunktion(a, p);
```

Wir werden nun a und p an eine Funktion übergeben. Da in dem primitiven Datentypen a der Wert 2 gespeichert ist, wird dieser übergeben. Das bedeutet, dass 2 als der Inhalt, an die Funktion übergeben wird. Anders sieht es bei dem Referenzdatentyp p aus, hier wird die Referenz, also die Adresse übergeben. Sehen wir jetzt ein Beispiel, das die daraus entstehenden Konsequenzen aufzeigt:

```
public void komischeFunktion(int x, Person y){
    // Wir ändern die Werte der Eingabeparameter.
    x = 7;
    y.setName("Gerd");
}
```

Sollten wir nach Ausführung der Zeile komischeFunktion(a, p) wieder den Rückgabewert von p erfragen, so erhalten wir "Gerd". Die Variable a bleibt indes unangetastet (in Abb. 7.2 wird der Sachverhalt noch einmal erläutert).

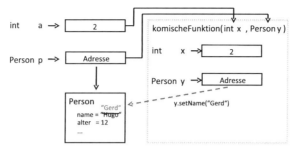

Abb. 7.2. Die Inhalte der Variablen a (Wert 2) und p (Wert Adresse) werden an die Funktion übergeben. Innerhalb der Funktion kann x verändert werden, das hat keinen Einfluß auf den Wert von a. Bei y sieht das anders aus. Da mit y.setName() auf die Funktion und damit auf den tatsächlichen Inhalt zugeriffen wird, führt eine Änderung der Inhalte von y auch zu einer Änderung der Inhalte von p

7.3 Die Referenzvariable this

Schon in Abschn. 6.2.3 haben wir gesehen, wie sich die Instanzvariablen von „außen" setzen lassen. Jedes Objekt kann aber auch mittels einer Referenzvariablen auf sich selbst reflektieren und seine Variablen und Funktionen ansprechen. Dazu wurde die Klasse **Person** im folgenden Beispiel vereinfacht.

```
public class Person{
    private String name;
    public void setName(String name){
        this.name = name;
    }
}
```

Wir können mit der Referenzvariablen this auf „unsere" Instanzvariablen und -methoden zugreifen. In diesem Beispiel entspricht in this.name = name das erste Auftreten von name der Referenzvariablen und das zweite Auftreten der lokalen Variable.

7.4 Prinzip des Überladens

Oft ist es sinnvoll, eine Funktion für verschiedene Eingabetypen zur Verfügung zu stellen. Damit wir nicht jedes Mal einen neuen Funktionsnamen wählen müssen, gibt es die Möglichkeit der Überladung in Java. Wir können einen Funktionsnamen mehrfach verwenden, falls sich die Signatur der Funktionen eindeutig unterscheiden lässt. Als Signatur definieren wir die Kombination aus *Rückgabetyp*, *Funktionsname* und *Eingabeparameter*, wobei nur der Typ der Eingabe und nicht die Bezeichnung entscheidend ist. Eine Unterscheidung nur im Rückgabetyp ist dabei nicht zulässig.

7.4 Prinzip des Überladens 107

Schauen wir uns ein Beispiel an:

```
// Max-Funktion für Datentyp int
int max(int a, int b){
    if (a<b) return b;
    return a;
}
// Max-Funktion für Datentyp double
double max(double a, double b){
    ... // analog zu der ersten Funktion
}
```

Beim Aufruf der Funktion max wird die passende Signatur ermittelt und diese Funktion entsprechend verwendet. Wir können uns merken, trotz Namensgleichheit sind mehrere Funktionen mit verschiedenen Signaturen erlaubt.

7.4.1 Überladung von Konstruktoren

Dieses Prinzip der Überladung lässt sich auch auf Konstruktoren übertragen. Nehmen wir wieder als Beispiel die Klasse **Person** und erweitern die Konstruktoren. Dann haben wir die Möglichkeit auch ein Objekt der Klasse **Person** zu erzeugen, wenn nur der Name, aber nicht das Alter bekannt sein sollte.

```
 1  public class Person{
 2      private String name;
 3      private int alter;
 4      // Konstruktor 1
 5      public Person(){
 6          name    = "";    // z.B. als Defaultwert
 7          alter   = 1;     // z.B. als Defaultwert
 8      }
 9      // Konstruktor 2
10      public Person(String name){
11          this.name   = name;
12          alter       = 1;    // z.B. als Defaultwert
13      }
14      // Konstruktor 3
15      public Person(String name, int alter){
16          this.name  = name;
17          this.alter = alter;
18      }
19  }
```

Kleiner Hinweis: Genau dann, wenn kein Konstruktor angegeben sein sollte, denkt sich Java den **Default-Konstruktor** hinzu, der keine Parameter erhält und keine Attribute setzt. Es kann trotzdem ein Objekt dieser Klasse erzeugt werden.

Nun aber ein Beispiel zu der neuen **Person**-Klasse:

```
Person p1 = new Person();
Person p2 = new Person("Herbert", 30);
```

Die erste Zeile verwendet den passenden Konstruktor public Person() mit der parameterlosen Signatur und die zweite verwendet den dritten Konstruktor.

7.4.2 Der Copy-Konstruktor

Bei der Übergabe von Objekten, werden diese nicht kopiert, sondern lediglich die Referenz übergeben. Das wissen wir bereits und haben die auftretenden Probleme in Abschn. 7.1 erläutert. Wir müssen also immer daran denken, eine lokale Kopie des Objekts vorzunehmen, bevor wir die Inhalte ändern dürfen.

Elegant lässt sich das mit dem so genannten Copy-Konstruktor lösen. Wir legen einfach bei der Implementierung einer Klasse, zusätzlich zu den vorhandenen Konstruktoren, einen weiteren Konstruktor an, der als Eingabeparameter einen Typ der Klasse selbst enthält, und kopieren den kompletten Inhalt.

Hier ein kurzes Beispiel:

```java
public class CopyKlasse{
    public int a, b, c, d;

    public CopyKlasse(){
        a=0, b=0, c=0, d=0;
    }

    public CopyKlasse(CopyKlasse ck){
        this.a = ck.a;
        this.b = ck.b;
        this.c = ck.c;
        this.d = ck.d;
    }
}
```

Zuerst erzeugen wir eine Instanz der Klasse **CopyKlasse** und anschließend erstellen wir eine Kopie:

```java
CopyKlasse a       = new CopyKlasse();
CopyKlasse copyVonA = new CopyKlasse(a);
```

Mit der Instanz in copyVonA haben wir eine Kopie erzeugt und können jetzt auf dieser Änderungen vornehmen ohne das a geändert wird. Falls unsere Attribute keine primitive Datentypen sind, müssen wir diese eventuell auch noch kopieren.

7.5 Garbage Collector

Bisher haben wir andauernd Speicher für unsere Variablen mit new reserviert, aber wann wird dieser Speicher wieder frei gegeben? Java besitzt mit dem Garbage Collector eine „Müllabfuhr", die sich automatisch um die Freigabe des Speichers kümmert. Das ist gegenüber anderen Programmiersprachen ein Komfort. Dieser Komfort ist nicht umsonst, Java entscheidet eigenständig den Garbage Collector zu starten. Es könnte also auch dann geschehen, wenn gerade eine rechenintensive Funktion gestartet wird.

7.6 Statische Attribute und Methoden   109

Es gibt allerdings die Möglichkeit, mit `System.gc()` den Start des Garbage Collectors zu empfehlen, aber daran halten muss sich die virtuelle Maschine nicht.

Um es nochmal deutlich zu machen, in Java braucht sich der Programmierer nicht um das Speichermanagement zu kümmern.

7.6 Statische Attribute und Methoden

Im erweiterten Klassenkonzept war die Nutzung von Attributen und Methoden an die Existenz von Objekten gebunden.

```
Random r    = new Random();
int zuffi = r.nextInt(7);
```

Um die Funktion `nextInt` der Klasse **Random** verwenden zu können, mussten wir als erstes ein Objekt der Klasse erzeugen.

Mit dem Schlüsselwort `static` können wir aus Instanzvariablen und -methoden, unabhängig verwendbare **Klassenvariablen** und -**methoden** umwandeln. Schauen wir uns zunächst ein Beispiel für die Verwendung von Klassenvariablen an. Wir wollen zählen, wie viele Instanzen einer Klasse erzeugt werden.

```
1  public class Tasse{
2      public static int zaehler=0;
3      public Tasse(){
4          zaehler++;
5      }
6      public int getZaehler(){
7          return zaehler;
8      }
9  }
```

Testen wir unser Programm:

```
Tasse t1 = new Tasse();
Tasse t2 = new Tasse();
Tasse t3 = new Tasse();
int k = t1.getZaehler();
```

Die Variable k hat nach dem dreifachen Aufruf des Konstruktors den Wert 3. Unabhängig welche Instanz wir dazu befragen würden. Die statische Variable `zaehler` existiert nur einmal und wird von allen Instanzen geteilt.

Das gleiche gilt auch für Funktionen.

```
1  public class MeinMathe{
2      public static int max(int a, int b){
3          return a<b ? b : a;
4      }
5  }
```

In Java gibt es die Möglichkeit ein `if`-Statement folgendermaßen auszudrücken:

```
<Bedingung> ? <Ausdruck wenn Bedingung true> :
              <Ausdruck wenn false>
```

In der Klasse **MeinMathe** könnten beispielsweise verschiedene Funktionen zusammengetragen werden.

Da nun die Funktion `max` statisch gemacht wurde, können wir sie verwenden, ohne ein Objekt der Klasse **MeinMathe** zu erzeugen.

```
int d = MeinMathe.max(3, 22);
```

Sollten wir das `static` weg lassen, so müssen wir wieder ein Objekt erzeugen und können durch die Referenz an die Funktion gelangen:

```
MeinMathe m = new MeinMathe();
int d = m.max(3, 22);
```

Jetzt stellt sich natürlich die Frage, wann wir ein Attribut oder eine Funktion mit dem Schlüsselwort `static` versehen sollen. In der Regel lässt sich sich das wie folgt entscheiden. Sollte ein Attribut oder eine Funktion **unabhängig** von den jeweiligen Instanzen sein, z. B. die `max`-Funktion in der Klasse **MeinMathe**, dann sollten diese mit `static` versehen werden. Wenn allerdings Attribut oder Funktion abhängig von der Instanz sind, so wie z. B. die Funktion `getName` in der Klasse **Person**, so darf kein `static` davor stehen.

7.7 Primitive Datentypen und ihre Wrapperklassen

Zu jedem primitiven Datentyp gibt es eine entsprechende **Wrapperklasse** (= Hülle). In dieser Klasse werden unter anderem eine Reihe von Konvertierungsmethoden angeboten. Man kann es sich so vorstellen, dass im Kern dieser Wrapperklasse der primitive Datentyp gespeichert ist und drumherum weitere Funktionen existieren. Beispielsweise existiert für den primitiven Datentypen `int` die Wrapperklasse **Integer** (siehe Abb. 7.3).

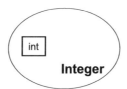

Abb. 7.3. Die Wrapperklasse `Integer` beinhaltet den primitiven Datentypen `int`

7.8 Die Klasse String   111

Schauen wir uns dazu einen kleinen Programmabschnitt an:

```
int      a = 4;
Integer  i = new Integer(a);
int      b = i.intValue();

String   s = i.toString();
String   m = "7";
Integer  k = new Integer(1);
```

In der zweiten Zeile wird ein Objekt der Klasse **Integer** erzeugt und mit dem int-Wert von a gefüllt. Die Funktion intValue liefert den int-Wert zurück. Über die Referenzvariable i gelangen wir nun an die Instanzmethoden. Eine Methode konvertiert den int-Wert zu einem String (siehe Zeile 5). In Zeile 6 erzeugen wir eine String mit der Zeichenkette "7". Die siebente Zeile zeigt nun, wie wir ein Integerobjekt erzeugen, indem wir im Konstruktor einen String übergeben.

Die Wrapperklassen für die primitiven Datentypen heißen: **Boolean**, **Character**, **Byte**, **Short**, **Integer**, **Long**, **Float** und **Double**. Neben den Konvertierungsmethoden liefern die Wrapperklassen auch die Extremwerte ihres entsprechenden Wertebereichs.

```
byte   b_min = Byte.MIN_VALUE;   // liefert den kleinstmöglichen Wert
                                 // (-128)
float  f_max = Float.MAX_VALUE;
```

7.8 Die Klasse String

Ein **String** repräsentiert eine Zeichenkette. Objekte vom Typ **String** sind nach der Initialisierung nicht mehr veränderbar.

7.8.1 Erzeugung und Manipulation von Zeichenketten

Mit dem folgenden Beispiel sehen wir verschiedene Möglichkeiten, Objekte der Klasse **String** zu erzeugen.

```
String name1      = "Frodo";
String name2      = new String("Bilbo");
String name3      = "Beutlin";

// Verkettung von Zeichenketten
String zusammen1 = name3 + ", " + name2;
String zusammen2 = name3.concat(", ") + name1;
String zusammen3 = (name3.concat(", ")).concat(name1);
System.out.println("zusammen1: "+zusammen1); // Beutlin, Bilbo
System.out.println("zusammen2: "+zusammen2); // Beutlin, Frodo
System.out.println("zusammen3: "+zusammen3); // Beutlin, Frodo

// Laenge einer Zeichkette ermitteln
int laenge = name1.length();

// Teile einer Zeichenkette extrahieren
String teil = name1.substring(2, 5);  // Zeile 17
System.out.println("teil: "+teil);
```

Die erste Zeile zeigt uns eine angenehme Eigenschaft von Java. Wir müssen nicht jedes Mal den **String**-Konstruktor aufrufen, wenn eine Zeichenkette erzeugt werden soll. Im Prinzip geschieht aber genau das. Zeile zwei zeigt, wie Java die erste Zeile interpretiert (es wird für unser Beispiel aber eine neue Zeichenkette erzeugt).

Wir können nun die Zeichenketten verketten, also hintereinander hängen und somit eine größere Zeichenkette konstruieren. Die Zeilen 6–8 zeigen die verschiedenen Möglichkeiten. Der Operator +, wie er in Zeile 6 angewendet wird, kann als Aufruf der concat-Funktion interpretiert werden. In Zeile 14 sehen wir die Verwendung der Längenfunktion, dabei wird die Anzahl der Zeichen (auch Leer- oder Sonderzeichen!) gezählt.

Zeile 17 zeigt ein kleines Beispiel der Verwendung der substring-Methode, wobei der erste Index dem Startindex in der Zeichenkette entspricht (begonnen wird wie bei den Arrays mit dem Index 0) und der zweite dem Endindex exklusive.

Wenn wir die Programmzeilen in einer Testklasse ausführen, erhalten wir die folgende Ausgabe:

```
zusammen1: Beutlin, Bilbo
zusammen2: Beutlin, Frodo
zusammen3: Beutlin, Frodo
teil: odo
```

7.8.2 Vergleich von Zeichenketten

Wenn wir uns daran erinnern, dass wir es auch in diesem Beispiel mit Referenzvariablen zu tun haben, dann erklärt es sich einfach, dass auch Stringvergleiche einer Methode bedürfen.

```
String name1 = "Hugo";
String name2 = "Hugo";
if (name1 == name2)
    ...
```

Die beiden Variablen name1 und name2 sind Referenzvariablen. Sie repräsentieren jeweils eine Adresse im Speicher. Mit unserem Wissen über Referenzvariablen aus Abschn. 7.1 würden wir jetzt also selbstverständlich davon ausgehen, dass der Versuch, diese Adressen zu vergleichen, in einem false resultiert. Es sind ja schließlich zwei verschiedene Objekte.

Um zwei Strings ordentlich auf ihren Inhalt zu vergleichen, stellt die Klasse **String** die Funktion equals bereit. Mit dem folgenden Aufruf können wir diese zwei Strings vergleichen:

```
String name1 = "Hugo";
String name2 = "Hugo";
if (name1.equals(name2))
    ...
```

7.8 Die Klasse String   113

Da wir jetzt definitiv den Inhalt vergleichen, liefert der Vergleich als Ergebnis ein
true. So war es früher. Die Sprache Java hat sich in der Zwischzeit rasant weiter-
entwickelt und so gibt es jetzt den so genannten **Stringpool**. Wenn Strings auf diese
Weise erzeugt werden,

```
String name1 = "Hugo";
```

dann speichert sich Java die Zeichenkette im Stringpool. Sollte die gleiche Zeichenkette noch einmal auf diese Weise erzeugt werden, so wird auf die bereits vorhandene
verwiesen und demnach sind auch die Referenzen gleich. Anders verhält es sich bei
der expliziten Speichererzeugung mit new:

```
String name1 = new String("Hugo");
String name2 = new String("Hugo");
```

Wenn wir jetzt name1 und name2 über die Operation == vergleichen würden, ergäbe
das wieder ein false, denn, wie wir es bereits wissen, es sind wieder unterschiedliche Referenzen. Da diese Problematik zu unangenehmen Fehlern führen kann, soll
ein kleines Beispielprogramm diesen Sachverhalt etwas beleuchten.

```
 1  public class Stringvergleich{
 2    public static void main(String[] args){
 3      // Stringpool
 4      String a = "Hugo";
 5      String b = "Hugo";
 6
 7      if (a==b)        System.out.println("TRUE");
 8      else             System.out.println("FALSE");
 9
10      if (a.equals(b)) System.out.println("TRUE");
11      else             System.out.println("FALSE");
12
13          // kein Stringpool!
14      String c = new String("Hugo");
15      String d = new String("Hugo");
16
17      // Achtung, fehlerhafter Vergleich!
18      if (c==d)        System.out.println("TRUE");
19      else             System.out.println("FALSE");
20
21      // korrekter Referenzvergleich
22      if (c.equals(d)) System.out.println("TRUE");
23      else             System.out.println("FALSE");
24    }
25  }
```

Die Ergebnisse des Testprogramms bestätigen den Sachverhalt:

```
C:\Java>java Stringvergleich
TRUE
TRUE
FALSE
TRUE
```

Ein kleiner Rückblick an dieser Stelle, wir erinnern uns an die Klasse **String** aus dem Abschn. 6.1:

```java
public class Person{
    // Eigenschaften einer Person:
    private String name;
    private int alter;

    public void setName(String name){
        this.name = name;
    }
    ...
}
```

Wenn wir uns dieses Beispiel anschauen, dann erinnern wir uns an die Problematik mit der Übergabe von Referenzen an Funktionen. Nichts anderes geschieht in diesem Beispiel. Falls es möglich wäre den Inhalt des Strings name in der Klasse **Person** zu ändern, würde das auch einen Einfluss auf den übergebenen String, der vor dem Aufruf der Funktion setName existiert haben könnte, haben.

Die Tatsache, dass es hier trotzdem erlaubt ist und auch problemlos funktioniert liegt daran, dass der Inhalt eines Strings nach der Initialisierung nicht mehr verändert werden kann! Falls wir der Instanzvariablen name einen anderen String zuweisen, wird auch immer ein neues Objekt erzeugt.

7.9 Zusammenfassung und Aufgaben

Wir haben noch einmal offene Fragen und schwierige Passagen aus den vorhergehenden Kapiteln erörtert und mit dem Konzept der Objektorientierung erklärt. Wichtig in diesem Zusammenhang sind die Begriffe: Referenzvariable, Punktnotation, this, überladen, Garbage Collector, static, Wrapperklassen, String und der Unterschied zwischen Instanzvariablen, bzw. -methoden und Klassenvariablen bzw. -methoden.

Aufgaben

Übung 1) Betrachten Sie das folgende Codefragment:

```java
int[][] a = {{2,4,6,8}, {1,2,3}, {3,4,5}};
int[][] b = a;
int[][] c = (int[][]) a.clone();
c[2]     = a[1];
c[2][1]  = 6;
b[2][2]  = 7;
for (int i=0; i<a.length; i++) {
    a[i][i]++;
}
```

7.9 Zusammenfassung und Aufgaben   115

Welche Werte haben die Ausdrucke: (a[1]==c[1]), (b[2] == c[2]), (a == c), b[2][2], c[1][1] und c[2][2] nach der Ausführung und warum?

Übung 2) Arbeiten Sie sich in die Themen **Stack** und **Warteschlange** in Java ein. Sie können beispielsweise folgende Literatur [19] studieren. Versuchen Sie nach dieser Anleitung einen Stack und eine Warteschlange mit einem Array zu realisieren (kleiner Hinweis: bei der Implementierung der Warteschlange sollten Sie ein zyklisches Array simulieren). Sie können dabei voraussetzen, dass die Einträge in die Datenstrukturen nur vom Datentyp int sind.

8

Tag 8: Verwendung von Bibliotheken

Bisher können wir schon recht erfolgreich kleine Probleme durch Javaprogramme lösen. Die gesammelten Lösungen müssen wir jetzt nicht jedes Mal neu erarbeiten oder die Inhalte von einer Klasse in die nächste kopieren, sondern können damit beginnen, sie zu sammeln und dann wiederzuverwenden. Java bietet dafür das Bibliothekenkonzept. Mit Bibliotheken lassen sich Funktionen und Klassen zusammenfassen und später kann auf diese einfach wieder zugegriffen werden.

Java selbst bietet bereits eine ganze Reihe von Bibliotheken standardmäßig an. In diesem Kapitel wollen wir einen Teil dieser Bibliotheken kennenlernen und dazu das kleine Spielprojekt *BlackJack* schreiben. Neben der aktiven Verwendung von

Klassen und Funktionen aus verschiedenen Bibliotheken werden wir sehen, wie es mit wenig Aufwand möglich ist, eigene einfach zu erstellen.

8.1 Standardbibliotheken

Bibliotheken in Java werden in Paketen (packages) organisiert. Diese Pakete definieren sinnvolle Gruppen von Klassen und Funktionen, die eine logische Struktur zur Lösung spezifischer Aufgaben liefern.

Zunächst wollen wir mit der Beschreibung einiger Klassen des Pakets java.lang beginnen, die sich als wichtigste und meist verwendete Standardbibliothek betrachten lässt. Eine komplette Beschreibung kann der Leser in der Java-Dokumentation finden, die je nach Javaversion variieren kann [61].

In diesem Beispiel werden die Klassen **Object**, **Integer** und **String** verwendet. Schauen wir uns folgendes Programm an:

```java
public class DoubleListe {
    double liste [];

    public DoubleListe(int num) {
        liste = new double[num];
    }

    public static void main(String[] args) {
        DoubleListe d1, d2;

        d1 = new DoubleListe(Integer.parseInt(args[0]));
        d2 = new DoubleListe(Integer.parseInt(args[0]));

        System.out.println(d1);
        System.out.println(d2);

        if (!d1.equals(d2))
            System.err.println("Unterschiedliche Listen!");
        else
            System.out.println("Gleiche Listen!");
    }
}
```

Nach dem Start mit einem Übergabeparameter erhalten wir:

```
C:\Java>java DoubleListe 3
DoubleListe@187aeca
DoubleListe@e48e1b
Unterschiedliche Listen!
```

Der Text mit dem @-Symbol ist die standardmäßige Textdarstellung des Objekts, der aus drei Teilen besteht: (i) die von dem Objekt instanziierte Klasse (in diesem Fall **DoubleListe**), (ii) dem @-Symbol und (iii) die in Java intern verwendete Hexadezimaldarstellung des Objekts.

8.1 Standardbibliotheken 119

Die Methode `equals` verwendet diese interne Darstellung zum Vergleich der Objekte, deshalb sind d1 und d2 unterschiedlich (obwohl sie das gleiche enthalten). Die Klasse **Object** liegt auf dem obersten Platz in der Vererbungsstruktur und ist die Basis für jedes Javaprogramm. Die Methoden `equals` und `toString` sind die am meisten verwendeten, der elf in dieser Klasse definierten Methoden. Die eine liefert `true`, falls das Argument einen identischen Inhalt zum betrachteten Objekt hat und die andere bietet eine Stringdarstellung mit dem Inhalt der Listen.

Wenn wir diese Methoden mit folgenden beiden Funktionen überschreiben, können wir die Ausgabe und Funktionalität nach unseren Wünschen anpassen:

```
public String toString () {
    StringBuffer sb = new StringBuffer ();
    int i ;
    sb.append ("DoubleListe[");
    for (i = 0; i < liste.length - 1; i++)
        sb.append (liste [i]+",");
    if (i < liste.length)
        sb.append (liste [i]);
    sb.append ("]");
    return sb.toString ();
}
```

Die Methode `toString` verwendet die Klasse **StringBuffer** zur Erzeugung der Ausgabe. Zuerst wird `"DoubleListe["` in den Buffer eingefügt, anschließend die Inhalte der Listenelemente und zu guter Letzt die schließende Klammer `"]"`.

```
public boolean equals (Object obj) {
    if (obj instanceof DoubleListe) {
        DoubleListe dl = (DoubleListe) obj;

        if (dl.liste.length != this.liste.length)
            return false ;

        for (int i=0; i<this.liste.length; i++) {
            if (dl.liste [i]!=this.liste [i])
                return false ;
        }
        return true ;
    }
    return false ;
}
```

Die Methode `equals` prüft zunächst, ob `obj` vom Datentyp **DoubleListe** ist und vergleicht anschließend die Inhalte von `obj` mit denen der aktuellen Instanz. Sind alle Vergleiche positiv, so liefert die Funktion ein `true`.

Jetzt haben wir eine informative Stringdarstellung und einen Vergleichsmechanismus, der Typ und Inhalt auf Gleichheit überprüft. Die überschriebene `equals`-Methode verwendet den Operator `instanceof`, der `true` liefert, wenn ein Objekt eine Instanz der Klasse ist. In diesem Fall müssen das Objekt links und die Klasse rechts angegeben werden. Anschließend werden die Inhalte der Listenelemente überprüft.

Testen wir das Programm mit den beiden neuen Funktionen, erhalten wir folgende Ausgabe:

```
C:\Java>java DoubleListe 3
DoubleListe [0.0 ,0.0 ,0.0]
DoubleListe [0.0 ,0.0 ,0.0]
Gleiche Listen!
```

Zum Paket java.lang gehören auch die Wrapperklassen (siehe Abschn. 7.7) **Byte**, **Short**, **Boolean**, **Character**, **Integer**, **Long**, **Float** und **Double**, die die entsprechenden primitiven Datentypen als Objekttyp darstellen.

8.2 Funktionen der Klasse Math

Gerade die Funktionen der Klasse **Math** werden häufig benötigt. So bietet die Klasse neben einigen trigonometrischen Funktionen, wie sin und cos, auch Funktionen, wie min, max oder log an. Es gibt noch sehr viele weitere. Auch die Konstanten PI und E lassen sich dort entdecken. Ein Blick in die Java-Dokumentation lohnt sich [61].

Da die Methoden dort statisch definiert wurden, können wir alle entsprechend wie in folgendem Beispiel gezeigt verwenden:

```
int x = 12, y = 31, radius = 5;
double eukdistanz    = Math.sqrt(Math.pow(x,2)+Math.pow(y,2));
double flaecheKreis = Math.PI * Math.pow(radius ,2)
```

Dieses Beispiel berechnet zunächst den euklidischen Abstand $eukdistanz(x,y) = \sqrt{x^2 + y^2}$ zwischen x und y und anschließend die Fläche für einen Kreis mit dem Radius 5. In der Mathebibliothek gibt es auch eine Funktion zur Erzeugung von Zufallszahlen. Zu dieser und weiteren Zufallsfunktionen kommen wir dann im folgenden Abschnitt.

8.3 Zufallszahlen in Java

Es gibt verschiedene Möglichkeiten, Zufallszahlen in Java zu erzeugen. Oft werden diese aus dem Intervall $[0,1)$ verwendet. In anderen Fällen ist es wünschenswert, aus einer Menge A mit n Elementen eines auszuwählen $\{1, 2, \dots, n\}$. Wir unterscheiden zunächst einmal den Datentyp der Zufallszahl.

In beiden Fällen verwenden wir dazu die Klasse **Random** aus dem Paket java.util.

```
import java.util.Random;
...
```

8.3 Zufallszahlen in Java 121

Um eine der Klassenmethoden verwenden zu können, erzeugen wir eine Instanz der
Klasse **Random**.

```
...
Random randomGenerator = new Random();
...
```

Das haben wir in einigen bereits vorgestellten Projekten schon gemacht.

8.3.1 Ganzzahlige Zufallszahlen vom Typ int und long

Ein kleines Lottoprogramm (6 aus 49) soll uns als Beispiel für die Erzeugung von
Zufallszahlen mit der Funktion nextInt(n) dienen. Es werden Zufallszahlen aus
dem Bereich $[0, \ldots, n-1]$ gewählt. Wenn Zahlen aus dem Bereich long benötigt
werden, so kann die Funktion nextLong analog verwendet werden.

```java
import java.util.Random;

public class Lotto {
    public static void main(String[] args) {
        Random rg = new Random();
        int[] zuf = new int[6];
        System.out.print("Lottotipp (6 aus 49): ");
        int wert, i=0;

        aussen:
        while(i<6){
            // +1 da nicht 0,...,48 sondern 1,...,49
            wert = rg.nextInt(49)+1;

            // schon vorhanden?
            for (int j=0; j < i; j++)
                if (zuf[j]==wert) continue aussen;

            zuf[i] = wert;
            i++;
            System.out.print(wert + " ");
        }
    }
}
```

Eine while-Schleife wird so lange ausgeführt, bis sechs unterschiedliche Zahlen aus
der Urne gezogen wurden. Dieses Beispiel zeigt zudem noch eine sinnvolle Anwendung von continue. So oder so ähnlich könnten die Lottozahlen bei der nächsten
Ziehung aussehen:

```
C:\Java>java Lotto
Lottotipp (6 aus 49): 4 41 35 20 15 28
```

8.3.2 Zufallszahlen vom Typ float und double

Für die Erzeugung einer Zufallszahl aus dem Intervall [0,1) gibt es eine kürzere Schreibweise. In der Klasse **Math** im Paket java.lang gibt es eine statische Funktion random, die ebenfalls eine Zufallszahl aus dem Intervall [0,1) liefert. Wir schreiben dazu lediglich die folgende Zeile:

```
double zuffi = Math.random();
```

Die Funktionen nextFloat und nextDouble aus der Klasse **Random** können analog zu dem Lottobeispiel aus Abschn. 8.3.1 verwendet werden. Es gibt für den Datentyp boolean die Funktion nextBoolean.

8.3.3 Weitere nützliche Funktionen der Klasse Random

Da in den vorherigen Abschnitten gleichverteilte Zufallszahlen erzeugt wurden, es aber manchmal gewünscht ist normalverteilte zu erhalten, gibt es die Funktion nextGaussian. Diese liefert einen double-Wert, der aus einer Gauß-Verteilung mit Mittelwert 0.0 und Standardabweichung 1.0 ausgewählt wird (Standardnormalverteilung, siehe Abb. 8.1).

Bei der Initialisierung der Klasse **Random** gibt es zwei Varianten. Die erste mit dem parameterlosen Konstruktor initialisiert sich in Abhängigkeit zur Systemzeit und erzeugt bei jedem Start neue Zufallszahlen.

Für Programme, bei denen beispielsweise zeitkritische Abschnitte getestet werden, die aber abhängig von der jeweiligen Zufallszahl sind, oder für Experimente, bei denen die gleichen Stichproben verwendet werden sollen, ist der Konstruktor mit einem long als Parameter gedacht. Wir können beispielsweise einen long mit dem Wert 0 immer als Startwert, dem so genannten seed, nehmen und erhalten anschließend immer dieselben Zufallszahlen:

```
long initwert = 0;
Random rGen    = new Random(initwert);
```

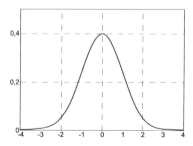

Abb. 8.1. Funktionskurve der Standardnormalverteilung

8.4 Das Spielprojekt BlackJack

Um gleich eine praktische Anwendung für die Zufallszahlen zu haben, werden wir eine einfache Version des berühmten Kartenspiels BlackJack implementieren. Für unsere Implementierung benötigen wir die Klassen **Spieler**, **Karte**, **Kartenspiel** und **BlackJack**. Bevor wir jedoch mit dem Programmieren beginnen, werden wir uns mit den Spielregeln vertraut machen.

8.4.1 Spielregeln

Gespielt wird mit einem 52er-Blatt, also 2, 3, ..., 10, *Bube, Dame, Koenig, Ass* für jeweils Karo ♢, Herz ♡, Pik ♠ und Kreuz ♣. Die Spielkarten haben dabei unterschiedliche Wertigkeiten. Asse zählen nach belieben **ein** oder **elf Punkte**, Zweier bis Zehner zählen entsprechend ihren Augen **zwei** bis **zehn Punkte** und die Bildkarten für Buben, Damen und Könige zählen **zehn Punkte**.

Wir spielen mit vereinfachten Regeln. Vor Beginn eines Spiels platziert der Spieler seinen Einsatz. Dann werden zwei Karten an den Dealer und zwei an den Spieler vergeben. Die Wertigkeiten der jeweiligen Karten werden zusammengezählt. Hier kann sich schon entschieden haben ob einer der beiden Spieler gewonnen hat:

1. Hat der Dealer bereits 21 **Punkte** erreicht, verliert der Spieler automatisch (siehe Abb. 8.2).

2. Trifft 1 nicht zu und hat der Spieler 21 **Punkte**, so gewinnt er mit BlackJack.

Nun beginnt der Spieler solange neue Karten anzufordern, bis er meint genug Karten zu haben. Die Summe der Wertigkeiten darf dabei 21 nicht überschreiten, sonst hat er sofort verloren und die Einsätze gehen an die Bank. Hat der Spieler genug Karten, beginnt der Dealer seinerseits Karten anzufordern. Auch hier gilt, überschreitet die Summe der Wertigkeiten 21, so hat der Dealer verloren und das Geld geht an den Spieler. Nimmt der Dealer jedoch keine Karte mehr auf, gelten folgende Entscheidungen:

1. Hat der Dealer 5 Karten auf der Hand, verliert der Spieler (siehe Abb. 8.3).

Abb. 8.2. Die beiden Karten ergeben in der Summe die Wertigkeit 21

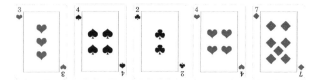

Abb. 8.3. Die fünf Karten ergeben in der Summe die Wertigkeit 20

2. Ist die Summe der Wertigkeiten beim Dealer gegenüber dem Spieler größer oder gleich, gewinnt der Dealer.

3. Ansonsten gewinnt der Spieler.

Das sollte ausreichen, um das Spielprojekt jetzt in Java umzusetzen und anschließend in der Rolle des Spielers ein wenig gegen den Computer (Dealer) spielen zu können.

8.4.2 Spieler, Karten und Kartenspiel

Bisher haben wir mit dem Array eine Datenstruktur kennengelernt, bei dem die Anzahl der Elemente einmal zu Beginn festgelegt wird und danach nicht mehr geändert werden kann. Jetzt haben wir den Fall, dass wir eine dynamische Datenstruktur einsetzen können.

Ein Spieler hat die Eigenschaften spielerName, geld und karten. Die in der Hand befindlichen Karten karten werden wir mit der dynamischen Datenstruktur **Vector** realisieren. Sie bietet zahlreiche Funktionen, mit der wir Elemente beliebig hinzufügen und wieder entfernen können.

8.4.2.1 Verwendungsbeispiel für die Datenstruktur Vector

Im Gegensatz zu einem **Array**, bei dem die Anzahl der Elemente bei der Initialisierung festgelegt wird, verhält sich der von Java angebotene Datentyp **Vector** dynamisch. Wenn wir also vor der Verwendung einer Liste die Anzahl der Elemente nicht kennen oder flexibel bleiben möchten, können wir diesen Datentyp verwenden.

Ein kleines Beispiel dazu, in dem die wichtigsten Funktionen gezeigt werden:

```java
import java.util.Vector;

public class VectorTest{
    public static void main(String[] args){
        Vector v = new Vector();

        // füge nacheinander Elemente in den Vector ein
        for (int i=0; i<4; i++)
            v.addElement(new Integer(i));
```

8.4 Das Spielprojekt BlackJack

```
11    // Anzahl der Elemente im Vector v
12    System.out.println("Vector size = "+v.size());
13
14    // Auslesen des aktuellen Inhalts
15    for (int i=0; i<v.size(); i++){
16        Integer intObjekt = (Integer)v.elementAt(i);
17        int wert = intObjekt.intValue();
18
19        System.out.println("Element "+i+" = "+wert);
20    }
21    System.out.println();
22
23    // wir geben ein neues Element hinzu
24    v.insertElementAt(new Integer(9), 2);
25
26    // und löschen ein Element
27    v.removeElementAt(4);
28
29    // Auslesen des aktuellen Inhalts, kurze Schreibweise
30    for (int i=0; i<v.size(); i++)
31        System.out.println("Element "+i+" = "
32                +((Integer)v.elementAt(i)).intValue());
33    }
34 }
```

Da in die Datenstruktur **Vector** alle möglichen Objekttypen gespeichert werden können, wurde intern der allgmeinste Objekttyp **Object** verwendet. Das bedeutet, dass wir beispielsweise in Zeile 9 zwar einen **Integer** einfügen aber **Vector** diesen intern zum Typ **Object** ändert. Sollten wir das Element wieder herausnehmen, so ist es immernoch vom Typ **Object**, es muss also zu **Integer** gecastet werden. Das klappt natürlich nur, weil wir genau wissen, dass ein **Integer** in die Struktur gespeichert wurde.

In dem Beispiel sehen wir auch noch, wie mit size die Anzahl der Elemente in Erfahrung gebracht werden kann und wie sich mit insertElementAt und removeElementAt konkrete Stellen im **Vector** manipulieren lassen.

Unser Beispiel liefert folgende Ausgabe:

```
C:\JavaCode>javac VectorTest.java
Note: VectorTest.java uses unchecked or unsafe operations.
Note: Recompile with -Xlint:unchecked for details.

C:\JavaCode>java VectorTest
Vector size = 4
Element 0 = 0
Element 1 = 1
Element 2 = 2
Element 3 = 3

Element 0 = 0
Element 1 = 1
Element 2 = 9
Element 3 = 2
```

Es lohnt sich an dieser Stelle mal selber nachzuvollziehen, wie es zu dieser Ausgabe kam. Zum ersten Mal sehen wir hier, dass bei der Kompilierung ein Hinweis (warning) ausgegeben wurde. Das liegt daran, dass es bei der Verwendung von **Vector**

126   8 Tag 8: Verwendung von Bibliotheken

zu Problemen kommen kann, wenn wir versuchen unterschiedliche Objekttypen zu
speichern.

Um diesen potentiellen Fehler zu verhindern, gibt es seit Java 1.5 die Möglichkeit
einen **Vector** zu parametrisieren und einen Typ anzugeben:

```
Vector<Integer> v = new Vector<Integer>();
```

Damit ist gewährleistet, dass nur der Typ **Integer** in **Vector** gespeichert werden kann. Wir müssen also lediglich diese Datenstruktur in Zeile 5 verwenden und
können das Typcasten in den Zeilen 16 und 32 entfernen. Die Warnung beim Kompilieren tritt dann ebenfalls nicht mehr auf.

8.4.2.2 Implementierung der Klassen Spieler, Karte und Kartenspiel

Die im vorhergehenden Kapitel vorgestellte dynamische Datenstruktur **Vector**
wollen wir jetzt gleich parametrisiert verwenden, um die Karten der Spieler in
karten zu speichern. Vom Spieler wollen wir zusätzlich noch über die Funktion
aktuelleWertung erfahren können, welchen Wert seine aktuelle „Hand" besitzt.
Schauen wir uns die Klasse **Spieler** dazu einmal an:

```
 1  import java.util.Vector;
 2
 3  public class Spieler {
 4      private String spielerName;
 5      private int geld;
 6      private Vector<Karte> karten;
 7
 8      // Konstruktor
 9      public Spieler(String n, int g) {
10          spielerName    = n;
11          geld           = g;
12          karten         = new Vector<Karte>();
13      }
14
15      // Funktionen (get und set)
16      ...
17
18      public void clear() {
19          karten.removeAllElements();
20      }
21
22      public void addKarte(Karte k) {
23          karten.addElement(k);
24      }
25
26      public int getAnzahlKarten() {
27          return karten.size();
28      }
29
30      // Spieler-Methoden
31      public Karte getKarte(int p) {
32          if ((p >= 0) && (p < karten.size()))
33              return karten.elementAt(p);
34          else
35              return null;
```

8.4 Das Spielprojekt BlackJack

```java
    }

    public int aktuelleWertung () {
        int wert = 0, anzahl = getAnzahlKarten ();
        boolean istAss = false;

        Karte karte;
        int kartenWert;

        // wir durchlaufen unseren aktuellen Kartenstapel
        for (int i=0; i<anzahl; i++) {
            karte            = getKarte(i);
            kartenWert       = karte.getWert();

            // Bewertung der Bilder
            if (kartenWert > 10) kartenWert = 10;
            if (kartenWert == 1) istAss = true;

            wert += kartenWert;
        }

        // Ass-Wert selber bestimmen
        if (istAss && (wert + 10 <= 21))
            wert = wert + 10;

        return wert;
    }
}
```

Dabei wurden die vereinfachten Regeln verwendet. Es ist auch sinnvoll für eine Spielkarte eine Klasse zu entwerfen, dass macht unser Programm transparent und wiederverwendbar. Eine Karte kann jede beliebige aus einem Kartenspiel mit 52 Karten sein (2, 3, . . . , 10, *Bube, Dame, Koenig, Ass* für *Karo, Herz, Pik* und *Kreuz*).

```java
public class Karte {
    // Bewertung der Karten und Definition der Farben
    public final static int KARO=0, HERZ = 1, PIK    =2, KREUZ=3;
    public final static int BUBE=11, DAME=12, KOENIG=13, ASS =1;
    private final int farbe , wert;

    // Konstruktor
    public Karte(int f, int w) {
        farbe = f;
        wert  = w;
    }

    // Funktionen (get und set)
    ...

    // Karten-Methoden
    public String Farbe2String () {
        switch (farbe) {
            case KARO:
                    return "Karo";
            case HERZ:
                    return "Herz";
            case PIK:
                    return "Pik";
            case KREUZ:
                    return "Kreuz";
        }
        System.out.println("Farbe falsch! : "+farbe );
        return "-1";
```

```
30        }
31
32        public String Wert2String() {
33            if ((wert>=2)&&(wert<=10))
34                return ""+wert;
35
36            switch (wert) {
37                case 1:
38                        return "A";
39                case 11:
40                        return "B";
41                case 12:
42                        return "D";
43                case 13:
44                        return "K";
45            }
46            return "-1";
47        }
48
49        public String Karte2String() {
50            return Farbe2String() + "-" + Wert2String();
51        }
52 }
```

Zusätzlich zu den get-set-Funktionen gibt es noch drei Ausgabemethoden, um die interne Repräsentation der Karten $(0, \ldots, 12)$ in eine lesbare Form zu übersetzen $(2, 3, \ldots, B, D, K, A)$. In den beiden verwendeten switch-Anweisungen benötigen wir keine break-Anweisungen, da wir mit return die Funktionen an den entsprechenden Stellen bereits verlassen.

Die Karten können wir zu der Klasse **Kartenspiel** zusammenfassen und Methoden zum Mischen mischen und Herausgeben gibEineKarte von Karten anbieten.

```
1  public class KartenSpiel {
2      // 52er Kartenstapel (2-10,B,D,K,A für Karo,Herz,Pik und Kreuz)
3      private Karte[] stapel;
4      private int kartenImSpiel;
5
6      // Konstruktor, erzeugt alle 52 Karten und mischt den Stapel
7      public KartenSpiel() {
8          stapel = new Karte[52];
9          int zaehler = 0;
10         for (int f=0; f<4; f++) {
11             for (int w=1; w<14; w++) {
12                 stapel[zaehler] = new Karte(f, w);
13                 zaehler++;
14             }
15         }
16         mischen();
17     }
18
19     // KartenSpiel-Methoden
20     public void mischen() {
21         Karte temp;
22         for (int i=51; i>0; i--) {
23             int zuff      = (int)(Math.random()*(i+1));
24             temp          = stapel[i];
25             stapel[i]     = stapel[zuff];
26             stapel[zuff]  = temp;
27         }
28         kartenImSpiel = 52;
29     }
```

8.4 Das Spielprojekt BlackJack 129

```
30
31    public int kartenAnzahl() {
32       return kartenImSpiel;
33    }
34
35    public Karte gibEineKarte() {
36       if (kartenImSpiel == 0)
37          mischen();
38       kartenImSpiel --;
39       return stapel[kartenImSpiel];
40    }
41 }
```

In der Methode `mischen` kommen unsere Zufallszahlen ins Spiel. Wir gehen alle
Karten des Spiels durch, ermitteln jeweils eine zufällige Position im Stapel und tau-
schen die beiden Karten an diesen Positionen.

8.4.3 Die Spielklasse BlackJack

Jetzt wollen wir zur eigentlichen Spielklasse **BlackJack** kommen. Diese Klasse
verwaltet Spieler und Dealer, die jeweiligen Geldbeträge und den gesamten Spielab-
lauf.

```
1  import java.io.*;
2
3  public class BlackJack{
4     private KartenSpiel kartenSpiel;
5     private Spieler spieler, dealer;
6     private int einsatz;
7     private boolean spiellaeuft;
8
9     // Konstruktor
10    public BlackJack(String n){
11       kartenSpiel = new KartenSpiel();
12       spieler     = new Spieler(n, 500);
13       dealer      = new Spieler("Dealer", 10000);
14       einsatz     = 0;
15       spiellaeuft = false;
16    }
17
18    // Funktionen (get und set)
19    ...
20
21    public boolean getSpielStatus(){
22       return spiellaeuft;
23    }
24
25    // BlackJack-Methoden
26    public void neuesSpiel(){
27       spieler.clear();
28       dealer.clear();
29       spieler.addKarte(kartenSpiel.gibEineKarte());
30       dealer.addKarte(kartenSpiel.gibEineKarte());
31       spieler.addKarte(kartenSpiel.gibEineKarte());
32       dealer.addKarte(kartenSpiel.gibEineKarte());
33
34       spiellaeuft = true;
35    }
36
```

```
37    public void neueKarte(){
38        spieler.addKarte(kartenSpiel.gibEineKarte());
39    }
40
41    public void dealerIstDran(){
42        while ((dealer.aktuelleWertung()<=16)&&
43               (dealer.getAnzahlKarten()<5))
44            dealer.addKarte(kartenSpiel.gibEineKarte());
45    }
46
47    public boolean erhoeheEinsatz(){
48        if (dealer.getGeld()>=50){
49            dealer.setGeld(dealer.getGeld()-50);
50            einsatz+=50;
51        }
52        else {
53            System.out.println();
54            System.out.println("WOW! DU HAST DIE BANK PLEITE GEMACHT!");
55            System.out.println();
56            System.exit(1);
57        }
58        if (spieler.getGeld()>=50){
59            spieler.setGeld(spieler.getGeld()-50);
60            einsatz+=50;
61            return true;
62        }
63        return false;
64    }
```

Wir wollen noch drei statische Ausgabemethoden `hilfe`, `ausgabeKartenSpieler` und `kontoDaten`, die unabhängig von der Klasse **BlackJack** sind, definieren.

```
66    //  **************************************************************
67    // statische Methoden
68    private static void hilfe(){
69        System.out.println();
70        System.out.println("Eingaben: ");
71        System.out.println("    n = eine neue Karte");
72        System.out.println("    d = fertig, Dealer ist dran");
73        System.out.println("    + = Einsatz um 50$ erhoehen");
74        System.out.println("    r = neue Runde");
75        System.out.println("    x = Spiel beenden");
76        System.out.println("    ? = Hilfe");
77        System.out.println();
78    }
79
80    private static void ausgabeKartenSpieler(Spieler s, Spieler d){
81        System.out.println();
82        System.out.print("Du erhaelst: ");
83        for (int i=0; i<s.getAnzahlKarten(); i++) {
84            Karte karte     = s.getKarte(i);
85            System.out.print(karte.Karte2String()+" ");
86        }
87        System.out.println("(Wertung="+s.aktuelleWertung()+")");
88        System.out.print("Der Dealer erhaelt: ");
89        for (int i=0; i<d.getAnzahlKarten(); i++) {
90            Karte karte     = d.getKarte(i);
91            System.out.print(karte.Karte2String()+" ");
92        }
93        System.out.println("(Wertung="+d.aktuelleWertung()+")");
94        System.out.println();
95    }
96
97    private static void kontoDaten(Spieler s, Spieler d){
```

8.4 Das Spielprojekt BlackJack

```
 98        System.out.println();
 99        System.out.println("$$$ "+s.getName()+": "+s.getGeld()+", Bank: "
100                            +d.getGeld()+" $$$");
101        System.out.println();
102     }
```

Für unser einfaches Spielprojekt BlackJack soll es genügen, den Spielbetrieb in die
main-Methode einzufügen. Das macht die Methode zwar sehr lang, aber das Programm insgesamt relativ kurz. Nach einer Willkommenszeile wird die Eingabe des
Spielernames verlangt und schon kann das Spiel mit einem Einsatz begonnen werden.

```
104     public static void main(String[] args){
105        System.out.println("-------------------------------------------");
106        System.out.println("-  WILLKOMMEN zu einem Spiel BlackJack!  -");
107        System.out.println("-------------------------------------------");
108        hilfe();
109
110        InputStreamReader stdin = new InputStreamReader(System.in);
111        BufferedReader console  = new BufferedReader(stdin);
112
113        System.out.print("Geben Sie Ihren Namen an: ");
114        String name = "";
115        try {
116            name = console.readLine();
117        } catch(IOException ioex){
118            System.out.println("Eingabefehler");
119            System.exit(1);
120        }
121
122        System.out.println();
123        System.out.println("Hallo "+name
124                            +", Dir stehen 500$ als Kapitel zur Verfuegung.");
125        System.out.println("Mach Deinen Einsatz(+) und
126                            beginne das Spiel(r).");
127        System.out.println();
128
129        // Nun starten wir eine Runde BlackJack
130        BlackJack blackjack = new BlackJack(name);
131
132        kontoDaten(blackjack.getSpieler(), blackjack.getDealer());
```

Der Spielbetrieb läuft in einer while-Schleife und kann durch die Eingabe ‚x' beendet werden. Die zur Verfügung stehenden Eingaben sind: ‚n' für eine neue Karte, ‚d'
für Spielerzug ist beendet und Dealer ist dran, ‚+' erhöht den Einsatz um $ 50, ‚r' eine
neue Runde wird gestartet und ‚?' zeigt die zur Verfügung stehenden Eingaben an.

```
134        boolean istFertig = false;
135        String input="";
136        while (!istFertig){
137            try {
138                input = console.readLine();
139            } catch(IOException ioex){
140                System.out.println("Eingabefehler");
141            }
142            if (input.equals("n")){
143                // eine zusätzliche Karte bitte
144                if (blackjack.getSpielStatus()) {
```

```
145        blackjack.neueKarte();
146        if(blackjack.getSpieler().aktuelleWertung()>21){
147           System.out.println("Du hast verloren! Deine Wertung
148                      liegt mit "+
149                      blackjack.getSpieler().aktuelleWertung()+
150                      " ueber 21.");
151           blackjack.getDealer().setGeld(
152                      blackjack.getDealer().getGeld()+
153                      blackjack.einsatz);
154           blackjack.einsatz       = 0;
155           blackjack.spiellaeuft   = false;
156           kontoDaten(blackjack.getSpieler(),
157                      blackjack.getDealer());
158        }
159        else {
160           ausgabeKartenSpieler(blackjack.getSpieler(),
161                      blackjack.getDealer());
162        }
163     }
164  }
```

Nachdem der Spieler genug Karten genommen hat, wird mit ‚d' der Zug abgeschlossen und der Dealer ist dran. Dabei wurde bereits geprüft, ob die Wertung der Hand des Spielers über 21 lag.

```
165     else if (input.equals("d")){
166        // Das Spiel wird an den Dealer übergeben
167        if((blackjack.getEinsatz()>0)&&
168           (blackjack.getSpielStatus())) {
169           blackjack.dealerIstDran();
170           if(blackjack.getDealer().aktuelleWertung()>21){
171              System.out.println("Du hast gewonnen! Der Dealer
172                         hat mit "+
173                         blackjack.getDealer().aktuelleWertung()+
174                         " ueberboten.");
175              blackjack.getSpieler().setGeld(
176                         blackjack.getSpieler().getGeld()+
177                         blackjack.einsatz);
178           }
179           else if(blackjack.getDealer().getAnzahlKarten() == 5){
180              System.out.println("Du hast verloren. Der Dealer
181                         erhielt 5 Karten unter 21.");
182              blackjack.getDealer().setGeld(
183                         blackjack.getDealer().getGeld()+
184                         blackjack.einsatz);
185           }
186           else if(blackjack.getDealer().aktuelleWertung()
187                    > blackjack.getSpieler().aktuelleWertung()){
188              System.out.println("Du hast verloren. "
189                         +blackjack.getDealer().aktuelleWertung()+
190                         " zu "+
191                         blackjack.getSpieler().aktuelleWertung()+
192                         ".");
193              blackjack.getDealer().setGeld(
194                         blackjack.getDealer().getGeld()+
195                         blackjack.einsatz);
196           }
197           else if(blackjack.getDealer().aktuelleWertung()
198                    == blackjack.getSpieler().aktuelleWertung()){
199              System.out.println("Du hast verloren. Der Dealer
200                         zog mit "+
201                         blackjack.getDealer().aktuelleWertung()+
202                         " Punkten gleich.");
```

8.4 Das Spielprojekt BlackJack   133

```
203            blackjack.getDealer().setGeld(
204                    blackjack.getDealer().getGeld()+
205                    blackjack.einsatz);
206        }
207        else {
208            System.out.println("Du hast gewonnen! "
209                    +blackjack.getSpieler().aktuelleWertung()+
210                    " zu "+
211                    blackjack.getDealer().aktuelleWertung()+
212                    "!");
213            blackjack.getSpieler().setGeld(
214                    blackjack.getSpieler().getGeld()
215                    +blackjack.einsatz);
216        }
217        kontoDaten(blackjack.getSpieler(),blackjack.getDealer());
218        blackjack.einsatz        = 0;
219        blackjack.spiellaeuft    = false;
220    }
221 }
```

Beim Dealer entscheidet sich das Spiel. Er nimmt so viele Karte auf, bis er gewonnen oder verloren hat. Dabei wird auch auf die Anzahl der Karten in seiner Hand geachtet, denn hat er 5 Karten mit dem Wert unter 21 auf der Hand, gewinnt er ebenfalls.

Fehlt noch die Erhöhung des Einsatzes vor einem Spiel:

```
222    else if (input.equals("+")){
223        // erhöhe den Einsatz
224        if (blackjack.getSpielStatus())
225            System.out.println("Spiel laeuft bereits. Keine
226                    Erhoehung moeglich");
227        else {
228            if (!(blackjack.erhoeheEinsatz()))
229                System.out.println("Dein Geld reicht leider
230                        nicht mehr zum Erhoehen.");
231            else
232                System.out.println("Einsatz wurde um 50$ auf "
233                        +blackjack.getEinsatz()+" erhoeht.");
234        }
235    }
```

Um die Spielfunktionalität zu komplettieren, müssen noch die fehlenden drei Funktionen eingebaut werden.

```
236    else if (input.equals("r")){
237        // eine neue Runde wird gestartet, nachdem die Einsätze
238        // gemacht wurden
239        if ((blackjack.getEinsatz()>0)
240                &&(!blackjack.getSpielStatus())){
241            blackjack.neuesSpiel();
242            kontoDaten(blackjack.getSpieler(),
243                    blackjack.getDealer());
244            ausgabeKartenSpieler(blackjack.getSpieler(),
245                    blackjack.getDealer());
246
247            if (blackjack.getDealer().aktuelleWertung() == 21) {
248                System.out.println("Schon verloren! Dealer hat 21
249                        Punkte");
250                blackjack.einsatz        = 0;
251                blackjack.spiellaeuft    = false;
```

```
252              kontoDaten(blackjack.getSpieler(),
253                         blackjack.getDealer());
254            }
255          else if (blackjack.getSpieler().aktuelleWertung()==21) {
256              System.out.println("Du hast mit BlackJack gewonnen!");
257              blackjack.einsatz          = 0;
258              blackjack.spiellaeuft   = false;
259              kontoDaten(blackjack.getSpieler(),
260                         blackjack.getDealer());
261            }
262          }
263        }
264        else if (input.equals("?")){
265          // Welche Programmeingaben sind möglich?
266          hilfe();
267        }
268        else if (input.equals("x")){
269          // Programm wird beendet
270          istFertig=true;
271          break;
272        }
273      }
274    }
275 }
```

Das Programm steht jetzt. Ein sehr erfolgreicher Testspielverlauf eines Spielers sah anschließend so aus:

```
C:\Java\BlackJack>java BlackJack

—  WILLKOMMEN zu einem Spiel BlackJack!          —


Eingaben:
   n = eine neue Karte
   d = fertig, Dealer ist dran
   + = Einsatz um 50$ erhoehen
   r = neue Runde
   x = Spiel beenden
   ? = Hilfe

Geben Sie Ihren Namen an: Daniel

Hallo Daniel, Dir stehen 500$ als Kapitel zur Verfuegung.
Mach Deinen Einsatz(+) und beginne das Spiel(r).

$$$ Daniel: 500, Bank: 10000 $$$

+
Einsatz wurde um 50$ auf 100 erhoeht.
r

$$$ Daniel: 450, Bank: 9950 $$$

Du erhaelst: Kreuz-B Pik-A (Wertung=21)
Der Dealer erhaelt: Kreuz-8 Kreuz-D (Wertung=18)

Du hast mit BlackJack gewonnen!

$$$ Daniel: 450, Bank: 9950 $$$

+
Einsatz wurde um 50$ auf 100 erhoeht.
+
```

8.5 JAMA – Lineare Algebra   135

```
Einsatz wurde um 50$ auf 200 erhoeht.
+
Einsatz wurde um 50$ auf 300 erhoeht.
+
Einsatz wurde um 50$ auf 400 erhoeht.
+
Einsatz wurde um 50$ auf 500 erhoeht.
r

$$$ Daniel: 200, Bank: 9700 $$$

Du erhaelst: Herz-2 Herz-B (Wertung=12)
Der Dealer erhaelt: Karo-8 Pik-D (Wertung=18)

n

Du erhaelst: Herz-2 Herz-B Pik-9 (Wertung=21)
Der Dealer erhaelt: Karo-8 Pik-D (Wertung=18)

d
Du hast gewonnen! 21 zu 18!

$$$ Daniel: 700, Bank: 9700 $$$
```

Die Ausgaben auf der Konsole sind für unsere aktuellen Bedürfnisse ausreichend.
Später (in Kap. 9) werden wir uns mit graphischen Oberflächen beschäftigen und
sind je nach Kreativität und Talent dann in der Lage, schickere Programme zu entwickeln.

8.5 JAMA – Lineare Algebra

JAMA ist die wahrscheinlich meist genutzte Java-Bibliothek für Methoden der
Linearen Algebra. Es lassen sich beispielsweise Matrizenoperationen ausführen,
Determinante, Rang und Eigenwerte einer Matrix berechnen und Lineare Glei-
chungssysteme lösen [42].

Bei der Installation muss allerdings darauf geachtet werden, dass die bereits vorhandenen „.class"-Dateien von JAMA gelöscht werden. Anschließend genügt die
Importierung der Bibliothek mit folgender Zeile:

```
import Jama.*;
```

Schauen wir uns ein paar einfache Beispiele an, die die Verwendung des JAMA-
Pakets aufzeigen.

In unserem ersten Beispiel addieren wir zwei Vektoren vektor1=(1,2) und
vektor2=(4,1) (siehe Abb. 8.4).

Da JAMA keinen Vektordatentyp anbietet, verwenden wir stattdessen 2×1-dimen-
sionale Matrizen.

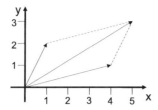

Abb. 8.4. Addieren wir die beiden Vektoren vektor1=(1,2) und vektor2=(4,1) ergibt das den Vektor x=(5,3)

```
double[][] vektor1 = {{1},{2}};
double[][] vektor2 = {{4},{1}};
Matrix v1 = new Matrix(vektor1);
Matrix v2 = new Matrix(vektor2);
Matrix x = v1.plus(v2);
```

Die Vektoren vektor1 und vektor2 werden initialisiert und durch den **Matrix**-Konstruktor in eine Matrixform gebracht. Die **Matrix**-Klasse stellt eine Reihe von Funktionen zur Verfügung, unter anderem die Addition der Matrix zu einer weiteren. Der Ergebnisvektor x=(5,3) liefert, wie erwartet, das richtige Ergebnis.

Im zweiten Beispiel verfahren wir analog zum ersten und subtrahieren diesmal Vektor vektor2=(2,5) von dem Vektor vektor1=(3,2) (siehe Abb. 8.5).

Der entsprechende Programmabschnitt ist jetzt einfach zu übertragen:

```
double[][] vektor1 = {{3},{2}};
double[][] vektor2 = {{2},{5}};
Matrix v1 = new Matrix(vektor1);
```

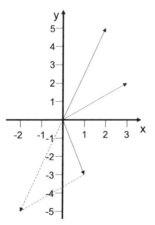

Abb. 8.5. Subtrahieren wir den Vektor vektor1=(2,5) von vektor2=(3,2) ergibt das den Vektor x=(1,-3)

8.6 Eine eigene Bibliothek bauen 137

```
Matrix v2 = new Matrix(vektor2);
Matrix x = v1.minus(v2);
```

Als Ergebnis erhalten wir erwartungsgemäß x=(1,-3).

Die Determinante einer Matrix lässt sich ebenfalls mit wenig Aufwand berechnen:

```
double[][] array = {{-2,1},{0,4}};
Matrix a = new Matrix(array);
double d = a.det();
```

Die Variable d hat nach der Berechnung den Wert -8 haben, denn

$$det(\begin{matrix} -2 & 1 \\ 0 & 4 \end{matrix}) = (-2) \cdot 4 - 1 \cdot 0 = -8 \,.$$

Zu guter Letzt, schauen wir uns noch ein Beispiel für die Lösung eines Linearen Gleichungssystems $A\vec{x} = B$ an. Die Matrix a nehmen wir aus dem vorhergehenden Beispiel und b erzeugen wir zufällig.

```
double[][] array = {{-2,1},{0,4}};
Matrix a = new Matrix(array);
Matrix b = Matrix.random(2,1);
Matrix x = a.solve(b);
```

Falls es also notwendig ist, derartige Funktionen in einem Programm einzusetzen, müssen wir sie nicht erst selbst implementieren.

8.6 Eine eigene Bibliothek bauen

Die Erzeugung eines eigenen Paketes unter Java ist sehr einfach. Wichtig ist das Zusammenspiel aus Klassennamen und Verzeichnisstruktur. Angenommen wir wollen eine Klasse **MeinMax** in einem Paket meinMathe anbieten. Dann legen wir ein Verzeichnis **meinMathe** an und speichern dort z. B. die folgende Klasse:

```
1  package meinMathe;
2
3  public class MeinMax{
4      public static int maxi(int a, int b){
5          if (a<b) return b;
6          return a;
7      }
8  }
```

Durch das Schlüsselwort package haben wir signalisiert, dass es sich um eine Klasse des Pakets meinMathe handelt. Unsere kleine Matheklasse bietet eine bescheidene maxi-Funktion.

Nachdem wir diese Klasse mit *javac* compiliert haben, können wir außerhalb des Ordners eine neue Klasse schreiben, die dieses Paket jetzt verwendet. Dabei ist darauf zu achten, dass der Ordner des neuen Paketes entweder im gleichen Ordner wie die Klasse liegt, die das Paket verwendet, oder dieser Ordner im *CLASSPATH* aufgelistet ist.

Hier unsere Testklasse:

```
import MeinMathe.MeinMax;

public class MatheTester{
    public static void main(String[] args){
        System.out.println("Ergebnis = "+MeinMax.maxi(3,9));
    }
}
```

Wir erhalten nach der Ausführung folgende Ausgabe:

```
C:\JavaCode>java MatheTester
Ergebnis = 9
```

Das kleine Beispiel hat uns gezeigt, wie es mit wenigen Handgriffen möglich ist, unsere Funktionen zu Paketen zusammenzufassen. Die Verzeichnisstruktur kann natürlich noch beliebig verschachtelt werden. Das erklärt auch, dass wir beispielsweise über import java.util.Random die Klasse **Random** verwenden können. Es gibt einen Ordner „java" und in diesem ist ein Ordner „util", in dem sich die Klasse **Random** befindet.

8.7 Zusammenfassung und Aufgaben

Die Zusammenfassung von Klassen und Methoden zu Bibliotheken ist ein wichtiges Konzept der Softwareentwicklung. Zu Beginn haben wir einen Blick in die bei Java mitgelieferten Standardbibliotheken geworfen. Als Beispiel haben wir uns mit der Klasse **Random** aus dem Paket java.util beschäftigt und die Arbeit mit Zufallszahlen kennengelernt. Wir konnten die Zufallszahlen gleich in dem Projekt BlackJack einsetzen.

Nicht nur der Einsatz von den mitgelieferten Standardbibliotheken wurde geübt, sondern auch die Einbindung einer externen Bibliothek für Lineare Algebra. Anschließend haben wir noch gesehen, wie eine eigene Bibliothek erstellt werden kann.

Aufgaben

Übung 1) Erweitern Sie das BlackJack-Programm auf den kompletten Regelsatz, wie er auf der Wikipediaseite erläutert wird (Beispielsweise 7er-Drilling oder Verteilung des Potts) [48].

8.7 Zusammenfassung und Aufgaben   139

Übung 2) Programmieren Sie eine **Räuber-Beute-Simulation** mit Füchsen und
Schneeschuhhasen. Gegeben ist dabei eine Matrix, die eine Lebenswelt definiert.
In dieser Welt leben Füchse und Schneeschuhhasen. Wenn ein Fuchs direkt auf
einen Hasen trifft, wird dieser gefressen. Füchse, die über einen längeren Zeit-
raum keine Nahrung erhalten haben, sterben. Beide Arten besitzen eine gewisse
Populationsdynamik.
Beim Start soll eine zufällige Anzahl von Hasen und Füchsen in der Welt plat-
ziert werden. Treffen Hase und Fuchs auf demselben Feld zusammen, wird der
Hase verspeist. Jedes Exemplar beider Arten hat Eigenschaften, wie `alter`,
`zeiteinheitOhneNahrung`, `position`. Hasen sterben nach 15 Zeiteinheiten
und gebären pro Zeiteinheit jeweils fünf Kinder. Füchse bekommen alle zwei
Zeiteinheiten zwei Kinder und sterben nach 20 Zeiteinheiten oder wenn sie vier
Zeiteinheiten lang keine Nahrung gefunden haben. Nach jedem Aktualisierungs-
schritt werden die Hasen und Füchse wieder zufällig in der Welt platziert.

Übung 3) Schreiben Sie ein Programm, dass zufällig eine Zahl vom Typ `float` aus
folgenden Intervallen erzeugt:
i) $[1,2]$
ii) $[2,4]$
iii) $(0,1)$
iv) $[-10,5]$

Übung 4) Schreiben Sie ein Programm, dass zufällig eine Zahl vom Typ `int` aus
folgenden Intervallen erzeugt:
i) $[-20,10\,000]$
ii) $(1,49)$
iii) $(-1,1]$

Übung 5) Schreiben Sie ein Programm Vokabelmanager, dass folgende Eigenschaften besitzt:
– Eingabe von Variablen (z. B. Englisch-Deutsch)
– Bearbeitung der Vokabeldatenbank
– Vokabeltrainer, der zufällig Vokabeln prüft. Richtig erkannte Variablen werden im aktuellen Test nicht mehr geprüft, falsche wiederholen sich.
– **Zusatz:** Überlegen Sie sich ein geeignetes Konzept für die Verwaltung mehrerer Bedeutungen eines Wortes. Denken Sie daran, dass auch der Vokabeltrainer später mehrere Bedeutungen überprüfen muss. Ermöglichen Sie
  beide Testrichtungen z. B. Englisch-Deutsch und Deutsch-Englisch.

Übung 6) Realisieren Sie mit Hilfe des Datentyps **Vector** die abstrakten Datenstrukturen Queue und Stack.

9

Tag 9: Grafische Benutzeroberflächen

In Java gibt es verschiedene Möglichkeiten, Fenster zu erzeugen und deren grafische Gestaltung vorzunehmen. Damit haben wir die Gelegenheit, endlich einmal etwas Farbe in unsere Programme zu bringen.

Für unsere Beispiele werden wir **AWT** (= *Abstract Window Toolkit*) kennenlernen und verwenden. AWT stellt die Basis der meisten bekannten Grafikpakete dar, wie z. B. Swing. Beginnen werden wir zunächst mit der Erzeugung von Fenstern und werden anschließend sehen, wie Text angezeigt und einfache Zeichenfunktionen

9.1 Fenstermanagement unter AWT

Zunächst machen wir kleine Gehversuche und eignen uns Schritt für Schritt den Umgang mit den Fenstern unter Java an. Fenster sind im Paket java.awt eine eigene Klasse. Diese Klasse heißt **Frame** und besitzt viele Funktionen und Eigenschaften.

9.1.1 Ein Fenster lokal erzeugen

Wir können schon mit wenigen Zeilen ein Fenster anzeigen, indem wir eine Instanz der Klasse **Frame** erzeugen und sie sichtbar machen. Bevor wir die Eigenschaft „ist sichtbar" mit setVisible auf true setzen, legen wir mit der Funktion setSize (breite, hoehe) die Fenstergröße fest.

```java
import java.awt.Frame;
public class MeinErstesFenster {
  public static void main(String[] args) {
    // öffnet ein AWT-Fenster
    Frame f = new Frame("So einfach geht das?");
    f.setSize(300, 200);
    f.setVisible(true); // sollte immer am Ende stehen
  }
}
```

Nach dem Start öffnet sich ein Fenster (siehe Abb. 9.1).

Die Ausgabeposition des Fensters ist die linke obere Ecke des Bildschirms. Wie wir das ändern können, sehen wir im nächsten Abschnitt.

Abb. 9.1. Wir haben das erste Fenster geöffnet. Leider lässt es sich noch nicht mit dem Kreuz rechts oben schließen

9.1 Fenstermanagement unter AWT   143

Das Fenster lässt sich momentan auch noch nicht ohne Weiteres schließen. Wie wir
diese Sache in den Griff bekommen und das Programm nicht jedes mal mit der Tastenkombination **STRG+C** (innerhalb der Konsole) beenden müssen, sehen wir in
Abschn. 9.3. Da das dort vorgestellte Konzept doch etwas mehr Zeit in Anspruch
nimmt, experimentieren wir mit den neuen Fenstern noch ein wenig herum.

9.1.2 Vom Fenster erben und es zentrieren

Um das Fenster zu zentrieren, lesen wir die Bildschirmgröße aus und verwenden die Bildschirm- und Fenstergröße, um die neuen Startkoordinaten zu bestimmen. Im Unterschied zum vorhergehenden Beispiel erben wir nun alle Fenstereigenschaften der Klasse **Frame** und geben unserer neuen Klasse den Namen
FensterPositionieren, denn mehr können wir ersteinmal noch nicht tun.
Dazu werden die dem Konstruktor übergebenen Parameter x und y, die die Breite und
Höhe des Fensters darstellen sollen, dem vorherigen Beispiel entsprechend gesetzt.

Wir sehen in diesem Beispiel weiter, wie wir in der sechsten Zeile mit der Funktion
getScreenSize der Klasse **Toolkit** die Bildschirmauflösung auslesen können.
Daraus können wir den linken, oberen Startpunkt (x, y) des Fensters berechnen, mit

$$x = \frac{(\text{Bildschirmbreite} - \text{Fensterbreite})}{2} \quad \text{und}$$

$$y = \frac{(\text{Bildschirmhoehe} - \text{Fensterhoehe})}{2} \ .$$

Mit der Funktion setLocation legen wir die Position des Fensters neu fest und
machen es anschließend sichtbar.

```
 1  import java.awt.*;
 2  public class FensterPositionieren extends Frame {
 3      public FensterPositionieren(int w, int h){
 4          setTitle("Ab in die Mitte!");
 5          setSize(w, h);
 6          Dimension d = Toolkit.getDefaultToolkit().getScreenSize();
 7          setLocation((d.width-w)/2, (d.height-h)/2);
 8          setVisible(true);
 9      }
10
11      public static void main( String[] args ) {
12          FensterPositionieren f = new FensterPositionieren(200, 100);
13      }
14  }
```

Da wir in diesem Beispiel neben der Klasse **Frame** auch noch die Klassen
Dimension und **Toolkit** aus dem Paket java.awt verwenden, schreiben wir
statt der drei Zeilen

```
import java.awt.Frame;
import java.awt.Dimension;
import java.awt.Toolkit;
...
```

nur die eine Zeile

```
import java.awt.*;
...
```

und können so alle Klassen innerhalb des Pakets java.awt verwenden. Beim Ausführen wird das Fenster jetzt mittig auf dem Monitor angezeigt.

9.2 Zeichenfunktionen innerhalb eines Fensters

AWT bietet eine ganze Reihe von Zeichenfunktionen an. Alle mit ihren Feinheiten zu beschreiben würde wieder ein ganzes Buch füllen. Wir wollen an dieser Stelle nur ein paar grundlegende Beispiele erläutern und den Leser motivieren, spätestens hier die Java API [61] als Hilfsmittel zu verwenden.

Um etwas in einem Fenster anzeigen zu können, müssen wir die Funktion paint der Klasse **Frame** überschreiben. Als Parameter sehen wir den Typ **Graphics**. Die Klasse **Graphics** beinhaltet unter anderem alle Zeichenfunktionen. Schauen wir dazu mal in die API in Abb. 9.2.

In der linken Auswahl wurde die Klasse **Graphics** ausgewählt und rechts sind die darin zur Verfügung gestellten Funktionen sichtbar. Wir wollen mit der Funktion drawString beginnen und einen Text ausgeben.

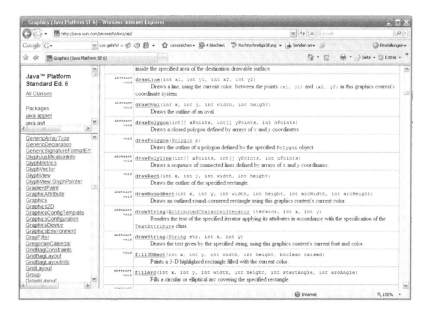

Abb. 9.2. Ausschnitt der API zur Javaversion 1.6 [61]

9.2 Zeichenfunktionen innerhalb eines Fensters

9.2.1 Textausgaben

Ein Text wird innerhalb des Fensterbereichs ausgegeben. Zusätzlich zeigt dieses Beispiel, wie sich die Vorder- und Hintergrundfarben über die Funktionen setBackground und setForground manipulieren lassen. Die Klasse **Color** aus dem Paket java.awt bietet bereits vordefinierte Farben und es lassen sich neue Farben, bestehend aus den drei Farbkomponenten *rot*, *grün* und *blau* erzeugen.

```java
import java.awt.*;
public class TextFenster extends Frame {
  public TextFenster(String titel) {
      setTitle(titel);
      setSize(500, 100);
      setBackground(Color.lightGray);
      setForeground(Color.blue);
      setVisible(true);
  }

  public void paint( Graphics g ){
      g.drawString("Hier steht ein kreativer Text.", 120, 60);
  }

  public static void main( String[] args ) {
      TextFenster t = new TextFenster("Text im Fenster");
  }
}
```

In Abb. 9.3 sehen wir die Ausgabe. Der Hintergrund ist grau und die Schrift blau.

9.2.2 Zeichenfunktionen

Exemplarisch zeigt dieses Beispiel die Verwendung der Zeichenfunktionen drawRect und drawLine. Auch hier wurde eine zusätzliche Funktionalität eingebaut, die Wartefunktion wartemal, die die Ausgabe, in Abhängigkeit zur angegebenen Millisekundenanzahl, entsprechend verzögert.

```java
import java.awt.*;
public class ZeichenElemente extends Frame {
  public ZeichenElemente(String titel) {
      setTitle(titel);
      setSize(500, 300);
      setBackground(Color.lightGray);
      setForeground(Color.red);
      setVisible(true);
  }
```

Abb. 9.3. Ausgabe eines farbigen Textes innerhalb des Fensters

```
10
11  public static void wartemal(long millis){
12      try {
13          Thread.sleep(millis);
14      } catch (InterruptedException e){}
15  }
16
17  public void paint( Graphics g ){
18      g.drawRect(30,50,440,200);
19      g.setColor(Color.black);
20      g.drawLine(30,150,470,150);
21      g.setFont(new Font("SansSerif", Font.BOLD, 20));
22      g.drawString("Schick!", 60, 80);
23      wartemal(3000);
24      g.drawString("Geht so...", 350, 220);
25  }
26
27  public static void main( String[] args ) {
28      ZeichenElemente t = new ZeichenElemente("Linien im Fenster");
29  }
30 }
```

In Zeile 21 ist zu sehen, wie die Schriftart mit den entsprechenden Eigenschaften vor der Ausgabe eines Textes individuell gesetzt werden kann. Abbildung 9.4 zeigt die Ausgabe.

Bisher haben wir nur vordefinierte Farben verwendet, in dem nun folgenden Abschnitt wollen wir damit beginnen, eigene Farben zu erstellen.

9.2.3 Die Klasse Color

Für grafische Benutzeroberflächen sind Farben sehr wichtig. Um das **RGB-Farbmodell** zu verwenden, erzeugen wir viele farbige Rechtecke, deren drei Farbkomponenten *rot*, *grün* und *blau* unterschiedlich gesetzt werden. Dazu erzeugen wir für jedes Rechteck ein **Color**-Objekt und setzen dessen drei Farbwerte zufällig.

```
1  import java.awt.*;
2  import java.util.Random;
3
```

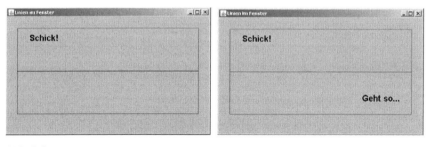

Abb. 9.4. Das Fenster links erscheint nach dem Start des Programms und ändert sich nach ca. drei Sekunden zu der rechten Ausgabe

9.2 Zeichenfunktionen innerhalb eines Fensters

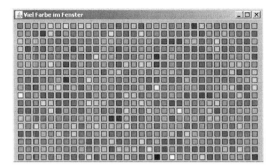

Abb. 9.5. Ausgabe vieler farbiger Rechtecke

```java
public class FarbBeispiel extends Frame {
    public FarbBeispiel(String titel) {
        setTitle(titel);
        setSize(500, 300);
        setBackground(Color.lightGray);
        setForeground(Color.red);
        setVisible(true);
    }

    public void paint(Graphics g){
        Random r = new Random();
        for (int y=30; y<getHeight()-10; y += 15)
            for (int x=12; x<getWidth()-10; x += 15) {
                g.setColor(new Color(r.nextInt(256),
                                     r.nextInt(256),
                                     r.nextInt(256)));
                g.fillRect(x, y, 10, 10);
                g.setColor(Color.BLACK);
                g.drawRect(x - 1, y - 1, 10, 10);
            }
    }

    public static void main(String[] args) {
        FarbBeispiel t = new FarbBeispiel("Viel Farbe im Fenster");
    }
}
```

Jeder der drei Farbwerte erlaubt als Eingabe einen Wert aus dem ganzzahligen Intervall [0, 1 ..., 255]. Wir erhalten somit viele kleine, farbige Rechtecke, wie in Abb. 9.5 zu sehen, und freuen uns schon auf mehr.

9.2.4 Bilder laden und anzeigen

Mit der Methode `drawImage` können wir Bilder anzeigen lassen. Das folgende Beispielprogramm zeigt, wie wir ein Bild einlesen und anschließend im Fenster anzeigen können.

```java
import java.awt.*;
import java.util.Random;
```

```
public class BildFenster extends Frame {
  public BildFenster(String titel) {
       setTitle(titel);
       setSize(423, 317);
       setBackground(Color.lightGray);
       setForeground(Color.red);
       setVisible(true);
  }

  public void paint(Graphics g){
       Image pic = Toolkit.getDefaultToolkit().getImage(
                         "C:\\kreidefelsen.jpg");
       g.drawImage(pic, 0, 0, this);
  }

  public static void main( String[] args ) {
       BildFenster t = new BildFenster("Bild im Fenster");
  }
}
```

Jetzt könnten wir sogar schon eine Diashow der letzten Urlaubsbilder realisieren (siehe Abb. 9.6).

In den Programmzeilen 14 bis 16 geschieht aber leider nicht das, was wir erwarten würden. Die Funktion getImage bereitet das Laden des Bildes nur vor. Der eigentliche Ladevorgang erfolgt erst beim Aufruf von drawImage. Das hat den Nachteil, dass bei einer Wiederholung der Methode paint jedes Mal das Bild neu geladen wird.

Um zu verhindern, dass das Bild jedes Mal neu geladen werden soll, können mit Hilfe der Klasse **Mediatracker** die Bilder vor der eigentlichen Anzeige in einen zur Verfügung gestellten Speicher geladen werden.

Eine globale Variable img vom Typ **Image** wird angelegt und im Konstruktor mit dem **Mediatracker** verknüpft. Der **Mediatracker** liest die entsprechenden Bilder ein und speichert diese.

Abb. 9.6. Ausgabe des geladenen Urlaubsbildes

9.3 Auf Fensterereignisse reagieren und sie behandeln   149

```
1  // wird dem Konstruktor hinzugefügt
2  img = getToolkit().getImage("c:\\kreidefelsen.jpg");
3  Mediatracker mt = new Mediatracker(this);
4  mt.addImage(img, 0);
5  try {
6      mt.waitForAll();
7  } catch (InterruptedException e){}
```

Jetzt können wir in der paint-Methode mit dem Aufruf

```
1  g.drawImage(img, 0, 0, this);
```

das Bild aus dem **Mediatracker** laden und anzeigen.

9.3 Auf Fensterereignisse reagieren und sie behandeln

In den folgenden Abschnitten werden wir immer von dieser Standardfensterklasse erben:

```
1   import java.awt.*;
2
3   public class MeinFenster extends Frame {
4       public MeinFenster(String titel, int w, int h){
5           this.setTitle(titel);
6           this.setSize(w, h);
7
8           // zentriere das Fenster
9           Dimension d = Toolkit.getDefaultToolkit().getScreenSize();
10          this.setLocation((d.width-w)/2, (d.height-h)/2);
11      }
12  }
```

Die Klasse **MeinFenster** erzeugt ein auf dem Bildschirm zentriertes Fenster und kann mit einem Konstruktor und den Attributen titel, breite und hoehe erzeugt werden.

9.3.1 Fenster mit dem Interface WindowListener schließen

Unser folgendes Beispiel erbt zunächst von der Klasse **MeinFenster** und implementiert anschließend das Interface **WindowListener**. In Zeile 7 verknüpfen wir unsere Anwendung mit dem Interface **WindowListener**, das im Paket java.awt. event zu finden ist, und erreichen damit, dass bei Ereignissen, wie z. B. „schließe Fenster", die entsprechenden implementierten Methoden aufgerufen werden.

```
1  import java.awt.*;
2  import java.awt.event.*;
3  public class FensterSchliesst extends MeinFenster
4                            implements WindowListener {
5    public FensterSchliesst(String titel, int w, int h){
6          super(titel, w, h);
7          addWindowListener(this);  // wir registrieren hier den
8                                    // Ereignistyp für WindowEvents
9          setVisible(true);
10   }
11
12   // ***********************************************************
13   // Hier werden die WindowListener-Methoden implementiert
14   // Methode: Fenster wird geschlossen
15   public void windowClosing( WindowEvent event ) {
16     System.exit(0);
17   }
18   public void windowClosed( WindowEvent event )     {}
19   public void windowDeiconified( WindowEvent event ) {}
20   public void windowIconified( WindowEvent event )   {}
21   public void windowActivated( WindowEvent event )  {}
22   public void windowDeactivated( WindowEvent event ) {}
23   public void windowOpened( WindowEvent event )      {}
24   // ***********************************************************
25
26   public static void main( String[] args ) {
27     FensterSchliesst f = new FensterSchliesst("Schliesse mich!",
28                                      200, 100);
29   }
30 }
```

In Zeile 16 verwenden wir die Funktion System.exit. Es werden damit alle Fenster der Anwendung geschlossen und das Programm beendet. Leider haben wir mit der Implementierung des Interfaces **WindowListener** den Nachteil, dass wir alle Methoden implementieren müssen. Das Programm wird schnell unübersichtlich, wenn wir verschiedene **Eventtypen** abfangen wollen und für jedes neue Interface alle Methoden implementieren müssen.

Hilfe verspricht die Klasse **WindowAdapter**, die das Interface **Window-Listener** bereits mit leeren Funktionskörpern implementiert hat. Wir können einfach von dieser Klasse erben und eine der Methoden überschreiben. Um die restlichen Methoden brauchen wir uns nicht zu kümmern.

In dem folgenden Beispiel haben wir dazu eine **lokale Klasse WindowClosing-Adapter** in die gleiche Datei zur Klasse **FensterSchliesstSchick** hinzugefügt. Pro Datei darf es immer nur genau eine Klasse mit dem Schlüsselwort public geben.

```
1  import java.awt.*;
2  import java.awt.event.*;
3  public class FensterSchliesstSchick extends MeinFenster{
4    public FensterSchliesstSchick(String titel, int w, int h){
5          super(titel, w, h);
6          // Wir verwenden eine Klasse, die nur die gewünschten Methoden
7          // der Klasse WindowAdapter überschreibt.
8          addWindowListener(new WindowClosingAdapter());
9          setVisible(true);
10   }
```

9.3 Auf Fensterereignisse reagieren und sie behandeln   151

```
11
12    public static void main( String[] args ) {
13       FensterSchliesstSchick f =
14            new FensterSchliesstSchick("Schliesse mich!", 200, 100);
15    }
16 }
17
18 // lokale Klasse, die sich um das Schließen des Fensters kümmert
19 class WindowClosingAdapter extends WindowAdapter {
20    public void windowClosing(WindowEvent e) {
21          System.exit(0);
22    }
23 }
```

Wir können auch die Klasse **WindowClosingAdapter** als **innere Klasse** deklarieren.

```
1  import java.awt.*;
2  import java.awt.event.*;
3
4  public class FensterSchliesstSchick2 extends MeinFenster{
5     public FensterSchliesstSchick2(String titel, int w, int h){
6          super(titel, w, h);
7          addWindowListener(new WindowClosingAdapter());
8          setVisible(true);
9     }
10
11    // ************************************************************
12    // innere Klasse
13    private class WindowClosingAdapter extends WindowAdapter {
14       public void windowClosing(WindowEvent e) {
15             System.exit(0);
16       }
17    }
18    // ************************************************************
19
20    public static void main( String[] args ) {
21       FensterSchliesstSchick2 f =
22            new FensterSchliesstSchick2("Schliesse mich!", 200, 100);
23    }
24 }
```

Eine noch kürzere Schreibweise könnten wir erreichen, indem wir die Klasse **WindowAdapter** nur lokal erzeugen und die Funktion überschreiben [40]. Wir nennen solche Klassen **innere, anonyme Klassen**.

```
1  import java.awt.event.*;
2  public class FensterSchliesstSchickKurz extends MeinFenster{
3     public FensterSchliesstSchickKurz(String titel, int w, int h){
4          super(titel, w, h);
5          // Wir verwenden eine innere anonyme Klasse. Kurz und knapp.
6          addWindowListener(new WindowAdapter() {
7                      public void windowClosing(WindowEvent e) {
8                         System.exit(0);
9                      }
10                });
11         setVisible(true);
12    }
13
```

```
14  public static void main( String[] args ) {
15      FensterSchliesstSchickKurz f =
16          new FensterSchliesstSchickKurz("Schliesse mich!", 200, 100);
17  }
18 }
```

Dieses Verfahren werden wir ab sofort für Fälle mit wenige Funktionen verwenden. Sollten wir mehrere Funktionen benötigen, greifen wir der Übersichtlichkeit halber wieder auf innere Klassen zurück.

9.3.2 GUI-Elemente und ihre Ereignisse

Neben den Zeichenfunktionen gibt es bereits vordefinierte Komponenten, die typischerweise in grafischen Benutzeroberflächen (graphical user interface, GUI) verwendet werden. Wir werden uns jetzt exemplarisch Beispiele anschauen, bei denen GUI-Elemente erzeugt werden, die auf Mausereignisse reagieren. Bevor wir damit beginnen, müssen wir uns mit dem Problem auseinander setzen, wie die Elemente angeordnet werden sollen, wenn der Anwender beispielsweise die Fenstergröße ändert. Da wir an dieser Stelle keinen großen Verwaltungsaufwand betreiben möchten, verwenden wir einen Layoutmanager.

9.3.2.1 Layoutmanager

Java bietet viele vordefinierte Layoutmanager an [9, 2, 13]. Der einfachste Layoutmanager **FlowLayout** fügt die Elemente, je nach Größe, ähnlich einem Textfluss, links oben beginnend, in das Fenster ein.

Diese lassen sich z. B. innerhalb eines Frames mit der folgenden Zeile aktivieren:

```
setLayout(new FlowLayout());
```

In diesem Buch wurde auf eine umfangreiche Erläuterung der verschiedenen Layoutmanager verzichtet, da sie nicht viel zum Verständnis der Java-Programmierung beitragen und ständig erweitert werden. Dem Leser sei hier empfohlen, erst nach diesem Kapitel, die entsprechenden Quellen nachzulesen.

9.3.2.2 Die Komponenten Label und Button

Zwei Buttons (Knöpfe) und ein Label (Textelement) werden in die GUI eingebettet. Die Anordnung der Elemente innerhalb des Fensters kann von einem Layoutmanager übernommen werden. In diesem Beispiel wurde der Layoutmanager **FlowLayout** verwendet.

9.3 Auf Fensterereignisse reagieren und sie behandeln

```java
import java.awt.*;
import java.awt.event.*;
public class GUI_Button extends MeinFenster{
    Button button1 , button2;
    Label  label1;

    // Im Konstruktor erzeugen wir die GUI-Elemente
    public GUI_Button(String titel , int w, int h){
        super(titel , w, h);
        setSize(w, h);

        // Wir registrieren den WindowListener, um auf
        // WindowEvents reagieren zu können
        addWindowListener(new MeinWindowListener());

        // wir bauen einen ActionListener, der nur auf Knopfdruck
        // reagiert
        ActionListener aktion = new Knopfdruck();

        setLayout(new FlowLayout());
        button1 = new Button("Linker Knopf");
        add(button1);
        button1.addActionListener(aktion);
        button1.setActionCommand("b1");
        button2 = new Button("Rechter Knopf");
        add(button2);
        button2.addActionListener (aktion);
        button2.setActionCommand("b2");
        label1 = new Label("Ein Label");
        add(label1);
        setVisible(true);
    }

    // ****************************************************
    // Innere Klassen für das Eventmanagement
    class MeinWindowListener extends WindowAdapter{
        public void windowClosing(WindowEvent event){
            System.exit(0);
        }
    }

    class Knopfdruck implements ActionListener{
        public void actionPerformed (ActionEvent e){
            label1.setText(e.getActionCommand());
        }
    }
    // ****************************************************

    public static void main( String[] args ) {
        GUI_Button f = new GUI_Button("Schliesse mich!", 500, 500);
    }
}
```

Um auf einen Knopfdruck reagieren zu können, erzeugen wir eine Instanz der Klasse **Knopfdruck**, die das Interface **ActionListener** mit der einzigen Methode actionPerformed implementiert. Diese Instanz verknüpfen wir mit beiden Buttons über die Funktion addActionListener. Die Methode actionPerformed wird jetzt immer dann aufgerufen, wenn einer der beiden Button gedrückt wurde.

Die Ausgabe des Programms ist in Abb. 9.7 zu sehen.

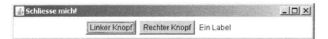

Abb. 9.7. Fenster mit zwei Knöpfen und einem Label

Oder wir reagieren individuell auf die unterschiedlichen Knöpfe, indem wir aus dem **ActionEvent** auslesen, welcher Knopf gedrückt wurde:

```
class Knopfdruck implements ActionListener{
    public void actionPerformed (ActionEvent e){
        // wir behandeln die Ereignisse
        String cmd = e.getActionCommand();
        if (cmd.equals("b1"))
            button1Clicked();
        if (cmd.equals("b2"))
            button2Clicked();
    }
}
```

Die beiden Funktionen button1Clicked und button2Clicked müssten jetzt natürlich noch implementiert werden. Das folgende Beispiel zeigt, wie das bewerkstelligt werden könnte. Alternativ kann auch für jeden Button ein eigener ActionListener verwendet werden.

9.3.2.3 Die Komponente TextField

Wie wir Eingaben über ein **TextField** erhalten, zeigt das folgende Beispiel:

```
import java.awt.*;
import java.awt.event.*;

public class GUI_Button_TextField extends MeinFenster{
    Button    button1;
    Label     label1;
    TextField textfield1;

    // Im Konstruktor erzeugen wir die GUI-Elemente
    public GUI_Button_TextField(String titel, int w, int h){
        super(titel, w, h);
        setSize(w, h);
        addWindowListener(new MeinWindowListener());
        ActionListener aktion = new Knopfdruck();
        setLayout(new FlowLayout());

        textfield1 = new TextField("hier steht schon was", 25);
        add(textfield1);

        button1 = new Button("Knopf");
        add(button1);
        button1.addActionListener(aktion);
        button1.setActionCommand("b1");

        label1 = new Label("noch steht hier nicht viel");
        add(label1);
```

9.4 Auf Mausereignisse reagieren

```
28      setVisible(true);
29    }
30
31    private void button1Clicked(){
32      String txt = textfield1.getText();
33      label1.setText(txt);
34    }
35
36    // ***************************************************
37    // Innere Klassen für das Eventmanagement
38    class MeinWindowListener extends WindowAdapter{
39      public void windowClosing(WindowEvent event){
40        System.exit(0);
41      }
42    }
43
44    class Knopfdruck implements ActionListener{
45      public void actionPerformed (ActionEvent e){
46        // wir behandeln die Ereignisse
47        String cmd = e.getActionCommand();
48        if (cmd.equals("b1"))
49          button1Clicked();
50      }
51    }
52    // ***************************************************
53
54    public static void main( String[] args ) {
55      GUI_Button_TextField f =
56          new GUI_Button_TextField("Klick mich...", 500, 500);
57    }
58  }
```

Sollte der Button gedrückt werden, so wird der Textinhalt von `textfield1` in `label1` geschrieben (siehe Abb. 9.8).

Abb. 9.8. Inhalte des Textfeldes werden mit Knopfdruck in das Label übertragen

Es gibt natürlich noch sehr viel mehr GUI-Elemente, die bereits vordefiniert und analog zu den vorgestellten zu verwenden sind [61]. Bei den Fenstern hatten wir sogar von den zur Verfügung gestellten Klassen eigene Klassen abgeleitet, das geht auch mit den GUI-Elementen.

9.4 Auf Mausereignisse reagieren

Wir haben mit **WindowListener** und **ActionListener** bereits zwei Interaktionsmöglichkeiten kennen gelernt. Es fehlt noch eine wichtige, die Reaktion auf typische Mausereignisse. Im folgenden Beispiel wollen wir für einen Mausklick innerhalb des Fensters einen grünen Punkt an die entsprechende Stelle zeichnen.

Hier wird entweder einfach das Interface **MouseListener** implementiert oder die leeren Methoden der Klasse **MouseAdapter** überschrieben.

```java
import java.awt.*;
import java.awt.event.*;
public class MausKlick extends MeinFenster {
  public MausKlick(String titel, int w, int h){
    super(titel, w, h);
    setSize(w, h);
    // Wir verwenden eine innere anonyme Klasse. Kurz und knapp.
    addWindowListener(new WindowAdapter() {
                public void windowClosing(WindowEvent e) {
                    System.exit(0);
                }
    });
    addMouseListener(new MouseAdapter() {
                public void mousePressed(MouseEvent e) {
                    Graphics g = getGraphics();
                    g.setColor(Color.green);
                    g.fillOval(e.getX(),e.getY(),10,10);
                }
    });
    setVisible(true);
  }

  public static void main(String[] args) {
    MausKlick f = new MausKlick("Schliesse mich!", 500, 200);
  }
}
```

Das Drücken mit einer der Maustasten erzeugt ein **MouseEvent**-Objekt und startet die Funktion `mousePressed`. Alle relevanten Informationen werden dabei mit dem **MouseEvent** e übergeben. So können beispielsweise mit `e.getX` und `e.getY` die Koordinaten der Maus ausgelesen werden, bei denen das Event ausgelöst wurde, und an deren Position ein grün gefüllter Kreis gezeichnet werden.

Unser Programm liefert nach mehrfachem Klicken mit der Maus, innerhalb des Fensters, beispielsweise die Ausgabe in Abb. 9.9.

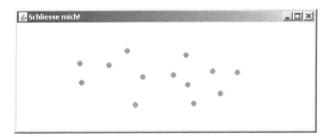

Abb. 9.9. Wird innerhalb des Fensters eine Maustaste betätigt, erscheint an dieser Stelle ein grün gefüllter Kreis

Ein weiteres Mausereigniss, bei dem wir die Taste gedrückt halten und damit z. B. Objekte verschieben können, werden wir im Laufe des nächsten Kapitels besprechen.

9.5 Zusammenfassung und Aufgaben

Das Paket `java.awt` bietet mit der Klasse **Frame** eine einfache Möglichkeit, Fenster zu erzeugen und grafische Ausgaben zu machen. Wir können eine Instanz der Klasse erzeugen und diese manipulieren oder sie als Basisklasse verwenden.

Das Konzept der Ereignisbehandlung, also Reaktion und Behandlung von Fenster- und Mausereignissen, wurde besprochen. Neben den Interfaces **WindowListener** und **MouseListener** existieren die Klassen **WindowAdapter** und **Mouse-Adapter**, die diese Interfaces mit leeren Funktionen implementiert haben. Von diesen Klassen können wir erben und die benötigten Funktionen überschreiben.

Einem erfolgreichen Einsatz dieses Konzepts gehen meistens viele praktische Übungen voraus. Der Leser sollte nicht verzweifeln, wenn es nicht auf Anhieb funktioniert. Es kann helfen, die Beispiele aus diesem Buch zu nehmen und diese zunächst leicht abzuändern.

Aufgaben

Übung 1) Entwerfen Sie mit Hilfe der Ihnen nun bekannten GUI-Elemente einen **Taschenrechner**, der die Funktionen $+$, $-$, $*$ und $/$ zumindest anbietet.

Übung 2) Entwickeln Sie für Ihre **Räuber-Beute-Simulation** eine entsprechende GUI und visualisieren Sie die Populationsdynamik.

Übung 3) Für **Conway's Game of Life** sollen Sie eine Oberfläche entwerfen. Die Initialisierung der Zellkonstellationen soll mit Mausereignissen realisiert werden. Bieten Sie Möglichkeiten, Zustände laden und speichern zu können.

10

Tag 10: Appletprogrammierung

Java bietet die Möglichkeit, Programme zu entwerfen, die in Webseiten eingebettet werden und somit im Webbrowser laufen können. Diese Programme heißen **Applets**. Die meisten auf Frames basierenden Anwendungen können schon mit wenigen Änderungen zu Applets umfunktioniert werden.

Bevor wir aber mit den Applets starten, machen wir uns mit dem Aufbau einer einfachen Webseite und der Handhabung von HTML vertraut.

M. Block, *JAVA-Intensivkurs*
DOI 10.1007/978-3-642-03955-3, © Springer 2010

10.1 Kurzeinführung in HTML

HTML (HyperText Markup Language) ist eine Sprache, mit der sich Internetseiten erstellen lassen. Jeder Internetbrowser kann diese Sprache lesen und die gewünschten Inhalte darstellen. Mit folgenden Zeilen lässt sich eine sehr einfache HTML-Seite erzeugen. Dazu gibt man die Codezeilen in einem beliebigen Editor ein und speichert sie mit der Endung „.html".

```
1  <HTML>
2      <BODY>
3          Das ist eine einfache Internetseite :).
4      </BODY>
5  </HTML>
```

Zwischen den Tags, so nennen sich die Befehle in HTML, <HTML> und </HTML> steht der komplette Inhalt der Internetseite. Es gibt dann noch zusätzliche Angaben zu der Seite, die zwischen <HEAD> und </HEAD> angegeben werden können, z. B. den Titel der Seite und andere Meta-Informationen. Zwischen <BODY> und </BODY> steht der Abschnitt, der angezeigt werden soll.

In unserem Beispiel wird der Browser Mozilla Firefox verwendet und nur eine einsame Textzeile ausgegeben (siehe Abb. 10.1).

Wer sich mit der Gestaltung von Internetseiten beschäftigen möchte, dem empfehle ich das Buch von Stefan Münz [39], der zusätzlich eine ausgesprochen gut gelungene Seite zum Thema HTML pflegt [46].

10.2 Applets im Internet

Der Kreativität der Programmierer ist es zu verdanken, dass zahlreiche Spiele und Anwendungen im Internet zu finden sind. Viele wurden in Java entwickelt. Bei-

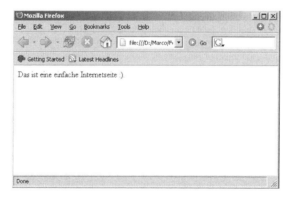

Abb. 10.1. Eine HTML-Datei lässt sich mit einem Browser öffnen und anzeigen. In diesem Fall wird nur eine Textzeile ausgegeben

10.3 Funktionen eines Applets   161

Abb. 10.2. Applet zum Spielen von Schachpartien gegen Menschen oder Schachprogramme auf dem FUSc#-Schachspielserver der Freien Universität Berlin.

spielsweise haben Studenten der Freien Universität Berlin für das Schachprogramm FUSc# einen Onlinezugang in Form eines Applets für den FUSc#-Schachspielserver geschrieben [51] (siehe Abb. 10.2).

So ist es möglich, interaktiv von außerhalb nur mit einem Internetzugang und einem kleinen Java-Plugin, gegen verschiedene Schachspieler oder Schachprogramme anzutreten.

Wir wollen im vorletzten Kapitel dieses Buches ein kleines Tetris-Spiel programmieren und es anschließend der Öffentlichkeit auf einer Internetseite zum Spielen anbieten.

10.3 Funktionen eines Applets

Wir benötigen für ein Applet keinen Konstruktor. Lediglich von der Basisklasse **Applet**, die sich im Paket **java.applet** befindet, wird abgeleitet und anschließend einige Methoden überschreiben.

init-Funktion

Bei der Initialisierung übernimmt die init-Methode die gleiche Funktion, wie es ein Konstruktor tun würde. Die Methode wird beim Start des Applets als erstes **genau einmal** aufgerufen. Es können Variablen initialisiert, Parameter von der HTML-Seite übernommen oder Bilder geladen werden.

start-Funktion

Die start-Methode wird aufgerufen, nachdem die Initialisierung abgeschlossen wurde. Sie kann sogar mehrmals aufgerufen werden.

stop-Funktion

Mit stop kann das Applet eingefroren werden, bis es mit start wieder erweckt wird. Die stop-Methode wird z. B. aufgerufen, wenn das HTML-Fenster, indem das Applet gestartet wurde, verlassen wird. Mit Verlassen des Fensters ist gemeint, dass der aktuelle Fokus auf ein anderes Fenster gesetzt wird.

destroy-Funktion

Beim Beenden des Applets, z. B. dem Schließen des Fensters, wird destroy aufgerufen und es werden alle Speicherressourcen wieder freigegeben.

10.4 Verwendung des Appletviewers

Damit wir nicht damit beginnen, ein Applet nur für einen Browser zu optimieren, verwenden wir zur Anzeige unserer selbst entwickelten Applets das Programm **Appletviewer**. Selbstverständlich wären alle gängigen Browser, wie z. B. „Firefox" oder „Internet Explorer", ebenfalls dazu in der Lage. Der Appletviewer hat aber den Vorteil, dass er neben der grafischen Ausgabe in einem Fenster die ausgeführten Aktionen in einer Konsole ausgibt.

Nach der Installation von Java steht uns dieses Programm bereits zur Verfügung. Wir können die HTML-Seite, in der ein oder mehrere Applets eingebettet sind, aufrufen. Es wird separat für jedes Applet ein Fenster geöffnet und das Applet darin gestartet. Nun lassen sich alle Funktionen quasi per Knopfdruck ausführen und testen.

So starten wir den Appletviewer:

```
appletviewer <html-seite.html>
```

Als erstes Beispiel eines Applets verwenden wir den nachfolgenden Programmcode und testen dieses Programm mit dem Appletviewer.

```
import java.awt.*;
import java.applet.*;

public class AppletZyklus extends Applet {
    private int zaehler;
    private String txt;
```

10.4 Verwendung des Appletviewers

```
 7
 8  public void init(){
 9      zaehler=0;
10      System.out.println("init");
11  }
12
13  public void start(){
14      txt = "start: "+zaehler;
15      System.out.println("start");
16  }
17
18  public void stop(){
19      zaehler++;
20      System.out.println("stop");
21  }
22
23  public void destroy(){
24      System.out.println("destroy");
25  }
26
27  public void paint(Graphics g){
28      g.drawString(txt, 20, 20);
29  }
30 }
```

Bevor wir das Applet starten können, müssen wir noch die kompilierte Klasse in eine HTML-Seite einbetten. Die beiden Parameter width und height legen dabei die Größe des Darstellungsbereichs fest.

```
1 <HTML>
2   <BODY>
3       <APPLET width=200 height=50 code="AppletZyklus.class"></APPLET>
4   </BODY>
5 </HTML>
```

HTML

Wenn diese HTML-Seite mit dem Appletviewer gestartet wird (siehe Abb. 10.3), sehen wir nach mehrmaligem Stoppen und wieder Starten, ob das Applet mit allen Anforderungen zurecht kommt und erhalten so eine gute Testmöglichkeit.

Abb. 10.3. Das Applet läuft jetzt im Appletviewer. Alle Aktionen können wir testen und genau dokumentieren

Parallel zur grafischen Ausgabe liefert eine Konsole Informationen zu allen wichtigen Aktionen, die ausgeführt werden:

```
C:\Applets>appletviewer AppletZyklus.html
init
start
stop
```

```
start
stop
start
stop
start
stop
destroy
```

Der Appletviewer ist wirklich ein sehr nützliches Programm und dient neben der
Visualisierung auch der Fehleranalyse. Wir sollten immer bemüht sein, ein Pro-
gramm vor der Weitergabe oder sogar Veröffentlichung im Internet, auf Herz und
Nieren zu prüfen und frei von Fehlern zu machen.

10.5 Eine Applikation zum Applet umbauen

In den meisten Fällen ist es sehr einfach, eine Applikation zu einem Applet umzu-
funktionieren. Wir erinnern uns an die Klasse **FarbBeispiel** aus Abschn. 9.2.3.

```java
import java.awt.*;
import java.util.Random;

public class FarbBeispiel extends Frame {
    public FarbBeispiel(String titel) {
        setTitle(titel);
        setSize(500, 300);
        setBackground(Color.lightGray);
        setForeground(Color.red);
        setVisible(true);
    }

    public void paint(Graphics g){
        Random r = new Random();
        for (int y=30; y<getHeight()-10; y += 15)
            for (int x=12; x<getWidth()-10; x += 15) {
                g.setColor(new Color(r.nextInt(256),
                                     r.nextInt(256),
                                     r.nextInt(256)));
                g.fillRect(x, y, 10, 10);
                g.setColor(Color.BLACK);
                g.drawRect(x - 1, y - 1, 10, 10);
            }
    }

    public static void main(String[] args) {
        FarbBeispiel t = new FarbBeispiel("Viel Farbe im Fenster");
    }
}
```

Jetzt wollen wir in wenigen Arbeitsschritten daraus ein Applet erstellen.

10.5.1 Konstruktor zu init

Da ein Applet keinen Konstruktor benötigt, wird die Klasse innerhalb einer HTML-
Seite erzeugt. Dieses Beispiel zeigt, wie wir Parameter innerhalb der Webseite
benennen und später diese Namen im Programmcode verwenden können.

10.5 Eine Applikation zum Applet umbauen   165

```html
<HTML>
  <BODY>
    <APPLET CODE = "FarbBeispielApplet.class" WIDTH=500 HEIGHT=300>
      <PARAM NAME="width"  VALUE=500>
      <PARAM NAME="height" VALUE=300>
      <PARAM NAME="titel"  VALUE="Farbe im Applet">
    </APPLET>
  </BODY>
</HTML>
```

HTML

An dieser Stelle können wir die Parameter für `width`, `height` und `titel` übergeben und in `init` auslesen und entsprechend setzen.

```java
import java.awt.*;
import java.applet.*;
import java.util.Random;

public class FarbBeispielApplet extends Applet {
    private int width;
    private int height;
    private String titel;

    public void init() {
        // Parameterübernahme
        width  = Integer.parseInt(getParameter("width"));
        height = Integer.parseInt(getParameter("height"));
        titel  = getParameter("titel");

        setSize(width, height);
        setBackground(Color.lightGray);
        setForeground(Color.red);
    }
```

10.5.2 paint-Methoden anpassen

Für unser Beispiel können wir den Inhalt der `paint`-Methode sogar komplett übernehmen:

```java
    public void paint(Graphics g){
        Random r = new Random();
        for (int y=30; y<getHeight()-10; y += 15)
            for (int x=12; x<getWidth()-10; x += 15) {
                g.setColor(new Color(r.nextInt(256),
                                     r.nextInt(256),
                                     r.nextInt(256)));
                g.fillRect(x, y, 10, 10);
                g.setColor(Color.BLACK);
                g.drawRect(x - 1, y - 1, 10, 10);
            }
    }
}
```

Das Applet ist damit schon fertig, wir können es mit dem Appletviewer starten und erhalten die gleiche Ausgabe.

10.5.3 TextField-Beispiel zum Applet umbauen

Im ersten Applet gab es keine Ereignisbehandlung. Aber auch dafür wollen wir uns ein einfaches Beispiel anschauen, z. B. das **TextField**-Programm aus Abschn. 9.3.2.3. Nach der Konvertierung zu einem Applet sieht es wie folgt aus:

```java
import java.awt.*;
import java.awt.event.*;
import java.applet.*;

public class GUI_Button_TextField_Applet extends Applet{
    private int    width;
    private int    height;
    private String titel;

    Button    button1;
    Label     label1;
    TextField textfield1;

    public void init() {
        // Parameterübergabe
        width  = Integer.parseInt(getParameter("width"));
        height = Integer.parseInt(getParameter("height"));
        titel  = getParameter("titel");
        setSize(width, height);

        // wir bauen einen ActionListener, der nur auf Knopfdruck
        // reagiert
        ActionListener aktion = new Knopfdruck();

        setLayout(new FlowLayout());

        textfield1 = new TextField("hier steht schon was", 25);
        add(textfield1);

        button1 = new Button("Knopf");
        add(button1);
        button1.addActionListener(aktion);
        button1.setActionCommand("b1");

        label1 = new Label("noch steht hier nicht viel");
        add(label1);
    }

    private void button1Clicked(){
        String txt = textfield1.getText();
        label1.setText(txt);
    }

    // ************************************************************
    // Innere Klassen für das Eventmanagement
    class Knopfdruck implements ActionListener{
        public void actionPerformed (ActionEvent e){
            // wir behandeln die Ereignisse
            String cmd = e.getActionCommand();
            if (cmd.equals("b1"))
                button1Clicked();
        }
    }
    // ************************************************************
}
```

Die Ereignisbehandlung verhält sich analog zu den bisher bekannten Applikationen und liefert wieder die gleiche Ausgabe.

10.6 Flackernde Applets vermeiden

Bei den ersten eigenen Applets wird die unangenehme Eigenschaft auftauchen, dass sie flackern. Dazu benötigen wir wieder eine HTML-Datei, die unser Applet beherbergt:

```
1  <HTML>
2    <BODY>
3      <APPLET width=472 height=482 code="BildUndStrukturFlackern.class">
4      </APPLET>
5    </BODY>
6  </HTML>
```

Im Programm wird gleich die Mausfunktion `mouseMoved` vorgestellt, die immer dann ausgeführt wird, wenn wir die Maus über das Applet bewegen. Schauen wir uns dazu jetzt den folgendes Programmcode an:

```
1   import java.applet.*;
2   import java.awt.*;
3   import java.awt.event.*;
4   import java.util.Random;
5
6   /* Bild als Hintergrund und mausempfindliche Linienstruktur im
7      Vordergrund erzeugt unangenehmes flackern */
8   public class BildUndStrukturFlackern extends Applet {
9       int width, height, mx, my, counter=0;
10      final int N=100;
11      Point[] points;
12      Image img;
13      Random r;
14
15      public void init() {
16          width  = getSize().width;
17          height = getSize().height;
18          setBackground(Color.black);
19
20          // Mauskoordinaten und MouseMotionListener
21          addMouseMotionListener(new MouseMotionHelper());
22
23          img = getImage(getDocumentBase(), "apfelmaennchen.jpg");
24          r = new Random();
25      }
26
27      // ***********************************************************
28      // Klassenmethoden
29      private void zeichneLinien(Graphics g){
30          for (int i=1; i<N; i++) {
31              // wähle zufällige Farbe
32              g.setColor(new Color(r.nextInt(256),
33                                   r.nextInt(256),
34                                   r.nextInt(256)));
35
36              // verbinde die Punkte
37              g.drawLine(mx+(int)((r.nextFloat()-0.2)*(width /2)),
38                         my+(int)((r.nextFloat()-0.2)*(height/2)),
39                         mx+(int)((r.nextFloat()-0.2)*(width /2)),
40                         my+(int)((r.nextFloat()-0.2)*(height/2)));
41          }
42      }
43
```

```java
44  private void zeichneBild(Graphics g){
45      g.drawImage(img, 0, 5, this );
46  }
47  // *************************************************************
48
49  // *************************************************************
50  private class MouseMotionHelper extends MouseMotionAdapter{
51      // Maus wird innerhalb der Appletflaeche bewegt
52      public void mouseMoved(MouseEvent e) {
53          mx = e.getX();
54          my = e.getY();
55          showStatus("Maus (x="+mx+", y="+my+") Counter:"+counter);
56          // ruft die paint-Methode auf
57          repaint();
58          e.consume();
59      }
60  }
61  // *************************************************************
62
63  public void paint(Graphics g) {
64      zeichneBild(g);
65      zeichneLinien(g);
66      counter++;
67  }
68 }
```

Bei der Bewegung der Maus über das Apfelmännchenbild werden zufällige Linien mit zufälligen Farben erzeugt und angezeigt. Die Darstellung ist relativ rechenintensiv und das Applet beginnt zu Flackern (siehe Abb. 10.4).

Ganz nebenbei erfahren wir in diesem Beispiel, wie wir dem Browser mit der Methode showStatus eine Ausgabe geben können.

Abb. 10.4. Ein Bild wird geladen und wenn die Maus über das Applet bewegt wird, werden zufällige Linien erzeugt und angezeigt. Das Bild fängt an zu flackern

10.6 Flackernde Applets vermeiden   169

10.6.1 Die Ghosttechnik anwenden

Unsere erste Idee an dieser Stelle könnte sein, die Darstellung in der Art zu beschleunigen, dass wir zunächst auf einem unsichtbaren Bild arbeiten und dieses anschließend in den Fensterbereich kopieren.

Diese Technik könnten wir als **Ghosttechnik** bezeichnen, da wir auf einem unsichtbaren Bild die Zeichnung wie von Geisterhand anfertigen und erst anschließend anzeigen lassen. Eine andere gängige Bezeichnung dafür ist auch Doppelpufferung (double buffering). Alle Änderungen zur vorherigen Version sind gesondert gekennzeichnet.

```java
import java.applet.*;
import java.awt.*;
import java.awt.event.*;
import java.util.Random;

public class BildUndStrukturFlackernGhost extends Applet {
    int width, height, mx, my, counter=0;
    final int N=100;
    Point[] points;
    Image img;

    // +++++++++++++++++++
    Image img_ghost;
    Graphics g_ghost;
    // +++++++++++++++++++

    Random r;

    public void init() {
        width  = getSize().width;
        height = getSize().height;
        setBackground(Color.black);

        // Mauskoordinaten und MouseMotionListener
        addMouseMotionListener(new MouseMotionHelper());

        img = getImage(getDocumentBase(), "fractalkohl.jpg");

        // +++++++++++++++++++
        img_ghost = createImage(width, height);
        g_ghost   = img_ghost.getGraphics();
        // +++++++++++++++++++

        r = new Random();
    }

    // ****************************************************************
    // Klassenmethoden
    private void zeichneLinien(Graphics g){
        for (int i=1; i<N; i++) {
            // wähle zufällige Farbe
            g.setColor(new Color(r.nextInt(256),
                                 r.nextInt(256),
                                 r.nextInt(256)));

            // verbinde N zufällig erzeugte Punkte
            g.drawLine(mx+(int)((r.nextFloat()-0.2)*(width /2)),
                       my+(int)((r.nextFloat()-0.2)*(height/2)),
                       mx+(int)((r.nextFloat()-0.2)*(width /2)),
```

```
50              my+(int)((r.nextFloat()-0.2)*(height/2)));
51        }
52    }
53
54    private void zeichneBild(Graphics g){
55        g.drawImage(img, 0, 0, this);
56    }
57    // ***********************************************************
58
59    // ***********************************************************
60    private class MouseMotionHelper extends MouseMotionAdapter{
61        // Maus wird innerhalb der Appletflaeche bewegt
62        public void mouseMoved(MouseEvent e) {
63            mx = e.getX();
64            my = e.getY();
65            showStatus("Maus (x="+mx+", y="+my+") Counter:"+counter);
66            // ruft die paint-Methode auf
67            repaint();
68            e.consume();
69        }
70    }
71    // ***********************************************************
72
73    public void paint(Graphics g) {
74        zeichneBild(g_ghost);
75        zeichneLinien(g_ghost);
76
77        // ++++++++++++++++++++
78        g.drawImage(img_ghost, 0, 0, this);
79        // ++++++++++++++++++++
80
81        counter++;
82    }
83 }
```

Wenn wir dieses Applet starten, müssen wir ebenfalls ein Flackern feststellen, das sogar ein wenig schlimmer geworden ist. Im Prinzip stellt diese Technik eine bekannte Optimierung dar, aber wir müssen einen weiteren Trick kennen, um das Flackern zu vermeiden.

In Kombination mit dem folgenden Tipp, lassen sich in Applets sehr rechenintensive Grafikausgaben schön realisieren.

10.6.2 Die update-Methode überschreiben

Der Grund für das permanente Flackern ist der Aufruf der update-Funktion. Die update-Funktion sorgt dafür, dass zunächst der Hintergrund gelöscht und anschließend die paint-Methode aufgerufen wird, um den neuen Fensterinhalt zu zeichnen.

Da wir aber von der Appletklasse erben, können wir diese Methode einfach überschreiben! Der entsprechende Abschnitt könnte dann beispielsweise so angepasst werden:

```
public void update(Graphics g) {
    zeichneBild(g_ghost);
    zeichneLinien(g_ghost);
```

```
      g.drawImage(img_ghost, 0, 0, this);
}

public void paint(Graphics g) {
    update(g);
    counter++;
}
```

Das gestartete Applet zeigt nun kein Flackern mehr. Sollte es bei einigen Browsern doch noch flackern, könnte es daran liegen, dass das fehlerhafte Applet noch im Speicher ist und nicht neu geladen wurde. An dieser Stelle hilft es, den Browser neu zu starten.

10.7 Ein Beispiel mit mouseDragged

Abschließend wollen wir uns noch ein Beispiel für die Verwendung der Methode mouseDragged anschauen und damit ein weiteres Beispiel der Funktionen in Aktion sehen, die bei einem **MouseEvent** auftreten können.

Mit der Maus kann in diesem Beispielprogramm ein kleines Objekt mit der gedrückten linken Maustaste verschoben werden. Wird die Maustaste am Zielort losgelassen, bleibt das Objekt dort liegen. In unserem Beispiel kann ein kleiner Elch im schwedischen Sonnenuntergang platziert werden.

```
1   import java.applet.*;
2   import java.awt.*;
3   import java.awt.event.*;
4
5   public class MausBild extends Applet {
6       int width, height, x, y, mx, my;
7       Image img, img2, img_ghost;
8       Graphics g_ghost;
9       boolean isInBox = false;
10
11      public void init() {
12          width  = getSize().width;
13          height = getSize().height;
14          setBackground(Color.black);
15
16          addMouseListener(new MouseHelper());
17          addMouseMotionListener(new MouseMotionHelper());
18
19          img  = getImage(getDocumentBase(), "schweden.jpg");
20          img2 = getImage(getDocumentBase(), "elch.jpg");
21
22          img_ghost = createImage(width, height);
23          g_ghost   = img_ghost.getGraphics();
24
25          // mittige Position für den Elch zu Beginn
26          x = width/2  - 62;
27          y = height/2 - 55;
28      }
29
30      // ************************************************************
```

```
private class MouseHelper extends MouseAdapter{
    public void mousePressed(MouseEvent e) {
        mx = e.getX();
        my = e.getY();
        // ist die Maus innerhalb des Elch-Bildes?
        if (x<mx && mx<x+124 && y<my && my<y+111)
            isInBox = true;
        e.consume();
    }

    public void mouseReleased(MouseEvent e) {
        isInBox = false;
        e.consume();
    }
}
// ************************************************************

// ************************************************************
private class MouseMotionHelper extends MouseMotionAdapter{
    public void mouseDragged(MouseEvent e) {
        if (isInBox) {
            int new_mx = e.getX();
            int new_my = e.getY();

            // Offset ermitteln
            x += new_mx - mx;
            y += new_my - my;
            mx = new_mx;
            my = new_my;

            repaint();
            e.consume();
        }
    }
}
// ************************************************************

public void update( Graphics g ) {
    g_ghost.drawImage(img, 0, 0, this);
    g_ghost.drawImage(img2, x, y, this);
    g.drawImage(img_ghost, 0, 0, this);
}

public void paint( Graphics g ) {
    update(g);
}
}
```

Die Variablen `mx` und `my` speichern die aktuelle Mausposition, wenn die linke Maustaste gedrückt wurde. Die Methode `mousePressed` setzt den `boolean` `isInBox` auf `true`, wenn die Maus innerhalb des Elchbildes gedrückt wurde.

Die Methode `mouseDragged` berechnet die neuen Koordinaten des Elchbildes und setzt das Bild neu, falls `isInBox` auf `true` gesetzt ist (siehe Abb. 10.5).

10.8 Diebstahl von Applets erschweren

Einen wichtigen Umstand bei der Veröffentlichung von Applets sollte jeder wissen. Der von Java erzeugte Byte-Code lässt sich mit verschiedenen Programmen wieder in Java-Code umwandeln (dekompilieren). Das bedeutet, dass die Inhalte unsere

10.8 Diebstahl von Applets erschweren

Abb. 10.5. Ein Elch im schwedischen Sonnenuntergang. Wir können das Elchbild beliebig verschieben und neu platzieren

Javaprogramme möglicherweise von anderen kopiert und an anderer Stelle unerlaubt verwendet werden können. Die schlechte Nachricht gleich vorweg: Verhindern können wir es nicht, nur erschweren.

Im folgenden Abschnitt wird kurz erläutert, wie ähnlich der Originalquellcode dem Quellcode nach dem Dekompilieren aussieht und anschließend Lösungen vorgestellt, diesen Diebstahl zu erschweren.

10.8.1 Download und Dekompilierung

Für unser Beispiel wollen wir davon ausgehen, dass unser letztes Applet-Beispiel auf einer Internetseite zur Verfügung steht. Dazu muss auch die Datei „MausBild.class" irgendwo von der HTML-Seite aus sichtbar sein. Ein einfacher Blick im Browser auf den Webseitenquelltext zeigt oft die Position der Datei an. Jetzt benötigen wir nur noch eines der zahlreichen im Internet erhältlichen Programme zum Dekompilieren.

Ich möchte nicht den genauen Weg aufzeigen, wie wir den Code generieren aber mal das Ergebnis zeigen, das mit einem weitverbreiteten Dekompilierer erzeugt wird.

```java
import java.applet.Applet;
import java.awt.*;
import java.awt.event.*;
public class MausBild extends Applet{
    private class MouseMotionHelper extends MouseMotionAdapter{
        public void mouseDragged(MouseEvent mouseevent){
            if(isInBox){
                int i = mouseevent.getX();
                int j = mouseevent.getY();
                x += i - mx;
                y += j - my;
                mx = i;
                my = j;
                repaint();
```

```java
            mouseevent.consume();
         }
      }
      final MausBild this$0;
      private MouseMotionHelper(){
         this$0 = MausBild.this;
         super();
      }
   }
   private class MouseHelper extends MouseAdapter{
      public void mousePressed(MouseEvent mouseevent){
         mx = mouseevent.getX();
         my = mouseevent.getY();
         if(x < mx && mx < x + 124 && y < my && my < y + 111)
            isInBox = true;
         mouseevent.consume();
      }

      public void mouseReleased(MouseEvent mouseevent){
         isInBox = false;
         mouseevent.consume();
      }
      final MausBild this$0;
      private MouseHelper() {
         this$0 = MausBild.this;
         super();
      }
   }
   public MausBild(){
      isInBox = false;
   }
   public void init(){
      width = getSize().width;
      height = getSize().height;
      setBackground(Color.black);
      addMouseListener(new MouseHelper());
      addMouseMotionListener(new MouseMotionHelper());
      img = getImage(getDocumentBase(), "schweden.jpg");
      img2 = getImage(getDocumentBase(), "elch.jpg");
      img_ghost = createImage(width, height);
      g_ghost = img_ghost.getGraphics();
      x = width / 2 - 62;
      y = height / 2 - 55;
   }

   public void update(Graphics g){
      g_ghost.drawImage(img, 0, 0, this);
      g_ghost.drawImage(img2, x, y, this);
      g.drawImage(img_ghost, 0, 0, this);
   }
   public void paint(Graphics g){
      update(g);
   }
   int width;
   int height;
   int x;
   int y;
   int mx;
   int my;
   Image img;
   Image img2;
   Image img_ghost;
   Graphics g_ghost;
   boolean isInBox;
}
```

10.9 Zusammenfassung und Aufgaben 175

Wenn man das zum ersten Mal sieht, ist das schon etwas erschreckend. Um Code-Piraterie oder noch viel schlimmer, das Auslesen oder Manipulieren von personenbezogenen bzw. geschützten Daten zu verhindern, müssen Programme noch einer kleinen Kur unterzogen werden.

10.8.2 Verwirrung durch einen Obfuscator

Die Rückgewinnung des Quellcodes aus einer kompilierten Version wird auch als Reverse Engineering bezeichnet. Es gibt Programme, die das erschweren können. Dazu wird der Quellcode vor der Kompilierung durch einen Obfuscator (obfuscate bedeutet „verdunkeln" oder „verwirren") geschickt und verändert (z. B. mit yGuard [68], proGuard [67] oder JavaGuard [69]).

Es werden dabei beispielsweise Variablen umbenannt, Codezeilen transformiert, Funktionen gemischt oder überflüssige Codepassagen eingefügt. Das Programm sollte nach der anschließenden Kompilierung allerdings noch das gleiche leisten wie vorher, darf allerdings minimal langsamer sein.

Besser ist es allerdings, sensible Daten garnicht erst nicht in den Quellcode zu schreiben und diese aus einer Datenbank nachzuladen.

Damit beenden wir erst einmal unsere Reise in die Welt der Applets und vertiefen in den noch folgenden Kapiteln unsere Programmierkenntnisse mit praktischen Anwendungen. Wir sind jetzt in der Lage, durch verschiedene Gebiete der Informatik zu streifen und die dort auftretenden Probleme zu verstehen, zu analysieren und anschließend Programme zur Lösung dieser Probleme zu entwickeln.

10.9 Zusammenfassung und Aufgaben

Applets sind eine feine Sache und bieten uns die Möglichkeit, unsere Programme im Internet zu präsentieren. Applikationen lassen sich oft relativ schnell in Applets umwandeln. Wenn einmal verstanden wurde, wie sich rechenintensive Ausgaben durch die Ghosttechnik und dem Überschreiben der update-Methode realisieren lassen, können Internetanwendungen dem Entwickler und dem Anwender sehr viel Spaß bereiten.

Aufgaben

Übung 1) Bieten Sie Ihren im vorigen Abschnitt entwickelten **Taschenrechner** oder eine der anderen Anwendungen auf einer Webseite als Applet an.

Übung 2) Entwickeln Sie ein interaktives Brettspiel für zwei Spieler in einem Applet (Dame, Mühle, TicTacToe, Vier gewinnt, ...). Die Spieler können abwechseln ihre Züge abgeben und eine Spiellogik sollte überprüfen, ob die abgegebenen Aktionen legal sind und ob ein Spielende erreicht ist. Der Sieger sollte eine entsprechende Gewinnausgabe erhalten.

Alternativ können Sie sich auch schon an der Implementierung eines Spiels versuchen, bei dem es nur ein Spieler gibt und dieser mit der Spielwelt interagiert (MineSweeper, BreakOut, ...).

Übung 3) Die natürliche Zahl n heißt perfekte Zahl, wenn sie die Summe aller ihrer Teiler ist (wobei 1 mitzählt, n selbst aber nicht). Die kleinste perfekte Zahl ist $6 = 1 + 2 + 3$. Entwickeln Sie eine nichtterminierende Methode `void perfect()`, die die perfekten Zahlen ausgibt.

11

Tag 11: Techniken der Programmentwicklung

In diesem Kapitel werden wir weniger auf die Effizienz einzelner Problemlösungen zu sprechen kommen, als vielmehr verschiedene Ansätze aufzeigen, mit denen Probleme gelöst werden können. Es soll ein Einblick in die verschiedenen Programmiertechniken gegeben werden, die beim Entwurf von Programmen zum Einsatz kommen können.

In diesem Kapitel werden zunächst ein paar Begriffe und Techniken erläutert und anschließend durch kleine algorithmische Probleme und deren Lösungen gefestigt. Im zweiten Teil des Kapitels beschäftigen wir uns mit Lösungen zur Sortierung von Daten.

M. Block, *JAVA-Intensivkurs*
DOI 10.1007/978-3-642-03955-3, © Springer 2010

11.1 Der Begriff Algorithmus

Das Thema **Algorithmik** ist ein weites Feld und beschäftigt sich mit der effizienten Lösung von Problemen. Es gibt verschiedene Möglichkeiten an ein Problem heranzugehen und ein Programm zu schreiben, das dieses Problem löst. Manchmal ist es sogar möglich, ein allgemeines Programm zu formulieren, mit dem sogar viele ähnliche Probleme gelöst werden können.

Wie der Name Algorithmik vermuten lässt, beschäftigen wir uns im Folgenden intensiv mit dem Begriff **Algorithmus**. Die Definitionen von Algorithmus und Programm (siehe dazu Abschn. 2.2) sind sehr verwandt, wobei der Algorithmus etwas abstrakter zu verstehen ist.

Mit **Algorithmen** bezeichnen wir genau definierte Handlungsvorschriften zur Lösung eines Problems oder einer bestimmten Art von Problemen [49]. Es geht darum, eine genau spezifizierte Abfolge von Anweisungen auszuführen, um ein gegebenes Problem zu lösen.

11.2 Techniken zum Entwurf von Algorithmen

Einige bekannte Techniken für den Entwurf von Algorithmen werden wir in dem folgenden Abschnitt kennenlernen. Dabei werden uns Beispiele helfen, die Ideen hinter den jeweiligen Entwurfsschemata zu verstehen.

11.2.1 Prinzip der Rekursion

Im Abschn. 5.1 haben wir gelernt, dass es sinnvoll ist, Programmteile zusammenzufassen und unsere Programme modular zu gestalten. Unsere Module sind meistens Funktionen, die für bestimmte Eingaben etwas ausführen oder berechnen sollen und möglicherweise sogar ein Ergebnis liefern. Falls wir einen Programmabschnitt mehrmals verwenden wollen, brauchen wir diesen nicht mehrfach zu schreiben, es genügt den Funktionsnamen und die Eingabeparameter anzugeben.

Rekursion bedeutet jetzt, dass wir eine Funktion schreiben, die sich selber wieder aufruft. Das klingt zunächst sehr sonderbar, hat aber durchaus Vorteile.

Angenommen wir haben ein Problem zu lösen, dass auf einer großen Datenmenge basiert. Die Idee hinter der Rekursion ist nun, dass wir das Problem bei jedem Rekursionsschritt kleiner machen und zuerst versuchen, das kleinere Problem zu lösen. Durch eine geeignete Verknüpfung der Lösung des kleineren Problems mit dem eigentlichen Problem hoffen wir das Gesamtproblem lösen zu können. Der Aufruf der Funktion durch sich selbst wird so oft vorgenommen, bis ein so kleines Problem vorliegt, dass dessen Lösung direkt formuliert werden kann. Wir sprechen in diesem Fall von einem Rekursionsanker.

11.2 Techniken zum Entwurf von Algorithmen 179

Als konkrete Beispiele schauen wir uns jetzt die Berechnung der Fakultätsfunktion und der Fibonacci-Zahlen an.

Rekursionsbeispiel Fakultät

Die Fakultät $n!$ für eine natürliche Zahl n ist definiert als

$$n! := n \cdot (n-1) \cdot (n-2) \cdot \ldots \cdot 2 \cdot 1,$$

wobei per Definition $0! = 1$ ist. Sicherlich können wir schnell eine Funktion schreiben, die für eine Eingabe n diese Berechnung vornimmt, z. B.:

```java
public static int fakultaet(int n){
    int erg = 1;
    for (int i=n; i>1; i--)
        erg *= i;
    return erg;
}
```

Wir können die Funktion `fakultaet` durch die Anwendung der Rekursionstechnik sehr viel eleganter aufschreiben:

```java
public static int fakultaet(int i){
    if (i==0)
        return 1;
    else
        return i * fakultaet(i-1);
}
```

In den meisten Fällen verkürzt sich die Notation durch eine rekursive Formulierung erheblich. Die Programme werden zwar kürzer und anschaulicher, aber der interne Speicher- und Zeitaufwand nimmt mit jedem Rekursionsschritt zu. Bei der Abarbeitung einer rekursiven Funktion, werden in den meisten Fällen alle in der Funktion vorkommenden Parameter erneut im Speicher angelegt und mit diesen weitergearbeitet. Für zeitkritische Programme sollte bei der Implementierung aus Gründen der Effizienz auf Rekursion verzichtet werden.

Die rekursiv formulierte Fakultätsfunktion lässt sich für $n = 4$ beispielsweise mit folgender Befehlszeile in einem Javaprogramm aufrufen

```java
int ergebnis = fakultaet(4);
```

und arbeitet diesen Aufruf wie folgt ab:

```
fakultaet(4) = 4*fakultaet(3)              — Rekursion
             = 4*(3*fakultaet(2))          — Rekursion
             = 4*(3*(2*fakultaet(1)))      — Rekursion
             = 4*(3*(2*(1*fakultaet(0))))  — Rekursion
             = 4*(3*(2*(1*1)))             — Rekursionsanker
             = 24
```

Rekursionsbeispiel Fibonacci-Zahlen

Die Fibonacci-Folge ist ein häufig verwendetes Beispiel für rekursive Methoden. Sie beschreibt beispielsweise das Populationverhalten von Kaninchen. Zu Beginn gibt es ein Kaninchenpaar und jedes neugeborene Paar wird nach zwei Monaten geschlechtsreif. Geschlechtsreife Paare werfen pro Monat ein weiteres Paar.

Die ersten n Zahlen dieser Folge sind wie folgt definiert

$$fib(0) = 0 \,, \quad fib(1) = 1 \quad \text{und} \quad fib(n) = fib(n-1) + fib(n-2) \,, \quad \text{für } n \geq 2$$

Die Definition selbst ist bereits schon rekursiv angegeben. Beginnend bei dem kleinsten Funktionswert lässt sich diese Folge, da der neue Funktionswert gerade die Summe der beiden Vorgänger ist, leicht aufschreiben:

$$0, 1, 1, 2, 3, 5, 8, 13, 21, 34, 55, 89, \dots$$

Eine Javafunktion dafür zu schreiben ist sehr einfach und als Übungsaufgabe im Aufgabenteil zu finden.

11.2.2 Brute Force

Die Übersetzung dieser Technik klingt zunächst sehr verwirrend. **Brute Force** bedeutet direkt übersetzt soviel wie „rohe Gewalt" [50]. Damit ist gemeint, dass alle möglichen Kombination, die für eine Lösung in Frage kommen können, durchprobiert werden. Claude Elwood Shannon, der in diesem Zusammenhang erwähnt werden muss, hat die Schachprogrammieralgorithmen damit revolutioniert.

Seine Idee, Brute-Force mit einer Bewertungsfunktion zu verknüpfen und daraus den besten Zug zu ermitteln, war revolutionär für die Spieltheorie. Das von ihm 1949 veröffentlichte Verfahren ist unter dem Namen **MinMax-Algorithmus** bekannt [31]. Später im Jahre 1958 haben Newell, Shaw und Simon [32] dieses Verfahren zu dem **Alpha-Beta-Algorithmus** erweitert und gezeigt, dass man auf die Berechnung einer ganzen Reihe von schlechten Zügen verzichten kann, wenn die guten Züge in den zu untersuchenden Zuglisten weit vorne stehen [33].

Die Algorithmen moderner Schachprogramme basieren auf dem Brute-Force-Ansatz. Alle möglichen Züge bis zu einer bestimmten Suchtiefe werden ausprobiert und die resultierenden Stellungen bewertet. Anschließend führen die berechneten Bewertungen dazu, aus den zukünftigen möglichen Stellungen den für die aktuelle Stellung besten Zug zu bestimmen.

Eine ausführliche Analyse mit Implementierung des MinMax-Algorithmus zur Berechnung des besten Spielzugs, wird es in Kap. 13 beim Spieleprojekt TicTacToe geben.

11.2 Techniken zum Entwurf von Algorithmen

11.2.3 Greedy

Greedy bedeutet *gierig*, und genau so lässt sich diese Entwurfstechnik auch am besten beschreiben. Für ein Problem, dass in Teilschritten gelöst werden kann, wird für jeden Teilschritt die Lösung ausgewählt, die den aktuell größtmöglichen Gewinn verspricht. Das hat aber zur Folge, dass der Algorithmus für bestimmte Problemstellungen nicht immer zwangsläufig die beste Lösung findet. Es gibt aber Klassen von Problemen, bei denen dieses Verfahren erfolgreich arbeitet.

Als praktisches Beispiel nehmen wir die Geldrückgabe an einer Kasse. Kassierer verfahren meistens nach dem Greedy-Algorithmus. Gebe zunächst den Schein oder die Münze mit dem größtmöglichen Wert heraus, der kleiner oder gleich der Restsumme ist. Mit dem Restbetrag wird gleichermaßen verfahren. Ein Beispiel ist in Abb. 11.1 zu sehen.

Für das Geldrückgabe-Problem liefert der Algorithmus immer eine korrekte Lösung. Hier sei angemerkt, dass es viele Problemlösungen der Graphentheorie gibt, die auf der Greedy-Strategie basieren [25, 26].

11.2.4 Dynamische Programmierung und Memoisation

Bei der Dynamischen Programmierung wird die optimale Lösung aus optimalen Teillösungen zusammengesetzt. Teillösungen werden dabei in einer geeigneten Datenstruktur gespeichert, um kostspielige Rekursionen zu vermeiden. Rekursion kann kostspielig sein, wenn gleiche Teilprobleme mehrfach gelöst werden. Einmal berechnete Ergebnisse werden z. B. in Tabellen gespeichert und später wird gegebenenfalls darauf zugegriffen.

Memoisation ist dem Konzept der Dynamischen Programmierung sehr ähnlich. Eine Datenstruktur wird dabei verwendet, um bereits ermittelte Daten, die durch einen Funktionsaufruf berechnet wurden, an einer späteren Stelle wiederzuverwenden. Anhand der uns bereits gut bekannten Fibonacci-Zahlen wollen wir diese beiden Verfahren untersuchen und vergleichen.

Fibonacci-Zahlen mit Dynamischer Programmierung

Die Erzeugung der Fibonacci-Zahlen lässt sich mit Dynamischer Programmierung gegenüber der Version aus Abschn. 11.2.1 wesentlich effizienter realisieren (siehe Abb. 11.2).

Abb. 11.1. Rückgabe von 1 Euro und 68 Cent in Münzen von links nach rechts

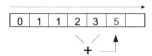

Abb. 11.2. Ein neuer Funktionswert in der Fibonacci-Folge ergibt sich aus der Addition der zwei Vorgänger

Wir müssen dafür eine geeignete Datenstruktur wählen. In diesem Fall ist eine Liste sehr hilfreich und damit können wir das Programm in etwa so formulieren (Pseudocode):

```
n-elementige, leere Liste fibi erzeugen
fibi[0] = 0
fibi[1] = 1
for (i=2 to n)
    fibi[i] = fibi[i-1] + fibi[i-2]
```

Die Funktionswerte werden in einer Schleife ermittelt und können anschließend ausgegeben werden.

Fibonacci-Zahlen mit Memoisation

Im folgenden Beispiel verwenden wir die Datenstruktur **fibi** im Rekursionsprozess, um bereits ermittelte Zwischenlösungen wiederzuverwenden (Pseudocode):

```
m-elementige, leere Liste fibi erzeugen
fibi[0] = 0
fibi[1] = 1
```

Die Initialisierung muss einmal beim Programmstart ausgeführt werden und erzeugt eine m-elementige, leere Liste **fibi**. Die ersten zwei Elemente tragen wir ein. Bei der Anfrage $fib(n)$ mit einem n das kleiner als m ist, wird die Teilfolge der Fibonaccizahlen bis n in die Datenstruktur eingetragen (Pseudocode):

```
fib(n) = if (fibi[n] enthält einen Wert)
            return fibi[n]
         else {
            fibi[n] = fib(n-1) + fib(n-2)
            return fibi[n]
         }
```

Entweder ist der Funktionswert bereits einmal berechnet worden und kann über die Liste fibi zurückgegeben werden oder er wird rekursiv ermittelt und gespeichert.

Ein Beispiel für Dynamische Programmierung aus der Bioinformatik zur Berechnung der Ähnlichkeit zweier Sequenzen wäre der *Needleman-Wunsch-Algorithmus*, den wir in Abschn. 11.4.3 noch besprechen werden.

11.2.5 Teile und Herrsche

Das Teile-und-Herrsche-Verfahren (Divide-and-Conquer) arbeitet rekursiv. Ein Problem wird dabei, im **Divide-Schritt**, in zwei oder mehrere Teilprobleme aufgespalten. Das wird solange gemacht, bis die entstandenen Teilprobleme klein genug sind, um direkt gelöst zu werden. Die Lösungen werden dann in geeigneter Weise, im **Conquer-Schritt**, kombiniert und liefern am Ende eine Lösung für das Originalproblem.

Viele effiziente Algorithmen basieren auf dieser Technik [24, 23, 21]. In Abschn. 11.4.2.3 werden wir die Arbeitsweise von Divide-and-Conquer anhand des Sortieralgorithmus *QuickSort* genauer unter die Lupe nehmen.

11.3 Algorithmen miteinander vergleichen

Um Algorithmen analysieren und miteinander vergleichen zu können, müssen wir ein geeignetes Maß finden. Zum Scheitern verurteilt wäre sicherlich die Idee, mit einer Stoppuhr die verwendete Zeit für die Lösung eines Problems auf einem Rechner zu messen oder den Speicheraufwand zu notieren. Computer unterscheiden sich zu stark und die benötigte Zeit zur Lösung eines Problems auf einem einzigen Computer sagt nicht sehr viel über die Schnelligkeit der Lösung des Problems im Allgemeinen aus.

Es benötigt ein größeres Abstraktionsniveau, das unabhängig vom Rechner, dem Compiler und der verwendeten Programmiersprache ist. Daher wird die Anzahl der Elementaroperationen auf einem abstrakten Rechenmodell abgeschätzt.

Bei der Laufzeitanalyse eines Algorithmus lässt sich das Verhalten für unterschiedliche Situationen ermitteln. Beispielsweise ist man daran interessiert zu erfahren, wie sich dieser Algorithmus bei der schlechtmöglichsten Eingabe verhält (*worst-case-Analyse*). Es könnte auch interessant sein, eine Abschätzung für den Aufwand über alle möglichen Eingaben (*average-case-Analyse*) zu untersuchen [24, 21]. Schauen wir uns dazu ein kleines Beispiel an.

Laufzeitanalyse der rekursiven Fakultätsfunktion

Die Fakultätsfunktion verhält sich im *average-* und *worst-case* gleich, da der Algorithmus immer den gleichen Weg zur Lösung eines Problems geht, unabhängig von der Eingabe.

```
fac(1) = 1
fac(n) = n * fac(n-1)
```

Um für einen gegebenen Wert n die Fakultät zu berechnen, bedarf es $n-1$ Multiplikationen. Normalerweise spielt aber die Größe der Eingabe auch eine entscheidende Rolle. Das ist für unsere einfache Vorstellung der Laufzeitanalyse an dieser Stelle nicht wichtig. Wird n sehr groß (und das ist der interessante Fall) kann man die -1 vernachlässigen. Daher werden wir dem Algorithmus eine **lineare** Laufzeit zuschreiben und sagen, dass seine Komplexität O(n) ist. O(n) bedeutet nichts anderes, als dass die benötigte Zeit zum Lösen des Problems linear mit der Größe der Eingabe n wächst.

11.4 Kleine algorithmische Probleme

Um die Techniken aus Abschn. 11.2 besser verstehen zu können, werden wir im folgenden Abschnitt kleine algorithmische Probleme lösen. Zu diesem Thema lassen sich sehr viele gute Bücher finden, aber die beiden folgenden dürfen in keiner Bibliothek fehlen: [19, 15].

11.4.1 Identifikation und Erzeugung von Primzahlen mit Brute Force

Primzahlen sind natürliche Zahlen, die nur durch 1 und sich selber ganzzahlig teilbar sind. Die kleinste Primzahl ist 2.

Um für eine Zahl p zu testen, ob sie diese Eigenschaften erfüllt und somit eine Primzahl ist, können wir die **Brute-Force** Strategie anwenden und einfach alle Zahlen, die kleiner als p sind, durchtesten. Wenn es eine Zahl q mit $2 <= q <= \sqrt{p}$ gibt, die p ganzzahlig teilt (also wo $p\%q == 0$ wahr ist), dann ist p keine Primzahl (für die Funktionsweise des Modulo-Operators siehe Abschn. 1.6.3).

Hier ein kleines Programm mit der Funktion istPrimzahl, die für eine Zahl p alle potentiellen Teiler von 2 bis $\sqrt{p}$, auf ganzzahlige Teilbarkeit überprüft.

```java
public class PrimZahlen {
    // Prüfe, ob p eine Primzahl ist
    public static boolean istPrimzahl(int p){
        boolean istPrim = true;
        if (p<2) return false;

        for (int i=2; i<=Math.sqrt(p); i++){
            if (p%i == 0){
                istPrim = false;
                break;
            }
        }
        return istPrim;
    }

    // Testet alle Zahlen von 0..1000 auf die Primzahleigenschaften
    public static void main(String[] args){
```

11.4 Kleine algorithmische Probleme

```
18      int pMax = 1000;
19      System.out.println("Primzahlen von 0 bis "+pMax);
20      for (int i=0; i<=pMax; i++)
21          if (PrimZahlen.istPrimzahl(i))
22              System.out.print(i+", ");
23  }
24 }
```

11.4.2 Sortieralgorithmen

Das Problem unsortierte Daten in eine richtige Reihenfolge zu bringen eignet sich gut, um verschiedene Programmiertechniken und Laufzeitanalysen zu veranschaulichen.

11.4.2.1 InsertionSort

Eine sehr einfache Methode Daten zu sortieren, ist das „Einfügen in den sortierten Rest". Die Vorgehensweise des Algorithmus ist mit zwei kleinen Bildchen, die die beiden Arbeitsschritte zeigen, sehr leicht verständlich. Wir sortieren eine Liste, indem wir durch alle Positionen der Liste gehen und das aktuelle Element an dieser Position in die Teilliste davor einsortieren.

Wenn wir das Element k einsortieren möchten, können wir davon ausgehen, dass die Teilliste vor diesem Element, die Positionen 1 bis $k-1$, bereits sortiert ist (siehe Abb. 11.3).

Um das Element k in die Liste einzufügen, prüfen wir für alle Elemente der Teilliste, beginnend beim letzten Element, ob das Element k kleiner ist, als das gerade zu prüfenden Element j. Sollte das der Fall sein, so rückt das Element j auf die Position $j+1$. Das wird solange gemacht, bis die richtige Position für das Element k gefunden wurde (siehe Abb. 11.4).

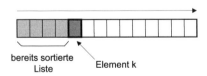

Abb. 11.3. Wir haben das Element k ausgewählt und wollen es jetzt in den sortierten Anfang einfügen

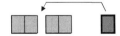

Abb. 11.4. Einfügen des Elements k in den sortierten Rest

Als Beispielimplementierung schauen wir uns die Klasse **InsertionSort** an:

```java
public class InsertionSort {
    private static void insert(int[] a, int pos){
        int value = a[pos];
        int j     = pos-1;

        // Alle Werte vom Ende zum Anfang der bereits sortierten Liste
        // werden solange ein Feld nach rechts verschoben, bis die
        // Position des Elements a[pos] gefunden ist. Dann wird das
        // Element an diese Stelle kopiert.
        while(j>0 && a[j]>value){
            a[j+1] = a[j];
            j--;
        }
        a[j+1] = value;
    }

    public static void sortiere(int[] x) {
        // "Einfügen in den sortierten Rest"
        for (int i=1; i<x.length; i++)
            insert(x, i);
    }

    public static void main(String[] args) {
        int[] liste = {0,9,4,6,2,8,5,1,7,3};
        sortiere(liste);
        for (int i=0; i<liste.length; i++)
            System.out.print(liste[i]+" ");
    }
}
```

Nach der Ausführung ist die int-Liste sortiert und wird ausgegeben.

```
C:\JavaCode>java InsertionSort
0 1 2 3 4 5 6 7 8 9
```

Zur Laufzeit können wir sagen, dass die Komplexität des Algorithmus im average case mit $O(n^2)$ quadratisch ist. Je besser die Daten vorsortiert sind, desto schneller arbeitet das Verfahren. Im best case ist sie sogar linear, also $O(n)$.

11.4.2.2 BubbleSort

Der BubbleSort-Algorithmus vergleicht der Reihe nach zwei benachbarte Elemente einer n-elementigen Liste x und vertauscht sie, falls sie nicht in der richtigen Reihenfolge vorliegen. Ist er am Ende der Liste angekommen wird der Vorgang wiederholt.

Der Algorithmus endet, wenn alle Elemente in der richtigen Reihenfolge vorliegen, im letzten Durchgang also keine Vertauschoperationen mehr stattgefunden haben. Dies geschieht nach maximal $(n-1) \cdot \frac{n}{2}$ Schritten.

Folgender Algorithmus würde immer die maximale Anzahl an Schritten ausführen, selbst wenn die Liste bereits sortiert ist.

11.4 Kleine algorithmische Probleme   187

```
for (i=1 to n-1)
    for (j=0 to n-i-1)
        if (x[j] > x[j+1])
            vertausche x[j] und x[j+1]
```

Bei einer effizienten Implementierung bricht der Algorithmus bereits ab, wenn keine
Tauschoperationen mehr durchgeführt wurden:

```java
 1  public class BubbleSort {
 2      public static void sortiere(int[] x) {
 3          boolean unsortiert=true;
 4          int temp;
 5
 6          while (unsortiert){
 7              unsortiert = false;
 8              for (int i=0; i<x.length-1; i++)
 9                  if (x[i] > x[i+1]) {
10                      temp      = x[i];
11                      x[i]      = x[i+1];
12                      x[i+1]    = temp;
13                      unsortiert = true;
14                  }
15          }
16      }
17
18      public static void main(String[] args) {
19          int[] liste = {0,9,4,6,2,8,5,1,7,3};
20          sortiere(liste);
21          for (int i=0; i<liste.length; i++)
22              System.out.print(liste[i]+" ");
23      }
24  }
```

Die Liste wird sortiert ausgegeben:

```
C:\JavaCode>java BubbleSort
0 1 2 3 4 5 6 7 8 9
```

Aus theoretischer Sicht ist dieser Sortieralgorithmus sehr ineffizient. Die Komplexität ist quadratisch, also $O(n^2)$ [24]. Aus praktischen Gesichtspunkten muss hier aber
gesagt werden, dass zu sortierende Listen, die bereits schon eine gewisse Vorsortie-
rung besitzen und nicht allzu groß sind, mit BubbleSort in der Praxis relativ schnell
zu sortieren sind.

Beispielsweise ist das in der Schachprogrammierung so. Es werden Listen von
legalen Zügen generiert und anschließend sortiert. Als Sortierungskriterium werden
meistens Funktionen verwendet, die auf Heuristiken, wie z.B. „*Wie oft hat sich dieser Zug in der Vergangenheit als sehr gut erwiesen...*", basieren. Da die Zuglisten
relativ kurz sind (im Schnitt unter 50) und durch intelligente Zuggeneratoren meistens schon gut vorsortiert wurden, eignet sich BubbleSort ausgezeichnet [30].

11.4.2.3 QuickSort

Der QuickSort-Algorithmus ist ein typisches Beispiel für die Entwurfstechnik Divide-and-Conquer. Um eine Liste zu sortieren, wird ein **Pivotelement** p ausgewählt

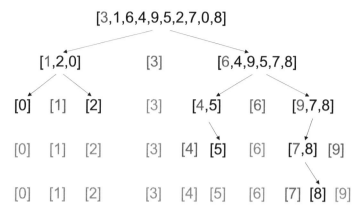

Abb. 11.5. Die zu sortierende Liste (*oben*) wird rekursiv nach den entsprechenden Pivotelementen (*rot*) zerlegt

und die Elemente der Liste in zwei neue Listen gespeichert. Diese Zerlegung hat die Eigenschaft, dass in der ersten Liste die Elemente kleiner oder gleich p und in der zweiten Liste die Elemente größer p vorliegen. Diese beiden Listen werden entsprechend für sich auf die gleiche Weise sortiert.

Machen wir uns das an einem Beispiel klar. Wir wollen in diesem Beispiel die Liste mit den Elementen $[3, 1, 6, 4, 9, 5, 2, 7, 0, 8]$ sortieren. Dazu wählen wir ein Pivotelement aus, z. B. das erste Element in der Liste, und teilen die Liste in zwei neue Listen auf. Diese beiden Listen werden wieder zerlegt usw. (siehe Abb. 11.5).

Der Algorithmus fügt schließlich die einelementigen Listen nur noch zusammen, da deren Reihenfolge bereits richtig ist und liefert die sortierte Liste.

Es gibt verschiedene Möglichkeiten für die programmiertechnische Umsetzung. Hier sehen wir eine:

```java
public class QuickSort {
    public static void sortiere(int x[]) {
        qSort(x, 0, x.length-1);
    }

    public static void qSort(int x[], int links, int rechts) {
        if (links < rechts) {
            int i = partition(x, links, rechts);
            qSort(x, links, i-1);
            qSort(x, i+1, rechts);
        }
    }

    public static int partition(int x[], int links, int rechts) {
        int pivot, i, j, help;
        pivot = x[rechts];
        i     = links;
        j     = rechts-1;
        while (i<=j) {
            if (x[i] > pivot) {
```

11.4 Kleine algorithmische Probleme

```
21          // tausche x[i] und x[j]
22          help = x[i];
23          x[i] = x[j];
24          x[j] = help;
25          j--;
26       } else i++;
27     }
28     // tausche x[i] und x[rechts]
29     help      = x[i];
30     x[i]      = x[rechts];
31     x[rechts] = help;
32     return i;
33   }
34
35   public static void main(String[] args) {
36     int[] liste = {0,9,4,6,2,8,5,1,7,3};
37     sortiere(liste);
38     for (int i=0; i<liste.length; i++)
39       System.out.print(liste[i]+" ");
40   }
41 }
```

Auch der QuickSort-Algorithmus kann die int-Liste in die korrekte Reihenfolge bringen.

```
C:\JavaCode>java QuickSort
0  1  2  3  4  5  6  7  8  9
```

Für die Bestimmung der Laufzeit ist die Wahl des Pivotelements entscheidend. Im worst case wird immer genau das Element ausgesucht, welches die Liste so zerlegt, dass auf der einen Seite das Pivotelement vorliegt und auf der anderen Seite der Rest der Liste. Der Aufwand läge dann bei $O(n^2)$. Im besten Fall kann das Pivotelement die beiden Listen in zwei gleichgroße Listen zerlegen. In diesem Fall hat der Berechnungsbaum eine logarithmische Tiefe und die Laufzeit des Algorithmus ist nach oben mit $O(n*log(n))$ beschränkt. Das gilt auch für den average case.

11.4.3 Needleman-Wunsch-Algorithmus

Mit dem *Needleman-Wunsch-Algorithmus* steigen wir etwas in die Bioinformatik ein. Im Jahre 1970 von Saul Needleman und Christian Wunsch formuliert, vergleicht dieser Algorithmus zwei Protein-Sequenzen und gibt einen Ähnlichkeitsfaktor abhängig von einer Funktion zurück [34]. Dieses Verfahren basiert auf Dynamischer Programmierung. Wir wollen in unserem Beispiel keine Aminosäuren vergleichen, sondern Zeichenketten und ein Maß für Ähnlichkeit berechnen. Deshalb sind einige Vereinfachungen vorgenommen worden.

Zunächst einmal zur vereinfachten Definition des Algorithmus. Gegeben sind zwei Zeichenketten $x = (x_1, x_2, \ldots, x_n)$ und $y = (y_1, y_2, \ldots, y_m)$. Wie wir im Abschn. 11.2.4 erfahren haben, benötigen wir eine Datenstruktur zum Speichern der Zwischenlösungen. In diesem Fall verwenden wir eine $n \times m$-Matrix E, die ganzzahlige Werte speichert. Wir interpretieren einen Eintrag in $E(i,j)$ als besten Ähnlichkeitswert für die Teilsequenzen $(x_1, x_2, \ldots, x_i)$ und $(y_1, y_2, \ldots, y_j)$.

Als Startwerte setzen wir $E(0,0) = 0$ und

$$E(i,0) = 0, \quad \forall i = 0, 1, \ldots, n$$
$$E(0,j) = 0, \quad \forall j = 0, 1, \ldots, m.$$

Die Rekursionsformel sieht dann wie folgt aus:

$$E(i,j) = \max \begin{cases} E(i-1, j-1) + bonus(x_i, y_j) \\ E(i-1, j) \\ E(i, j-1) \end{cases}$$

Die Bonusfunktion $bonus(a,b)$ liefert eine 1, falls a und b gleiche Zeichen sind, andernfalls eine 0. So maximieren wir am Ende die größte Übereinstimmung.

Da wir jeden Eintrag der Matrix genau einmal berechnen und durchlaufen, haben wir eine Laufzeit von $O(n \cdot m)$. Dieser Algorithmus ist sehr schnell implementiert, aber für die Bioinformatik gibt es inzwischen bessere Algorithmen (z. B. *Smith-Waterman*, *Hirschberg*).

Hier ein Implementierungsbeispiel zu unserer Needleman-Wunsch-Variante:

```java
public class NeedlemanWunsch{
    private int[][] E;
    private String n, m;

    public NeedlemanWunsch(String a, String b){
        n = a; m = b;
        E = new int[n.length()+1][m.length()+1];
        initialisiere();
    }

    public void initialisiere(){
        // Starteintrag wird auf 0 gesetzt
        E[0][0] = 0;

        // fülle die erste Zeile und erste Spalte mit 0-en
        for(int i=1; i<=n.length(); i++)
            E[i][0] = 0;
        for(int j=1; j<=m.length(); j++)
            E[0][j] = 0;
    }

    private int cost(char a, char b){
        if(a==b) return 1;
        else return 0;
    }

    public int compare(){
        for(int i=1; i<=n.length(); i++)
            for(int j=1; j<=m.length(); j++)
                E[i][j] = Math.max(E[i-1][j-1]
                        + cost(n.charAt(i-1), m.charAt(j-1)),
                        Math.max(E[i-1][j], E[i][j-1]));
        return E[n.length()][m.length()];
    }
}
```

11.5 Zusammenfassung und Aufgaben

```
36   public static void main(String[] args){
37       String a = "Hallo Waldfee";
38       String b = "Hola fee";
39       NeedlemanWunsch NW = new NeedlemanWunsch(a, b);
40       System.out.println("Ergebnis: "+NW.compare());
41   }
42 }
```

Bei der Ausführung erhalten wir das Ergebnis 6, da die beiden Zeichenketten 6 gemeinsame Buchstaben in der gleichen Reihenfolge enthalten. Der Needleman-Wunsch Algorithmus ist auf vielfältige Weise erweiterbar, z. B. lassen sich mit kleinen Änderungen leicht Unterschiede in Textdateien finden. Dem interessierten Leser sei an dieser Stelle folgende weiterführende Literatur empfohlen: [27].

11.5 Zusammenfassung und Aufgaben

Wir haben verschiedene Entwurfstechniken für Algorithmen kennengelernt: Rekursion, Brute Force, Greedy, Dynamische Programmierung, Memoisation und Divide-and-Conquer. Dabei wurden nicht nur die den Techniken zu Grunde liegenden Charakteristiken aufgezeigt, sondern auch praktische Beispiele gegeben. Eine kurze Einführung in die Laufzeitabschätzung von Algorithmen sollte einen kleinen Einblick in diese umfangreiche Thematik geben. Der Sortierung von Daten wurde eine besondere Aufmerksamkeit geschenkt.

Aufgaben

Übung 1) Schreiben Sie eine rekursive Funktion `fibonacci(int n)`, die die ersten n Zahlen der Fibonacci-Folge berechnet und ausgibt. Die Definition ist in Abschn. 11.2.1 zu finden. Erweitern Sie anschließend Ihre Funktion derart, dass Teillösungen nur einmal berechnet werden (Memoisation).

Übung 2) (Collatz-Problem) Schreiben Sie eine Funktion, für die gilt:
$f(n+1) = f(n)/2$, wenn $f(n)$ gerade ist und $f(n+1) = 3 * f(n) + 1$ sonst. $f(0)$ kann eine beliebige natürliche Zahl sein. Abbruchbedingung ist $f(n) = 1$. Wenn bei irgendeiner Eingabe das Programm nicht terminiert, haben Sie vermutlich einen Fehler gemacht oder $\$1000$ verdient, da Sie ein Gegenbeispiel für das Collatz-Problem gefunden haben,
siehe: ***http://de.wikipedia.org/wiki/Collatz-Problem***.

Übung 3) Erweitern Sie die in diesem Kapitel beschriebene Variante des Needleman-Wunsch-Algorithmus um die Ausgabe des Weges durch die Matrix. Dabei soll das Einfügen eines leeren Elements in x oder y mit dem Symbol ‚_' dargestellt werden. Visualisieren Sie die Matrix während des Algorithmus.

Übung 4) Recherchieren Sie nach dem Knobelspiel *Türme von Hanoi* und formulieren Sie in Pseudocode einen rekursiven Algorithmus, der das Problem löst.

12

Tag 12: Bildverarbeitung

In diesem Kapitel wollen wir uns mit Beispielen aus der Bildverarbeitung beschäftigen. Dabei werden wir lernen, wie Bilder im Rechner dargestellt und manipuliert werden können.

Eine kleine Einführung in die Rechnung mit komplexen Zahlen hilft uns, schicke Fraktale zu zeichnen. Wir werden Farben invertieren, farbige Bilder in Grauwertbilder konvertieren und eine einfache Binarisierungsmethode kennenlernen.

M. Block, *JAVA-Intensivkurs*
DOI 10.1007/978-3-642-03955-3, © Springer 2010

12.1 Das RGB-Farbmodell

Bevor wir uns überlegen wie wir ein Bild darstellen, sollten wir uns klar machen, was eigentlich eine Farbe ist. Das menschliche Auge kann hauptsächlich Licht von drei verschiedenen Wellenlängen wahrnehmen. Diese Wellenlängen werden vom Auge als die Farben Rot, Grün und Blau wahrgenommen. Die Mischung der Intensitäten dieser drei Wellenlängen ermöglicht es, viele verschiedene Farben zu sehen. Der Bau von Monitoren wurde dadurch relativ einfach, da nur Licht mit drei verschiedenen Wellenlängen erzeugt werden muss, um eine bestimmte Farbe zu erhalten. Die exakte Mischung macht dann eine spezifische Farbe aus.

Dieses Farbmodell wird RGB-Modell genannt, da es auf den drei Grundfarben Rot, Grün und Blau basiert. Wenn keine der drei Farbkanäle Licht liefert, erhalten wir Schwarz. Weiß durch die gleichzeitige, maximale Aktivierung aller drei Grundfarben. Gelb zum Beispiel wird durch eine Mischung aus Rot und Grün erzeugt. Je mehr Grundfarben vorliegen und je höher die Lichtintensität ist, desto heller ist auch die Farbe. Das wird als additive Farbmischung bezeichnet.

Die Farbmischung eines Tuschkastens wird dagegen als subtraktiv bezeichnet. Werden – wie Kinder es gerne machen – viele Farben miteinander vermischt, wird eine sehr dunkle Farbe erzeugt, meistens ein hässliches Braun.

An dieser Stelle wollen wir gleich etwas ausprobieren. Die Funktion setColor des **Graphics**-Objekts setzt die Farbe, die zum Zeichnen durch zukünftige Befehle benutzt werden soll. Der folgende Code erzeugt ein Fenster mit fünf farbigen Rechtecken.

```java
import java.awt.*;

public class Bunt extends FensterSchliesstSchickKurz {
    public Bunt(String title1, int w, int h){
        super(title1, w, h);
    }
    public void paint(Graphics g){
        g.setColor(Color.RED);
        g.fillRect(1,1,95,100);

        g.setColor(new Color(255,0,0)); // Rot
        g.fillRect(101,1,95,100);

        g.setColor(new Color(0,255,0)); // Grün
        g.fillRect(201,1,95,100);

        g.setColor(new Color(0,0,255)); // Blau
        g.fillRect(301,1,95,100);

        g.setColor(new Color(255,255,0)); // Rot + Grün = Gelb
        g.fillRect(401,1,95,100);

        g.setColor(new Color(100,100,100)); // Rot + Grün + Blau = Grau
        g.fillRect(501,1,95,100);
    }

    public static void main(String[] args){
        Bunt b = new Bunt ("Farbige Rechtecke", 600, 100);
```

12.1 Das RGB-Farbmodell   195

```
29      }
30 }
```

Zeile 9 und 12 führen zum gleichen Ergebnis, einem roten Rechteck. Die beiden Anweisungen g.setColor(Color.RED) und g.setColor(new Color(255,0,0)) erzeugen die Farbe Rot. Dem Konstruktor der Klasse **Color** können direkt die drei Farbwerte des RGB-Modells übergeben werden. Dabei steht 0 für keine Intensität und 255 für die maximale Intensität.

Mit diesem Modell können wir somit $256^3 = 16777216$ verschiedene Farben definieren. Wie bereits zuvor angemerkt wurde, führt der Aufruf g.setColor(new Color(255,255,0)) in Zeile 20, also die Farben Rot und Grün, zur Mischfarbe Gelb.

Interessant ist noch zu bemerken, dass der letzte Aufruf ein graues Rechteck erzeugt. Alle 3 Grundfarben in gleicher Intensität gemischt ergeben immer einen Grauwert. Der dunkelste Grauwert ist Schwarz $(0,0,0)$ und der hellste Weiß $(255,255,255)$.

Jetzt sind wir in der Lage, verschieden farbige Bilder zu erzeugen. Bisher zeigten die Beispiele farbige Rechtecke. Stellen wir uns diese Rechtecke ganz klein vor, dann brauchen wir sie nur noch sinnvoll anzuordnen und schon entsteht ein Bild. Das kleinste darstellbare Rechteck, dass wir zeichnen können, ist ein einziger farbiger Pixel, also ein Rechteck der Länge und Höhe 1.

```java
1  import java.awt.*;
2
3  public class Farbverlauf extends FensterSchliesstSchickKurz{
4     static int fensterBreite = 600;
5     static int fensterHoehe  = 300;
6
7     public Farbverlauf(String title1, int w, int h){
8        super(title1, w, h);
9     }
10
11    public void paint(Graphics g){
12       for (int x=1; x<fensterBreite; x++){
13          for (int y=1; y<fensterHoehe; y++){
14             int rot  = (int) Math.floor(255.0*x/fensterBreite);
15             int blau = (int) Math.floor(255.0*y/fensterHoehe);
16             g.setColor(new Color(rot,0,blau));
17             g.fillRect(x,y,1,1);
18          }
19       }
20    }
21    public static void main(String[] args){
22       Farbverlauf b = new Farbverlauf ("Farbverlauf", fensterBreite,
23                                fensterHoehe);
24       b.setVisible(true);
25    }
26 }
```

Hier sehen wir, wie einfach es ist, einen seichten Farbverlauf zwischen zwei Farben darzustellen. Die Schleifen in den Zeilen 11 und 12 gehen über jeden Pixel im Fenster und geben ihm eine Farbe abhängig von seiner Position.

Das führt zu einer Ausgabe, wie sie in Abb. 12.1 zu sehen ist.

Abb. 12.1. Im Fenster wird von links unten nach rechts oben ein kontinuierlicher Übergang von blau nach rot erzeugt

12.2 Grafische Spielerei: Apfelmännchen

Machen wir das Ganze noch etwas interessanter und erzeugen geometrische Muster, die eine hohe Selbstähnlichkeit aufweisen. Das bedeutet, dass ein Muster aus mehreren verkleinerten Kopien seiner selbst besteht. Wir werden sehen, wie einfach es ist, ein wahrlich künstlerisches Bild zu berechnen. Dazu ist allerdings ein kleiner Ausflug in die Mathematik notwendig. Im Speziellen wird uns eine kleine Einführung in die komplexen Zahlen helfen, Fraktale zu verstehen und realisieren zu können.

12.2.1 Mathematischer Hintergrund

Bei den komplexen Zahlen handelt es sich um eine Zahlenmenge. Während die uns beispielsweise bekannten Zahlenklassen $\mathbb{N}$, $\mathbb{Z}$, $\mathbb{Q}$ oder $\mathbb{R}$ auf einem Zahlenstrahl eingetragen werden können, geht dies mit den komplexen Zahlen nicht.

Eine komplexe Zahl lässt sich als ein Punkt in einem 2-dimensionalen Koordinatensystem vorstellen. Dabei stellt die x-Achse den bekannten Zahlenstrahl der reellen Zahlen dar. Auf der y-Achse können wir noch einmal die gesamten reellen Zahlen abtragen.

Eine komplexe Zahl besteht also aus einem Paar reeller Zahlen. Der Teil einer komplexen Zahl der auf der x-Achse abgetragen wird, ist der **Realteil**, der Wert auf der y-Achse wird **Imaginärteil** genannt. Dieser wird durch ein ‚i' markiert. Ein Beispiel für eine komplexe Zahl ist: $1 + 1i$.

Mit komplexen Zahlen können wir auch rechnen. Nehmen wir zum Beispiel die Addition

$$(-2+3i)+(1-2i),$$

so ist das Ergebnis mit einem Zwischenschritt einfach

$$(-2+3i)+(1-2i) = -2+1+(3-2)i = -1+1i.$$

12.2 Grafische Spielerei: Apfelmännchen 197

Etwas komplizierter ist die Multiplikation. Das Produkt $A \cdot B$ der beiden komplexen Zahlen $A = a_1 + a_2 i$ und $B = b_1 + b_2 i$ ist definiert als

$$a_1 \cdot b_1 - a_2 \cdot b_2 + (a_1 \cdot b_2 + a_2 \cdot b_1)i \ .$$

Eine Besonderheit sei noch angemerkt, denn es gilt:

$$(0 + 1i) \cdot (0 + 1i) = 1i \cdot 1i = i^2 = -1 \ .$$

Damit hat die Gleichung $x = \sqrt{-1}$ eine Lösung und zwar die komplexe Zahl $(0 + 1i)$.

Da eine komplexe Zahl als ein Punkt in einem 2-dimensionalen Koordinatensystem angesehen werden kann, hat eine solche Zahl auch eine Länge, ihren Abstand vom Ursprung. Anders als bei den reellen Zahlen, bei denen der Abstand vom Ursprung einfach der Betrag der Zahl selbst ist, muss der Abstand einer komplexen Zahl über den Satz des Pythagoras errechnet werden. Ist zum Beispiel K eine komplexe Zahl mit $K = 2 + 3i$, dann ist ihre Länge (auch Norm genannt) $|K| = \sqrt{2^2 + 3^2} = \sqrt{13}$.

Die Objektorientierung von Java bietet eine sehr einfache Möglichkeit das Rechnen mittels komplexer Zahlen zu implementieren. Sehen wir uns ein Beispiel an:

```java
class KomplexeZahl {
    double re;        // speichert den Realteil
    double im;        // speichert den Imaginärteil

    public KomplexeZahl (double r, double i){
        re = r;
        im = i;
    }

    public KomplexeZahl plus (KomplexeZahl k){
        return new KomplexeZahl (re + k.re, im + k.im);
    }

    public KomplexeZahl mal (KomplexeZahl k){
        return new KomplexeZahl (re*k.re - im*k.im, re*k.im + im*k.re);
    }

    // Berechnet den Abstand der Zahl vom Ursprung
    public double norm (){
        return Math.sqrt (re*re + im*im);
    }

    public String text (){   // Gibt die Zahl als Text aus
        return re+" + "+im+" i";
    }
}
```

Die Rechnung mit komplexen Zahlen erweist sich jetzt als genauso einfach, wie die Rechnung mit natürlichen Zahlen:

```java
KomplexeZahl zahl1 = new KomplexeZahl (1, 1);
KomplexeZahl zahl2 = new KomplexeZahl (2, -2);
System.out.println ("Ergebnis: "+(zahl1.plus(zahl2)).text());
```

Als Ergebnis erhalten wir für unser Beispiel:

```
C:\Java>java KomplexeZahl
Ergebnis: 3.0 + -1.0 i
```

Damit haben wir die notwendige Grundlage wiederholt um Fraktale zeichnen zu können.

12.2.2 Das Apfelmännchen-Fraktal in grau

Wir können jetzt mit komplexen Zahlen rechnen, aber was hat das mit Bildern zu tun? Unsere Motivation ist der Einstieg in die Fraktale.

Komplexe Zahlen eignen sich zur Berechnung von Bildern, da jede Zahl direkt einem Punkt auf einer 2-dimensionalen Fläche zugeordnet werden kann. Berechnen wir also für eine Fläche von komplexen Zahlen jeweils für jede dieser Zahlen einen Funktionswert, so füllen wir Stück für Stück eine besagte Fläche mit Werten. Jetzt müssen wir jedem Funktionswert nur noch eine Farbe zuordnen und fertig ist das Meisterwerk.

Betrachten wir zunächst folgendes Programm und seine Ausgabe:

```java
import java.awt.*;

public class Fraktal extends FensterSchliesstSchickKurz {
    static int aufloesung = 500;

    public Fraktal (String titel, int breite, int hoehe){
        super(titel, breite, hoehe);
    }

    public int berechnePunkt(double x, double y){
        KomplexeZahl c = new KomplexeZahl(x,y);
        KomplexeZahl z = new KomplexeZahl(0,0);
        double iter = 0;
        for (; iter < 40; iter++){
            z = (z.mal(z)).plus(c);
            if (z.norm() > 4)
                break;
        }
        return (int)Math.floor((255)*iter/40);
    }

    public void berechneBild(Graphics g){
        for (double x=0; x<aufloesung;x++){
            for (double y=0; y<aufloesung; y++){
                int fxy = 255 - berechnePunkt(2.5*x/aufloesung - 1.9,
                                              2.5*y/aufloesung - 1.3);
                g.setColor(new Color(fxy, fxy, fxy));
                g.fillRect((int)x, (int)y, 1, 1);
            }
        }
    }

    public void paint(Graphics g){
        berechneBild(g);
```

12.2 Grafische Spielerei: Apfelmännchen

```
35      }
36
37      public static void main(String[] args){
38          Fraktal f = new Fraktal ("Apfelmännchen", aufloesung, aufloesung);
39          f.setVisible(true);
40      }
41  }
```

Unser Programm erzeugt ein Fraktal (siehe Abb. 12.2) mit dem berühmten Namen **Apfelmännchen**.

Der Aufbau ähnelt sehr dem Programm **Farbverlauf.java** aus dem Abschn. 12.1. Die paint-Methode besteht aus zwei for-Schleifen, die über alle Pixel des Fensters gehen. Der einzige Unterschied besteht darin, dass die Farbe des Pixels mit der Funktion berechnePunkt gesetzt wird, anstelle direkt von x und y abzuhängen. Die Funktion berechnePunkt hat es allerdings in sich.

Es ist nicht wichtig, dass wir an dieser Stelle alle mathematischen Einzelheiten der Berechnung verstehen. Soviel sei jedoch gesagt, die Funktion berechnePunkt errechnet die Anzahl an Iterationen, die gebraucht werden, damit die Länge der komplexen Zahl z größer als 4 wird. Diese Anzahl an Iterationen hängt von x und y, also der Position im Bild, ab. Anschließend wird aus der Anzahl der Iterationen ein Farbintensitätswert berechnet.

Die Variable z wird mit $(0 + 0i)$ initialisiert und in jedem Schritt durch $z = z^2 + c$ ersetzt. Nach dem ersten Schritt ist z also immer gleich c, nach dem zweiten Schritt ist $z = c^2 + c$ usw. c ist dabei konstant gleich $x + yi$. Es ist daher klar, dass diese Iteration für jede Bildposition, die einer komplexen Zahl mit einer Länge von über 4 entspricht, bereits nach der ersten Iteration abbricht. Diesen Positionen wird ein sehr heller Farbwert zugeordnet. Je länger es dauert, bis der Schwellenwert über-

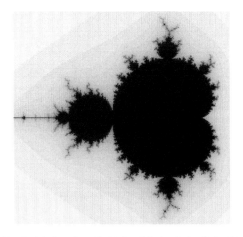

Abb. 12.2. Das Apfelmännchen-Fraktal weist eine hohe Selbstähnlichkeit auf

schritten ist, desto dunkler wird der Bildpunkt. Bei schwarzen Bildpunkten wurde der Schwellenwert nicht erreicht.

Es handelt sich dabei um ein Apfelmännchen, ein erstmals 1980 von Benoît Mandelbrot berechnetes Fraktal. Wenn Sie mehr über Fraktale wissen wollen, stellt Wikipedia sicher einen guten Ausgangspunkt für Recherchen dar [47].

Doch unsere Art der Darstellung eines Bildes hat einige Nachteile. Haben Sie das Fenster schon einmal minimiert und dann wieder maximiert oder es teilweise durch ein anderes Fenster verdeckt? Jedes Mal wenn wir das Bild wieder in den Vordergrund holen, wird es neu berechnet. Das nimmt Zeit in Anspruch. Eine Möglichkeit zur Speicherung unserer Bilder wäre sicherlich auch von Vorteil.

12.2.3 Die Klasse BufferedImage

Bisher haben wir bunte Rechtecke gezeichnet. Das ist zwar ganz nett und hat uns bereits die ersten schönen Bilder beschert, aber wirklich weit führt uns das noch nicht. Um richtige Bilder mit Java laden, speichern und vor allem verändern zu können, müssen wir uns mit der Klasse **BufferedImage** beschäftigen. Erweitern wir die Klasse **Fraktal** ein wenig, um die zuvor angesprochenen Probleme zu beheben.

```java
import java.awt.*;
import java.awt.image.*;

public class Fraktal extends FensterSchliesstSchickKurz {
    static int aufloesung = 500;
    BufferedImage bild; // hier speichern wir das einmal berechnete Bild

    public Fraktal (String titel, int breite, int hoehe){
        super(titel, breite, hoehe);
        bild        = new BufferedImage(aufloesung, aufloesung,
                              BufferedImage.TYPE_INT_RGB);
        Graphics g = bild.createGraphics();
        berechneBild(g);
    }

    // Das Bild muss noch angezeigt werden
    public void paint(Graphics g){
        g.drawImage(bild, 5, 31, this);
    }

    // Um Flackern zu vermeiden (siehe Kapitel 10)
    public void update(Graphics g){
        paint(g);
    }

    ...
}
```

Die entscheidende Erweiterung wird durch die Verwendung der Klasse **BufferedImage** erreicht. Anstatt jedes Mal, wenn das Fenster neu gezeichnet werden muss, auch die Berechnung des Bildes zu wiederholen, berechnen wir das Bild nur ein

12.2 Grafische Spielerei: Apfelmännchen   201

einziges Mal, z. B. beim Start des Programms im Konstruktor. Sollte später ein Teil
oder sogar das ganze Bild erneut gezeichnet werden, können wir einfach das in `bild`
gespeicherte Bild anzeigen.

In Zeile 10 wird zuerst die Variable `bild` mit einem leeren Bild initialisiert.
`BufferedImage.TYPE_INT_RGB` gibt dabei an, dass es sich um ein Bild im RGB-
Format handelt. Eigentlich ist unser Bild scharz/weiß, das würde die Sache aber nur
unnötig verkomplizieren. Später wollen wir unserem Apfelmännchen sowieso noch
ein schickes Farbkleid spendieren.

Anschließend in Zeile 12 lassen wir uns durch `createGraphics` ein **Graphics**-
Objekt von `bild` geben. Anstatt `berechneBild` in der `paint`-Routine mit die-
sem **Graphics**-Objekt des Fensters zu füttern, zeichnen wir das Bild in das
BufferedImage. Um das Bild letztendlich anzuzeigen, rufen wir in der `paint`-
und in der `update`-Methode (siehe dazu Kap. 10) die Funktion `drawImage` des zum
Fenster gehörigen **Graphics**-Objekts auf.

Probieren Sie es aus. Wird das Fenster überdeckt und wieder hervorgeholt, muss es
nicht neu berechnet werden.

Der Funktion `drawImage` müssen wir zuerst das **BufferedImage**-Objekt übergeben. Danach übergeben wir den *x*- und *y*-Wert der Startposition. Die Koordinaten
sind allerdings auf die linke obere Ecke des Fensters bezogen. Hierbei sind leider die
Rahmen eingeschlossen, d. h. wir müssen diese beim Zeichnen berücksichtigen. In
einer Standard Windows XP-Applikation ist die Breite des linken Rahmens 5 Pixel
und die Höhe des oberen einschließlich der Titelleiste 31 Pixel. Um den vierten nöti-
gen Übergabeparameter kümmern wir uns später im Abschn. 12.3. Soviel sei aber
gesagt, es ist hier ein **ImageObserver**-Objekt notwendig.

Die Klasse **FensterSchliesstSchickKurz**, von der **Fraktal** abgeleitet ist,
ist wiederum von **Frame** abgeleitet. **Frame** selbst implementiert aber das Interface
ImageObserver. Damit ist auch **Fraktal** ein **ImageObserver**. Der `this`-
Pointer zeigt in diesem Fall auf eine Instanz von **Fraktal**, daher können wir ihn
hier als **ImageObserver** benutzen.

Wenn dies nicht auf Anhieb klar ist, besteht kein Grund zu Verzweiflung. Lesen Sie
gegebenenfalls die entsprechenden Abschnitte in Kap. 6 noch einmal nach.

12.2.4 Bilder laden und speichern

In Kap. 9 wurde der Einfachheit halber festgelegt, dass wir nur mit AWT arbeiten
wollen. Leider bietet aber AWT keine direkte Möglichkeit, ein Bild zu speichern.

Wie man selbst ein Klassenkonzept innerhalb vom AWT entwickelt, das Bilder
z. B. im Bitmap-Format speichert, wurde bereits an anderer Stelle zu genüge gezeigt [12, 16]. Dem interessierten Leser sei hier ans Herz gelegt, auch in diese Richtung weiter zu studieren.

Innerhalb vom Paket `javax` existiert allerdings eine sehr einfache Möglichkeit, mittels der Klasse **BufferedImage** Bilder in den verschiedensten Formaten zu speichern. Wenn Sie sich Ihren Javacompiler, wie anfangs beschrieben, direkt von Sun heruntergeladen haben, sollte folgendes Programm problemlos funktionieren.

```java
import java.awt.*;
import java.awt.image.*;
import java.io.File;
import java.io.IOException;
import javax.imageio.*;

public class Fraktal extends FensterSchliesstSchickKurz {
    static int aufloesung = 500;
    BufferedImage bild;

    public Fraktal (String titel , int breite , int hoehe){
        super(titel , breite, hoehe);
        bild       = new BufferedImage(aufloesung , aufloesung ,
                                       BufferedImage.TYPE_INT_RGB);
        Graphics g = bild.createGraphics ();
        berechneBild(g);

        try {
            ImageIO.write(bild , "JPEG", new File("Apfelmann.jpg"));
        } catch(IOException e) {
            e.getStackTrace();
        }
    }

    ...
}
```

Hier wird auf die Klasse **ImageIO** aus der Java-Swing-Bibliothek `javax` zurückgegriffen. Dazu müssen wir die Bibliothek importieren (Zeile 5). Diese bietet neben vielen anderen die Funktion `write`. Dieser Funktion wird ein Format und der Name der Zieldatei übergeben. Führen Sie das aktualisierte **Fraktal**-Programm einmal aus und öffnen Sie anschließend das sich nun im gleichen Ordner befindliche **Apfelmann.jpg** mit einem normalen Bildbetrachtungsprogramm.

Es hat funktioniert, wir können Bilder erzeugen und speichern.

Natürlich kommen wir auch ohne ein externes Bildbetrachtungsprogramm aus, schreiben wir uns einfach schnell selbst eins:

```java
import java.awt.*;
import java.awt.image.*;
import java.io.File;
import javax.imageio.*;

public class ZeigeBild extends FensterSchliesstSchickKurz {
    BufferedImage bild;

    public ZeigeBild (String titel , String dateiname){
        super(titel , 700, 700);
        try{
            bild = ImageIO.read(new File(dateiname ));
        }catch(Exception e){
            System.out.println("Beim Laden ist was schief gelaufen!");
```

12.2 Grafische Spielerei: Apfelmännchen   203

```java
15        System.exit(1);
16      }
17    }
18
19    // Das Bild muss auch angezeigt werden
20    public void paint(Graphics g){
21        g.drawImage(bild, 5, 31, this);
22    }
23
24    public void update(Graphics g){
25        paint(g);
26    }
27
28    public static void main(String[] args){
29        if (args.length > 0){
30            ZeigeBild f = new ZeigeBild("Bild laden", args[0]);
31            f.setVisible(true);
32        } else {
33            System.out.println("Bitte Dateinamen angeben!");
34            System.exit(1);
35        }
36    }
37 }
```

Hier wird klar, wie komfortabel die Klasse **ImageIO** ist. Die Programmzeile

```java
bild = ImageIO.read(new File(dateiname));
```

genügt, um das Bild einzulesen. Wir müssen uns nicht einmal um das Format kümmern. Das Anzeigen des **BufferedImage** wird wie gewohnt erledigt. Dem Programm sollte natürlich ein gültiger Dateiname beim Aufruf übergeben werden.

12.2.5 Das Apfelmännchen-Fraktal in Farbe

Das Handwerkzeug im Umgang mit Bildern, also Laden, Speichern und Erzeugen von Bildern, haben wir erworben. Bevor wir jedoch einen Schritt weiter gehen und Bilder bearbeiten, färben wir zunächst unser Apfelmännchen bunt ein. Das ist leider nicht ganz einfach, dafür werden wir aber anschließend mit noch schöneren Bildern belohnt.

Erinnern wir uns noch einmal an den grundlegenden Mechanismus. Für jedes Bildpixel erzeugen wir eine komplexe Zahl c. Eine solche komplexe Zahl kann als Punkt in einer zweidimensionalen Ebene gesehen werden. Nun starten wir eine Iteration

$$z_{neu} = z_{alt}^2 + c \,,$$

die nach einer bestimmten Anzahl von Schritten (abhängig von c und damit von der Pixelposition) eine komplexe Zahl z erzeugt, deren Länge (Abstand vom Nullpunkt) einen gewissen Schwellenwert überschreitet.

Wir wollen die Anzahl an benötigten Iterationsschritten dazu benutzen, den entsprechenden Bildpunkt einzufärben und nicht nur seine Helligkeit zu bestimmen. Dazu definieren wir Intervalle von Iterationszahlen, die in einer bestimmten Farbe eingefärbt werden sollen.

```java
import java.awt.*;
import java.awt.image.*;
import java.io.File;
import java.io.IOException;
import javax.imageio.*;

public class FraktalBuntFinal extends FensterSchliesstSchickKurz{
    static int aufloesung    = 400;
    static int fensterRandLRU = 5;    // Fensterrand links, rechts, unten
    static int fensterRandO  = 31;    // Fensterrand oben
    static int itermax       = 2000;// maximale Anzahl von Iterationen
    static int schwellenwert = 35;    // bis zum Erreichen des
                                      // Schwellenwerts
    static int[][] farben    = {
        {    1,  255,255,255}, // hohe Iterationszahlen sollen hell,
        {  300,   10, 10, 40}, // die etwas niedrigeren dunkel,
        {  500,  205, 60, 40}, // die "Spiralen" rot
        {  850,  120,140,255}, // und die "Arme" hellblau werden
        {1000,   50, 30,255}, // innen kommt ein dunkleres Blau,
        {1100,    0,255,  0}, // dann grelles Grün
        {1997,   20, 70, 20}, // und ein dunkleres Grün
        {itermax,  0,  0,  0}};// der Apfelmann wird schwarz

    static double bildBreite = 0.000003628;
    // Der Ausschnitt wird auf 3:4 verzerrt
    static double bildHoehe  = bildBreite*3.f/4.f;
    // Die Position in der Komplexen-Zahlen-Ebene
    static double[] bildPos = {-0.743643135-(2*bildBreite/2),
                                0.131825963-(2*bildBreite*3.f/8.f)};

    BufferedImage bild;

    public FraktalBuntFinal(String titel, int breite, int hoehe){
        super(titel, breite, hoehe);
        bild = new BufferedImage(aufloesung, aufloesung,
                                 BufferedImage.TYPE_INT_RGB);
        Graphics gimg = bild.createGraphics();
        berechneBild(gimg);
        try {
            ImageIO.write(bild, "BMP", new File("ApfelmannBunt.bmp"));
        } catch(IOException e){
            System.out.println("Fehler beim Speichern!");
        }
    }

    public Color berechneFarbe(int iter){
        int fa[] = new int[3];
        for (int i=1; i<farben.length-1; i++){
            if (iter < farben[i][0]){
                int iterationsInterval = farben[i-1][0]-farben[i][0];
                double gewichtetesMittel = (iter-farben[i][0])/
                                           (double)iterationsInterval;

                for (int f=0; f<3; f++){
                    int farbInterval = farben[i-1][f+1]-farben[i][f+1];
                    fa[f] = (int)(gewichtetesMittel*farbInterval)
                          c   +farben[i][f+1];
                }

                return new Color(fa[0], fa[1], fa[2]);
            }
        }
        return Color.BLACK;
    }

    public int berechnePunkt(KomplexeZahl c){
```

12.2 Grafische Spielerei: Apfelmännchen

```
67      KomplexeZahl z = new KomplexeZahl(0,0);
68      int iter = 0;
69      for (; (iter <= itermax) && (z.norm() < schwellenwert); iter++)
70        z = (z.mal(z)).plus(c);
71      return iter;
72    }
73
74    public void berechneBild(Graphics g){
75      for (int x=0; x<aufloesung;x++){
76        for (int y=0; y<aufloesung; y++){
77          KomplexeZahl c = new KomplexeZahl(bildBreite*(double)(x)/
78                                            aufloesung + bildPos[0],
79                                            bildBreite*(double)(y)/
80                                            aufloesung + bildPos[1]);
81          g.setColor(berechneFarbe(berechnePunkt(c)));
82          g.fillRect(x, y, 1, 1);
83        }
84      }
85    }
86
87    public void paint(Graphics g){
88      g.drawImage(bild, fensterRandLRU, fensterRandO, this);
89    }
90
91    public void update(Graphics g){
92      paint(g);
93    }
94
95    public static void main(String[] args){
96      FraktalBuntFinal f = new FraktalBuntFinal("Apfelmännchen - Bunt",
97                                                aufloesung+2*fensterRandLRU,
98                                                aufloesung+fensterRandLRU+fensterRandO);
99      f.setVisible(true);
100   }
101 }
```

Wir erhalten jetzt das Apfelmännchen in voller Farbenpracht (siehe Abb. 12.3).

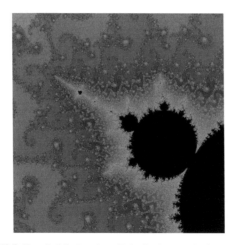

Abb. 12.3. Das Apfelmännchen-Fraktal mit verschiedenen Farben

Diese Version des Programms hat zwei Vorteile gegenüber der vorherigen. Erstens sind die Konstanten, die den zu berechnenden Bereich in der komplexen Zahlenebene festlegen, nicht mehr irgendwo im Programm versteckt, sondern leicht am Anfang der Klasse durch `bildBreite`, `bildHoehe` und `bildPos` zu sehen. Das Gleiche gilt für die maximale Iterationsanzahl, den Schwellenwert zum Abbruch der Iteration und die Breite des Fensterrands. Es ist ein guter Programmierstil, keine „magic numbers" – also unbenannte Konstanten, die einfach irgendwo auftauchen – zu verwenden.

Der zweite Vorteil ist die einfache Möglichkeit, das Fraktal nach Lust und Laune einzufärben. Dies bewerkstelligt die Funktion `berechneFarbe`. Für eine gegebene Iterationszahl `iter`, sucht sie die oberste Zeile in der Matrix `farben`, deren erster Wert größer als `iter` ist. Die drei weiteren Werte der gerade gefundenen Zeile entsprechen dann den RGB-Werten. Diese Art der Einfärbung würde zu sehr großen gleichfarbigen Zonen führen, da viele Iterationswerte die gleiche Farbe bekämen. Daher ermitteln wir einen gewichteten Mittelwert der Farben aus der aktuellen und der vorherigen Zeile.

Es ist theoretisch möglich, unendlich „tief" in das Apfelmännchen hineinzuzoomen. Irgendwann spielt allerdings der Darstellungsbereich eines `double` nicht mehr mit. Die Zahlen werden dann so ähnlich, da der Ausschnitt in der komplexen Zahlenebene extrem klein wird, dass ein `double` den Unterschied nicht mehr darstellen kann.

Wenn Sie etwas mit dem Apfelmännchen herumgespielt haben, dann werden Sie bemerkt haben, wie viel Zeit man darauf verwenden kann, schöne Bilder zu erstellen. Zu diesem Thema sei empfohlen, einmal eine eigene Internetrecherche durchzuführen. Es gibt bereits ganze Galerien sehr künstlerischer Fraktalbilder.

Lassen Sie sich von folgender Webseite einen Einblick in die Vielfältigkeit geben:

http://fraktalbild.de/

12.3 Bilder bearbeiten

Bisher haben wir die Klasse **BufferedImage** als eine Art Zwischenspeicher für Bilder verwendet. Das ist sie auch. Es eröffnen sich allerdings neue Möglichkeiten, wenn man sie in einem größeren Verbund von zusammenspielenden Klassen sieht. Dieser Verbund wird gebildet aus **ImageProducer** (Bilderzeugern), **ImageFilter** (Bildfilter), **ImageObserver** (Bildbeobachter) und **Image-Consumer** (Bildverbraucher). Er bietet eine Umgebung, um mit Bildern umzugehen und verschiedene Operationen auf Ihnen auszuführen.

Wir verzichten hier bewusst darauf, dies weiter zu erklären oder zu benutzen. Möchte man mit Bildern wissenschaftlich arbeiten – zum Beispiel für Handschrift- oder Gesichtserkennung – ist es allemal besser, ein Bild als Matrix oder Vektor (siehe auch Kap. 13) zu repräsentieren und es nur für Anzeigezwecke in ein **Image**-Objekt umzuwandeln.

12.3.1 Ein Bild invertieren

Als erstes wollen wir ein Bild invertieren. Dies bedeutet jeden Bildpixel mit seinem farblichen Gegenspieler einzufärben. Benutzen wir die gewohnte RGB-Darstellung, kann eine Invertierung leicht durchgeführt werden. Ist der Helligkeitswert einer der Grundfarben x, so ist sein invertierter Helligkeitswert $255 - x$. Aus 0 wird also 255, aus 255 wird 0. 127 wird zu 128, ein mittelhelles Grau bleibt demnach fast unverändert.

Die Sache wird ein wenig komplizierter, da die drei Farbkanäle gemeinsam in einem Integer gespeichert werden. Dabei geht man wie folgt vor: Sind r, g und b die Helligkeitswerte der drei Grundfarben jeweils im Bereich von 0 bis 255, dann ergibt sich der gemeinsame RGB-Wert aus:

$$rgb = 256 * 256 * r + 256 * g + b.$$

Das Schöne an dieser Art der Darstellung ist, dass alle drei Farben speicherplatzgünstig in einem einzigen `int` gespeichert und aus diesem wieder eindeutig rekonstruiert werden können. Ein `int` in Java verfügt über vier Byte (32 BIT). Hier ist das erste Byte für den Alpha-Wert (Transparenz) der Zahl reserviert, der in der reinen RGB-Darstellung keine Rolle spielt. Die restlichen 3 Byte kodieren jeweils einen Farbkanal.

Um an den konkreten Wert nur eines Bytes aus dem `int` zu kommen, setzten wir die anderen auf 0 und verschieben das entsprechende Byte an die niederwertigste Stelle. Dazu benutzen wir das bitweise UND, das die UND-Funktion elementweise auf zwei Bitworte anwendet. Die einzelnen Farbkanäle ließen sich dann durch

```
int rot   = (farbe & 256*256*255)/(256*256);
int gruen = (farbe & 256*255)/256
int blau  = (farbe & 255)
```

extrahieren.

Schauen wir uns das in der Funktion `invertiere` an:

```
public BufferedImage invertiere(BufferedImage b){
    int x = b.getWidth();
    int y = b.getHeight();
    BufferedImage ib = new BufferedImage(x,y,BufferedImage.TYPE_INT_RGB);
    for (int i=0; i<x; i++){
        for (int k=0; k<y; k++){
            // 255 + 256*255 + 256*256*255
            int neu = 255 + 256*255 + 256*256*255 - b.getRGB(i,k);
            ib.setRGB(i,k,neu);
        }
    }
    return ib;
}
```

Die Funktion `invertiere` kann leicht in das ZeigeBild-Programm (siehe Abschn. 12.2.4) eingebaut werden.

Abb. 12.4. Beispiel für die Invertierung eines RGB-Bildes (*links*: Original, *rechts*: invertiertes Bild)

Fügen Sie als letzte Zeile des Konstruktors einfach `bild = invertiere(bild)` an und laden Sie ein Bild. `invertiere` erzeugt ein neues Bild und lässt das alte unverändert. Die beiden Schleifen laufen über jeden Pixel des alten Bildes und schreiben den invertierten RGB-Wert in das neue Bild. Wir greifen hier nicht mehr auf die Funktion `fillrect` des **Graphics**-Objekts zurück, sondern setzen gezielt einen Pixel. Hierbei können wir aber nur einen `int` als Farbwert und nicht ein **Color**-Objekt angeben.

In Abb. 12.4 sehen Sie Original und invertierte Version im Vergleich.

12.3.2 Erstellung eines Grauwertbildes

Das gleiche Prinzip können wir nutzen, um aus einem Farbbild ein Graubild zu erstellen. Laufen wir wieder über jeden Bildpunkt, berechnen einen durchschnittlichen Helligkeitswert aus den drei Kanälen und schreiben diesen in die drei Kanäle des Pixels im neuen Bild. Dazu ist es allerdings nötig, zuerst den Farbwert jedes einzelnen Kanals zu bestimmen. Das lässt sich realisieren, indem wir die beiden Zeilen innerhalb der `for`-Schleife von `invertiere` wie folgt ersetzen:

```
int alt      = b.getRGB(i,k);
int rot      = (alt & 256*256*255)/(256*256);
int gruen    = (alt & 256*255)/256;
int blau     = (alt & 255);
int grauwert = (int) Math.floor(0.299*rot + 0.587*gruen + 0.114*blau);
int neu      = 256*256*grauwert + 256*grauwert + grauwert;
ib.setRGB(i,k,neu);
```

Wenn wir wieder das gleiche Originalbild verwenden, wie schon bei der Invertierung, erhalten wir die Ausgabe in Abb. 12.5.

12.3 Bilder bearbeiten

Abb. 12.5. Beispiel für die Erstellung eines Grauwertbildes-Bildes

Eine Besonderheit ist hierbei, dass wir anstelle des einfachen arithmetischen Mittelwerts der Helligkeiten einen gewichteten Mittelwert berechnen. Dies ist durch die Biologie des menschlichen Auges motiviert. Grüne Farbanteile im Licht werden stärker wahrgenommen als rote und diese wiederum stärker als blaue.

12.3.3 Binarisierung eines Grauwertbildes

Den Grauwert kann man auch verwenden, um das Bild zu binarisieren. Dies bedeutet, man entscheidet für jeden Pixel, ob er entweder schwarz oder weiß sein soll, abhängig von der Intensität des Grauwerts.

Abb. 12.6. Unser buntes Beispielbild wird jetzt binarisiert

```
int alt = b.getRGB(i,k);
int rot   = (alt & 256*256*255)/(256*256);
int gruen = (alt & 256*255)/256;
int blau  = (alt & 255);
int grauwert = (int) Math.floor(0.299*rot + 0.587*gruen + 0.114*blau);
if (grauwert > 125)
   ib.setRGB(i,k,256*256*255 + 256*255 + 255);
else
   ib.setRGB(i,k,0);
```

Unsere Binarisierungsmethode setzt Pixel mit einem Grauwert grau größer als 125 auf Weiß und alle anderen auf Schwarz (siehe Abb. 12.6).

Da alle Bildpunkte mit dem gleichen Schwellenwert binarisiert werden, gehört dieses Verfahren auch zur Klasse der **globalen Binarisierungsmethoden**. Bessere Verfahren ermitteln die Schwellenwerte für lokale Bereiche, diese werden dann als **lokale Binarisierungsmethoden** bezeichnet [1].

12.4 Zusammenfassung und Aufgaben

Das RGB-Farbmodell ist ein hilfreiches Konzept für die Darstellung von Farben im Rechner. Wir können jetzt Farben gezielt erzeugen und anzeigen. Mit dem Apfelmännchen sind wir, nach einer kurzen Wiederholung der komplexen Zahlen, in die Berechnung von Fraktalen eingestiegen und können diese jetzt sogar speichern und wieder laden. Die Bildverarbeitungstechniken Invertierung, Grauwertbilderzeugung und Binarisierung haben wir ebenfalls kennengelernt.

Aufgaben

Übung 1) Erweitern Sie das Programm ZeigeBild so, dass das Fenster seine Größe dem geladenen Bild anpasst (die Methoden getWidth und getHeight der Klasse **BufferedImage** könnten sich als nützlich erweisen).

Übung 2) Erweitern Sie das Fraktal-Programm so, dass es dem Benutzer gestattet ist, den Bildausschnitt selbst zu wählen. Hier wäre auch eine Zoomfunktion denkbar, die auf Mauseingaben reagiert.

13

Tag 13: Methoden der Künstlichen Intelligenz

Das Gebiet der Künstlichen Intelligenz (KI) ist zu umfassend, um auch nur einen Überblick in diesem Kapitel geben zu können. Daher werden in diesem Kapitel ein paar – wie ich finde – interessante Aspekte herausgepickt und exemplarisch erläutert. Wir werden sehen, dass unser bisheriges Wissen über Java ausreicht, um in diese Materie einzusteigen und Probleme der Künstlichen Intelligenz lösen zu können.

Zunächst werden wir besprechen, wie Bilder von handgeschriebenen Ziffern mittels zweier Algorithmen aus der Mustererkennung von einem Programm richtig erkannt

212   13 Tag 13: Methoden der Künstlichen Intelligenz

werden können. Wir wollen also die Bilder den richtigen Zahlen zuordnen, sie klassifizieren. Im zweiten Teil dieses Kapitels beschäftigen wir uns mit Spielen wie TicTacToe und werden sehen, wie wir ein Programm schreiben können, das in der Lage ist, den besten Zug in diesem Spiel zu finden. Am Ende stehen uns ein spielbares TicTacToe-Spiel und eine unbezwingbare KI als Gegner zur Verfügung.

13.1 Mustererkennung

Mustererkennung ist eines von vielen Teilgebieten der Künstlichen Intelligenz. Wie es der Name bereits besagt, beschäftigt sich dieses Teilgebiet mit der Erkennung und Klassifizierung von Mustern. Diese Muster können beispielsweise Bilder von Buchstaben, Gesichtern, Straßensymbolen oder Aufnahmen von Sprache sein. Es kann dabei die Aufgabe gestellt sein, ein Muster zu identifizieren, dass in einer etwas veränderten Form vorliegt z. B. verrauscht ist. Mit Verrauschen sind falsche Bildpunkte in einem Bild gemeint. Da Bilder einfach als eine Menge von Daten angesehen werden können, bedeutet Rauschen also eine gewisse Menge von Datenelementen, die falsch gesetzt sind. Für den Menschen ist die Erkennung von Mustern relativ leicht, auch wenn diese bekannten Mustern nur ähneln. Für Computer hingegen ist es ein sehr schwieriges Problem.

In den meisten Fällen gibt es viele Vorverarbeitungsschritte, um aufgenommene Bilddaten für eine Klassifizierung vorzubereiten. Dazu zählen oft die Korrektur der Kameraverzerrung und eine Binarisierung. Wir wollen uns das hier ersparen und verwenden bereits vorverarbeitete Bilder von Ziffern. Zusätzlich zu einem Bild ist die Ziffernklasse, die das Bild repräsentiert, gespeichert. In diesem Fall sprechen wir von einem Etikett oder einem Label, auf dem z. B. steht: *„ich bin eine* 4". Diese Daten sind unsere Trainingsdaten, klassifiziert von einem Menschen, wir vertrauen ihnen und versuchen anhand dieser Informationen unbekannte Zahlen (ohne Label) zu identifizieren.

13.1.1 Einlesen der Trainingsdaten

Die Bilderdatenbank von 1 000 Ziffernbilder steht auf der Buchwebseite zum Download zur Verfügung und wurde von Comay erstellt [35]. Alle Bilder sind in einer Datei zusammengefasst und liegen jeweils als 12×16 Matrizen vor. Jeder Bildpunkt liegt dabei im Bereich von $[0.0, 0.1, \ldots, 1.0]$ (siehe Abb. 13.1).

Unter den jeweiligen Bildmatrizen befinden sich die Label in kodierter Form, wobei jeweils nur einer der 10 vorhandenen Parameter auf 1.0 gesetzt ist (Index k) und alle anderen auf 0.0. Der Index k verrät uns also, dass es sich bei dem Bild darüber um die Zahl $k - 1$ handelt. Ist also der $4te$ Eintrag mit einer 1.0 versehen, so handelt es sich um die Zahl 3.

13.1 Mustererkennung

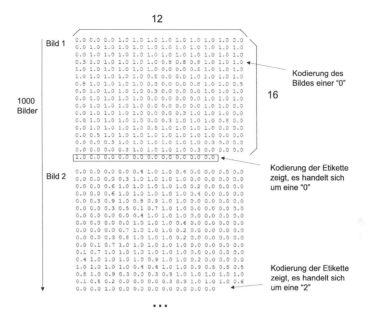

Abb. 13.1. Die Bilddaten liegen als Pixelwerte im Format 12 × 16 vor. Unter jedem Bild ist die Etikette mit 10 Parametern kodiert

Abb. 13.2. Drei Beispiele für die Zahlenbilder in unserer Trainingsdatei. Ein Mensch hat keinerlei Schwierigkeiten, sie dem richtigen Zahlenwert zuzuordnen

Da nicht auf den ersten Blick erkennbar ist, dass es sich bei den 12 × 16 Pixelmatrizen um Ziffernbilder handelt, ist in Abb. 13.2 eine andere Darstellung zu sehen.

Aus den verschiedenen Zahlen werden Grauwerte erzeugt und die Bilder etwas größer dargestellt. Jetzt können wir die Ziffern sofort erkennen und entsprechend zuordnen. Unsere Aufgabe wird es nun sein, das auch dem Computer beizubringen.

Bevor wir mit dem Einlesen der Zifferndatei beginnen wollen, führen wir eine neue Klasse **DatenVektor** ein, die einen Datenvektor mit dazugehörigem Label speichern soll. Um aus einer $n \times m$-Matrix einen Vektor zu konstruieren, schreiben wir einfach alle Zeilen dieser Matrix hintereinander auf und erhalten so einen Vektor der Dimension $n \cdot m$. Diesen speichern wir in vektorDaten und die zugehörige Ziffernklasse in label. Später wird es nützlich sein, eine Funktion distanz zu haben, die den euklidischen Abstand zwischen dem repräsentierten und einem weiteren Vek-

214   13 Tag 13: Methoden der Künstlichen Intelligenz

tor berechnet. Zur Erinnerung, der euklidische Abstand $d(\vec{a},\vec{b})$ zwischen zwei n-dimensionalen Vektoren $\vec{a}$ und $\vec{b}$ ist definiert als

$$d(\vec{a},\vec{b}) = \sqrt{\sum_{i=1}^{n}(a_i - b_i)^2} \; .$$

Später werden auch noch ein paar get- und set-Methoden benötigt. Schauen wir uns den Code der Klasse **DatenVektor** dazu an:

```
 1  public class DatenVektor{
 2      private int       label;        // label für die Klassifizierung
 3      private double[] vektorDaten;   // Vektor
 4
 5      public DatenVektor(int lab, double[] daten){
 6          label       = lab;
 7          vektorDaten = daten.clone();
 8      }
 9
10      public void setVektorLabel(int labelNeu){
11          label = labelNeu;
12      }
13
14      public int vektorLabel(){
15          return label;
16      }
17
18      public int getDimension(){
19          return vektorDaten.length;
20      }
21
22      public double getElementAtIndex(int i){
23          return vektorDaten[i];
24      }
25
26      public void setElementAtIndex(int i, double wert){
27          vektorDaten[i] = wert;
28      }
29
30      // Euklidischer Abstand zwischen dem aktuellen und
31      // einem zweiten Vektor wird berechnet
32      public double distanz(DatenVektor v2) {
33          double dist = 0, diff = 0;
34          for (int i = 0; i < v2.getDimension(); i++) {
35              diff = vektorDaten[i] - v2.getElementAtIndex(i);
36              dist += diff*diff;
37          }
38          return Math.sqrt(dist);
39      }
40  }
```

Mit Hilfe dieser Klasse können wir jetzt alle Daten speichern. Als nächstes werden wir eine Klasse **Datensatz** schreiben, die einen Datensatz von Vektoren unabhängig von den eingelesenen Daten repräsentiert und wieder zahlreiche Funktionen zum Auslesen und Manipulieren der Inhalte bereitstellt.

```
 1  import java.util.Vector;
 2  import java.io.*;
 3  import java.util.StringTokenizer;
```

13.1 Mustererkennung

```
4
5  public class Datensatz{
6    private Vector<DatenVektor> daten;
7    private int dim;
8
9    public Datensatz(){
10     daten = new Vector<DatenVektor>();
11     dim   = 192;
12   }
13
14   public int size(){
15     return daten.size();
16   }
17
18   public int getDimension(){
19     return dim;
20   }
21
22   public DatenVektor getVektorAtIndex(int i){
23     return daten.elementAt(i);
24   }
```

Zusätzlich werden wir eine Funktion zentriereDaten anbieten, die den Schwerpunkt aller Vektoren auf den Ursprung zieht. Das bedeutet, dass wir den Schwerpunkt $\vec{\mu}$ der Trainingsdaten ermitteln und ihn anschließend so verschieben, dass er dem Ursprung der Trainingsvektoren $\{\vec{x}_1, \vec{x}_2, \ldots, \vec{x}_m\}$ entspricht:

$$\vec{x}_i := (\vec{x}_i - \vec{\mu}), \quad \forall i, \text{ mit } i = 1, \ldots, m.$$

Bildlich lässt sich das, wie in Abb. 13.3 gezeigt, nachvollziehen.

Schauen wir weiter im Programm und sehen die Funktion zentriereDaten:

```
26  // die eingelesenen Vektoren werden zentriert
27  public void zentriereDaten(){
28    // Ermittle das Zentrum der Daten
29    double mue[] = new double[dim];
30    for (int j=0; j < mue.length; j++){
31      for (int i=0; i < daten.size(); i++)
32        mue[j]+=(daten.elementAt(i)).getElementAtIndex(j);
33      mue[j]/=daten.size();
34    }
35
36    // Zentriere die Daten, indem das Zentrum von allen abgezogen wird
37    for (int i=0; i < daten.size(); i++)
38      for (int j=0; j < dim; j++){
```

Abb. 13.3. Auf der *linken Seite* sehen wir die unzentrierten Daten. Im *rechten Bild* wurde von jedem Vektor der Schwerpunkt abgezogen, so dass dieser jetzt auf dem Ursprung liegt

```
39      DatenVektor dv = daten.elementAt(i);
40      dv.setElementAtIndex(j, dv.getElementAtIndex(j)-mue[j]);
41    }
42  }
```

Jetzt benötigen wir noch eine spezielle Funktion `leseDateiEin` zum Einlesen unserer Zifferndatenbank:

```
44  // Einlesen der Vektoren und Label
45  public boolean leseDateiEin(String filename){
46    String filenameIn = filename, sLine;
47    StringTokenizer st;
48    try {
49      FileInputStream fis    = new FileInputStream(filenameIn) ;
50      InputStreamReader isr = new InputStreamReader(fis);
51      BufferedReader bur    = new BufferedReader(isr);
52
53      int zaehler = 0;
54      while((sLine = bur.readLine()) != null) {
55        double[] neueVektorDaten = new double[dim];
56
57        // lese das Ziffernbild ein
58        int count = 0;
59        for (int i = 0; i < 16; i++) {
60          // Wir zerlegen die Zeile in Ihre Bestandteile:
61          st = new StringTokenizer(sLine," ");
62          for (int j = 0; j < 12; j++)
63            neueVektorDaten[count++]=Double.parseDouble(st.nextToken());
64          sLine = bur.readLine();
65        }
66
67        // dekodiere das Label
68        int lab = -1; // es könnte sich um einen Outlier handeln
69        st = new StringTokenizer(sLine," ");
70        for (int i = 0; i < 10; i++)
71          if (Double.parseDouble(st.nextToken()) == 1.0) {
72            lab = i;
73            break;
74          }
75
76        // Einfügen des neu gelesenen Vektors
77        daten.addElement(new DatenVektor(lab, neueVektorDaten));
78
79        sLine = bur.readLine();
80        zaehler++;
81      }
82    } catch(ArrayIndexOutOfBoundsException eAIOOB) {
83      System.out.println("Es gab einen Indexfehler beim Einlesen.");
84      return false;
85    } catch(IOException eIO) {
86      System.out.println("Konnte Datei "+filenameIn+" nicht öffnen!");
87      return false;
88    }
89    return true;
90  }
91 }
```

Da die Zifferndatenbank auch Ausreißer (outlier) beinhaltet, also Bilder, die keine Zahlen darstellen, müssen wir diese besonders behandeln. Ausreißer erhalten in unserem Programm als Label eine -1, da bei Ihnen alle Elemente der Zeile unter der Bildmatrix nur Nullen enthalten.

13.1.2 k-nn Algorithmus

Der naheliegendste Klassifizierungs-Algorithmus und gleichzeitig auch der mit der besten Erkennungsrate ist der *k-nächste-Nachbarn*-Algorithmus oder kurz k-nn. Wir haben in unserem Beispiel die $m = 1000$ verschiedenen 192-dimensionalen Daten $\{\vec{x}_1, \vec{x}_2, \ldots, \vec{x}_m\}$ (Ziffernbilder) mit ihren entsprechenden Etiketten $\{l_1, l_2, \ldots, l_m\}$ in der Trainingsmenge erfasst. Die Label zusammen mit den Datenvektoren ergeben eine Menge von Tupeln $\{(\vec{x}_1, l_1), (\vec{x}_2, l_2), \ldots, (\vec{x}_m, l_m)\}$. Diese Menge entspricht unserer Referenzmenge, diesen Daten vertrauen wir. In diesem Fall ist das besonders wichtig, da das verwendete Klassifizierungsverfahren anfällig gegenüber Rauschen ist und die Trainingsdaten deshalb möglichst gut sein sollten.

Nun kommt ein neuer Vektor $\vec{y}$, z. B. eine Ziffer einer Postleitzahl oder eine Eingabe des Nutzers mit der Maus, und wir wollen feststellen, mit welchem Label er versehen werden soll, also welche Ziffer dargestellt ist. Zunächst berechnen wir die Abstände, z. B. den euklidischen Abstand zwischen $\vec{y}$ und allen Vektoren $\vec{x}_i$, mit $i = 1, \ldots, m$ aus der Trainingsmenge und wählen das Label, welches am häufigsten unter den k nächsten Nachbarn von $\vec{y}$ vorkommt. Um vielen Pattsituationen aus dem Weg zu gehen, sollte k eine kleine, ungerade Zahl sein, z. B. 3 oder 5.

13.1.2.1 Visualisierung des Algorithmus

Da eine anschauliche Visualisierung eines 192-dimensionalen Raumes nicht möglich ist, wählen wir einfachheitshalber 2 Dimensionen. Die Vorgehensweise des Algorithmus lässt sich sehr schön in einem Bild zeigen (siehe Abb. 13.4).

13.1.2.2 Implementierung eines k-nn Klassifikators

Nachdem wir die Klasse **Datensatz** fertig gestellt haben, können wir diese verwenden, um eine Trainingsdatenbank einzulesen. Das wird im Konstruktor der Klasse **KnnKlassifikator** gemacht und die eingelesenen Daten anschließend zentriert. Die Funktion klassifiziere erhält einen unbekannten Vektor y und soll

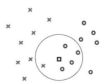

Abb. 13.4. Das *Viereck* entspricht dem unbekannten Datenvektor $\vec{y}$. Der Abstand zu allen Trainingsvektoren mit den Labeln *Kreuz* und *Kreis* wurde ermittelt. Unter den $k = 5$ nächsten Nachbarn sind 4 mal *Kreis* und einmal *Kreuz* vertreten. Der neue Vektor $\vec{y}$ wird also als *Kreis* klassifiziert

218   13 Tag 13: Methoden der Künstlichen Intelligenz

das Label liefern, welches am häufigsten unter den k nächstgelegenen Vektoren vorkommt. Dazu verwenden wir eine insertionSort-Variante.

Die vollständige Implementierung sieht dann wie folgt aus:

```
 1  public class KnnKlassifikator {
 2    Datensatz trainingsMenge;
 3
 4    public KnnKlassifikator(String dateiname) {
 5      trainingsMenge = new Datensatz();
 6      if (!trainingsMenge.leseDateiEin(dateiname))
 7        System.exit(1);
 8      trainingsMenge.zentriereDaten();
 9    }
10
11    public int size(){
12      return trainingsMenge.size();
13    }
14
15    // k-nn: die k nächsten Vektoren aus der trainingsMenge
16    // entscheiden über y
17    public int klassifiziere(DatenVektor y, int k){
18      int     lab[]  = new int[k];
19      double dist[] = new double[k];
20      double d;
21
22      for (int i=0; i < k; i++)
23        dist[i] = Double.POSITIVE_INFINITY;
24
25      // Abstand von y zu allen Vektoren der Trainingsmenge berechnen
26      // und die k-nächsten Nachbarn speichern
27      for (int i=0; i<trainingsMenge.size(); i++) {
28        // Euklidischer Abstand wird berechnet
29        d = (trainingsMenge.getVektorAtIndex(i)).distanz(y);
30
31        // kennen wir bereits k nähere Vektoren?
32        if (d > dist[k-1])
33          continue;
34
35        // die Entfernungen werden mit InsertionSort sortiert
36        for (int j=0; j<k; j++) {
37          if (d<dist[j]) {
38            for (int h=k-1; h > j; h--) {
39              dist[h] = dist[h-1];
40              lab[h]  = lab[h-1];
41            }
42            dist[j]= d;
43            lab[j] =(trainingsMenge.getVektorAtIndex(i)).vektorLabel();
44            break;
45          }
46        }
47      }
48
49      // wir unterscheiden 10 Klassen
50      int freq[] = new int[10];
51
52      // nun entscheiden wird demokratisch unter den k nächsten Nachbarn
53      for (int i=0; i<k; i++)
54        if (lab[i]!=-1)
55          freq[lab[i]]++;
56
57      int returnLabel = -1;
58      int f           = -1;
59      for (int i=0; i < 10; i++) {
60        if (f < freq[i]) {          // wahre Demokratie
```

13.1 Mustererkennung   219

```
61              f              = freq[i];
62              returnLabel = i;
63          }
64      }
65
66      return returnLabel;
67  }
68 }
```

Wir wollen die Klasse gleich mal verwenden, um alle Vektoren einer Testmenge der
Ziffernbilder mit Hilfe der Vektoren der Trainingsmenge zu klassifizieren. Dazu können wir eine kleine Testklasse **KlassifikatorTest** schreiben, die zunächst die
1 000 Trainingsvektoren der Datei "digits-training.txt" einliest und anschließend die 200 Testvektoren der Datei "digits-test.txt" im Datensatz testMenge
speichert. In einer Schleife gehen wir die Testvektoren durch und lassen durch die
klassifiziere-Methode das Label bestimmen. Sollte das Label stimmen, so haben
wir diesen Vektor richtig erkannt und erhöhen korrektErkannt.

```
1  public class KlassifikatorTest{
2    public static void main(String[] args){
3      // Trainingsdatenbank "digits-training.txt" muss im gleichen
4      // Ordner liegen
5      KnnKlassifikator knn = new KnnKlassifikator("digits-training.txt");
6
7      // Jetzt lesen wir die den Testdatensatz ein und wollen jeden
8      // Vektor aus der Testmenge durch die Trainingsmenge klassifizieren
9      Datensatz testMenge = new Datensatz();
10     testMenge.leseDateiEin("digits-test.txt");
11     testMenge.zentriereDaten();
12
13     // Teste alle Vektoren und ermittle die Erkennungsrate
14     int korrektErkannt = 0, legal = 0;
15     for (int i=0; i < testMenge.size(); i++){
16       // die Ausreisser können wir nicht klassifizieren
17       int lab = (testMenge.getVektorAtIndex(i)).vektorLabel();
18       if (lab != -1) {
19         legal++;
20         if (lab==knn.klassifiziere(testMenge.getVektorAtIndex(i),3))
21           korrektErkannt++;
22       }
23     }
24
25     // Berechnung und Ausgabe der Erkennungsraten
26     double er = (double)korrektErkannt/legal;
27     System.out.println("Erkennungsrate von "+legal+" Testvektoren ("+
28           korrektErkannt+" richtig erkannt)= "+(er*100)+"%");
29   }
30 }
```

Unser Programm erkennt beim Einlesen der Testvektoren, dass 199 der 200 Vektoren
gültig sind und erkennt davon sogar 186 richtig, was einer Erkennungsrate von 93%
entspricht:

```
C:\JavaCode>java KlassifikatorTest
Erkennungsrate von 199 Testvektoren (186 richtig erkannt)= 93.467...%
```

13 Tag 13: Methoden der Künstlichen Intelligenz

Je mehr Datenpunkte (also richtig gelabelte Bilder von handgeschriebenen Ziffern) in der Trainingsdatenbank vorliegen, je dichter also der zu untersuchende Raum gefüllt ist, desto besser arbeitet der Algorithmus. Problematisch ist dabei aber, dass mit jedem weiteren Datenpunkt der Algorithmus langsamer wird. Die meisten Anwendungen mit integrierter Ziffernerkennung sind zeitkritisch. Beispielsweise benötigt die Post ein sehr schnelles Verfahren für die automatische Erkennung von Postleitzahlen. Daher werden in der Praxis oft andere Algorithmen eingesetzt.

13.1.3 k-means Algorithmus

Anders als der *k-nächste Nachbarn*-Algorithmus wählt k-means in einem Lernprozess k Vektoren (Prototypen) als Repräsentanten der Trainingsdaten aus. Diese Vektoren $\vec{p}_1, \vec{p}_2, \ldots, \vec{p}_k$ sitzen im besten Fall in der Mitte von Punktanhäufungen mit dem gleichen Label. Eine solche Punktwolke wird nun durch diesen einen Vektor repräsentiert. Das Verfahren führt also eine Umkodierung und eine Komprimierung der Daten durch. Dabei spielen die Label der Daten keine Rolle, es wird lediglich die Verteilung der Daten im Raum untersucht und in k verschiedene Cluster C_i mit $i = 1, \ldots, k$ unterteilt. Lokale Anhäufungen werden durch wenige Prototypen repräsentiert. Da wir in diesem Fall die ursprünglichen Label der Datenpunkte nicht direkt zur Klassifizierung verwenden, gehört dieses Verfahren zur Klasse der **unüberwachten Lernalgorithmen** und ist ein klassisches Clusteringverfahren.

Für unser Ziffernbeispiel können wir davon ausgehen, dass sich gleiche Zahlen im 192-dimensionalen Raum in Gruppen zusammenfinden. Daher werden wir zunächst die Daten mit k-means umrepräsentieren und anschließend die Label der Prototypen mittels Mehrheitsentscheid der umliegenden Datenpunkte wählen.

Wenn ein Vektor $\vec{y}$ klassifiziert werden soll, greifen wir auf den uns bereits bekannten Algorithmus k-nn mit nur einem Nachbarn zurück. Es gewinnt also der Vektor $\vec{p}_k$, der $\vec{y}$ am nächsten liegt. Das hat den großen Vorteil, dass wir zur späteren Klassifizierung unbekannter Vektoren, nicht mehr auf die viel umfangreichere Trainingsmenge zurückgreifen müssen. Bleibt nur noch das Problem, die k richtigen Vektoren für die Prototypen auszuwählen.

13.1.3.1 Bestimmung der k Prototypen

Zu Beginn werden k zufällige Prototypen ausgewählt. Die Trainingsvektoren werden jeweils dem Prototypen zugeordnet, der ihnen am nächsten liegt. Als Abstandsfunktion zwischen zwei Vektoren kann hier der euklidische Abstand berechnet werden. Die Linien stellen die Trennung der Daten dar. Diese Phase der Zuordnung nennen wir **Expectation-Schritt**.

Wenn alle Trainingsvektoren den Prototypen zugeordnet wurden, setzen wir die Prototypen auf das Zentrum ihrer Daten. Sie sollen ihre Trainingsvektoren besser repräsentieren. Diesen Schritt nennen wir **Maximization-Schritt** (siehe Abb. 13.5).

13.1 Mustererkennung

Abb. 13.5. Im *linken Bild* wird der Datenraum für drei zufällige Prototypen linear getrennt (Expectation-Schritt). Diese Prototypen setzen sich anschließend in die Zentren der zugehörigen Daten (Maximization-Schritt)

Abb. 13.6. Die Prototypen sitzen am Ende des Lernprozesses, wenn alles gut gegangen ist, in den Zentren der Cluster (*siehe links*). Damit lassen sich die Klassen der Prototypen wieder über einen Mehrheitsentscheid bestimmen

Die Prototypen haben einen Sprung in Richtung der Clusterzentren gemacht. Das ganze wird solange wiederholt, Expectation- und Maximization-Schritt im Wechsel, bis die Prototypen sich nicht mehr viel bewegen oder eine vorher bestimmte Anzahl von Iterationsschritten erreicht wurde. Am Ende des Lernprozesses erwarten wir für unser Beispiel, dass die Prototypen in den Klassenzentren sitzen. Jetzt können wir entscheiden, welche Klasse der Daten die jeweiligen Prototypen repräsentieren sollen. Dazu führen wir wieder einen Mehrheitsentscheid durch (siehe Abb. 13.6).

In diesem Beispiel konnten alle, bis auf einen Trainingsvektor, korrekt durch die gewählte Verteilung der Prototypen repräsentiert werden.

13.1.3.2 Expectation-Maximization als Optimierungsverfahren

Wir können diese Optimierungsmethode etwas präziser wie folgt beschreiben. *k*-means versucht die Funktion $f(\vec{p}_1,\ldots,\vec{p}_k)$ mit

$$f(\vec{p}_1,\ldots,\vec{p}_k) = \sum_{i=1}^{k} \sum_{j=1}^{m} z_{ij} dist(\vec{p}_i, \vec{x}_j)$$

zu minimieren, wobei

$$z_{ij} = \begin{cases} 1, & \text{falls } x_j \text{ zu } C_i \text{ gehört} \\ 0, & \text{sonst} \end{cases}$$

ist. Um dieses Problem zu optimieren, werden immer im Wechsel die beiden Schritte
a) Prototypen festhalten (**Maximization-Schritt**) und die Zugehörigkeit aktualisie-
ren und b) Zugehörigkeiten festhalten und die Positionen der Prototypen optimieren
(**Expectation-Schritt**) durchgeführt, bis ein Abbruchkriterium erfüllt ist.

Für einen professionellen Einstieg in die Künstliche Intelligenz empfehle ich „den
Duda" [28].

13.1.3.3 Allgemeine Formulierung des k-means Algorithmus

Schauen wir uns die bisherige Beschreibung des Algorithmus in Pseudocode an:

```
initialisiere die k Prototypen zufällig im Zieldatenraum
Expectation: ordne alle Vektoren der Trainingsmenge
             {x⃗₁,x⃗₂,...,x⃗ₘ} ihren nächstgelegenen Prototypen p⃗ᵢ
             zu, mit x⃗ᵢ ∈ Cⱼ, wenn d(x⃗ᵢ,p⃗ⱼ) ≤ d(x⃗ᵢ,p⃗ᵣ)
             für r = 1,...,k
Maximization: setze die Prototypen auf das jeweilige Zentrum
             der nᵢ Trainingsvektoren, die zu diesem
             Prototypen, also zum Cluster Cᵢ, zugeordnet
             wurden p⃗ᵢ = 1/nᵢ ∑ⱼ₌₁ⁿⁱ x⃗ⱼ
Gehe zum Expectation-Schritt bis Abbruchkriterium erfüllt ist
```

Das einfachste Abbruchkriterium wäre ein Zähler. Wir stoppen nach einer bestimm-
ten Anzahl von Expectation-Maximization-Schritten. Wenn die Daten gut in Cluster
(Datenwolken) zu unterteilen sind, dann könnten wir als Abbruchbedingung auch die
Summe der Differenzen der entsprechenden Prototypen zweier aufeinanderfolgender
Zeitschritte nehmen und aufhören, wenn sie sich nicht oder kaum noch ändern.

Ein weiteres Problem ist die Wahl von k. Sicherlich scheint es auf den ersten Blick
für unser Ziffernbeispiel sinnvoll zu sein, $k = 10$ zu wählen, da wir es mit 10 unterschiedlichen Klassen zu tun haben. Das Problem dabei ist die Aufteilung im Raum.
Es gibt Zahlen die sehr ähnlich sind und sich nicht wie runde Punktwolken im Raum
trennen lassen. Sie umschlingen sich teilweise oder eine Ziffer befindet sich in mehreren Punktwolken. Das bedeutet, dass wir ein größeres k verwenden müssen, um
eine akzeptable Erkennungsrate zu erreichen.

Sollten wir jedoch k so groß machen, wie unsere Trainingsmenge Elemente hat, und
bei der zufälligen Initialisierung nur Vektoren aus der Trainingsmenge erlauben, würden die Prototypen auf jeweils einem Element sitzen und wir würden im Endeffekt
wieder k-nn mit einem Nachbarn durchführen.

13.1.3.4 Implementierung des k-means

Das Implementierungsbeispiel lehnt sich stark an die Klasse **KnnKlassifikator**
aus dem vorhergehenden Abschnitt an. Die Daten sind eingelesen und zentriert.

13.1 Mustererkennung

```java
import java.util.Random;

public class KmeansKlassifikator {
    private Datensatz trainingsMenge;
    private DatenVektor[] prototypen;
    private int k;

    public KmeansKlassifikator(String dateiname, int anzprototypen) {
        k            = anzprototypen;
        prototypen   = new DatenVektor[k];
        trainingsMenge = new Datensatz();
        if (!trainingsMenge.leseDateiEin(dateiname))
            System.exit(1);
        trainingsMenge.zentriereDaten();
    }
```

Die Trainingsroutine in der Funktion `training` ist aufgrund der vielen Arbeitsschritte etwas umfangreich. Wir können über den Parameter `abbruchkrit` entscheiden, ob wir eine feste Anzahl von Iterationen `anzIter` durchlaufen wollen oder abbrechen, wenn die Änderungen der Prototypenpositionen in der Summe unterhalb von `epsilon` liegen.

Die Prototypen werden zufällig aus den Daten ausgewählt. Der Fall, dass zwei- oder sogar mehrmals derselbe Vektor als Prototyp gewählt wird, ist zu vernachlässigen. Zum einen ist es sehr unwahrscheinlich und zum anderen divergieren beide spätestens nach einer Iteration auseinander, wenn einem der beiden Vektoren einige Trainingsvektoren zugeordnet werden und er sich daraufhin in Richtung des Zentrums bewegt.

Wir schauen uns den Teil der Funktion bis zum Ende des Expectation-Schrittes an:

```java
    public void training(int abbruchkrit, int anzIter, double epsilon) {
        double d = Double.MAX_VALUE;
        int nearestprototype = 0;
        int[] myprototype    = new int[trainingsMenge.size()];
        Random random        = new Random();

        for (int i=0; i<k; i++) {
            int rand     = random.nextInt(trainingsMenge.size());
            prototypen[i] = trainingsMenge.getVektorAtIndex(rand);
        }

        while ((0<anzIter & 1 == abbruchkrit) |
               (d>epsilon & 2 == abbruchkrit)) {

            // ***********************************************************
            // Expectationschritt:
            // - Trainingsdaten zu den nächstgelegenen Protoypen zuordnen
            for (int i=0; i<trainingsMenge.size(); i++) {
                d = Double.MAX_VALUE;
                for (int j=0; j<k; j++) {
                    double abstand = (trainingsMenge.getVektorAtIndex(i))
                                     .distanz(prototypen[j]);
                    if (d>abstand) {
                        d               = abstand;
                        nearestprototype = j;
                    }
                }
                myprototype[i] = nearestprototype;
```

224   13 Tag 13: Methoden der Künstlichen Intelligenz

```
45        }
46        // ***********************************************************
```

Jetzt sind die Daten in `myprototype` zugeordnet und wir können die neuen Zentren
setzen:

```
47        // ***********************************************************
48        // Maximizationschritt:
49        //    - Prototypen werden zu den jeweiligen Daten zentriert
50
51        DatenVektor[] prototypenNeu = new DatenVektor[k];
52        for (int i=0; i<k; i++)
53            prototypenNeu[i]=new DatenVektor(i,
54                        new double[trainingsMenge.getDimension()]);
55
56        // Schwerpunkte der Prototypen neu berechen
57        int class_count[] = new int[k];
58        for (int i=0; i<trainingsMenge.size(); i++) {
59            // Wieviele Vektoren gehören zu diesem Prototypen
60            class_count[myprototype[i]]++;
61
62            // Addition der Vektoren zu jedem neuen Prototypen
63            for (int j=0; j<trainingsMenge.getDimension(); j++)
64                prototypenNeu[myprototype[i]].setElementAtIndex(j,
65                    prototypenNeu[myprototype[i]].getElementAtIndex(j)
66                    + (trainingsMenge.getVektorAtIndex(i))
67                    .getElementAtIndex(j));
68        }
69
70        for (int i=0; i<k; i++) {
71            if (class_count[i]==0) continue;
72            for (int j=0; j<trainingsMenge.getDimension(); j++)
73                prototypenNeu[i].setElementAtIndex(j,
74                prototypenNeu[i].getElementAtIndex(j) / class_count[i]);
75        }
76        // ***********************************************************
77
78        // Abstandsberechnung der alten gegenüber den neuen Prototypen
79        // und kopieren der neuen Prototypen in die alten
80        d = 0;
81        for (int i=0; i<k; i++) {
82            d += prototypen[i].distanz(prototypenNeu[i]);
83            prototypen[i] = prototypenNeu[i];
84        }
85        anzIter--;
86    }
```

Nachdem das Abbruchkriterium erfüllt ist, verbleiben die Prototypen an den entsprechenden Positionen. Jetzt können wir wieder ganz demokratisch darüber abstimmen
lassen, welche Klasse die Prototypen jeweils vertreten sollen.

```
87        // ***********************************************************
88        // Korrektur des Labels an Hand der Zugehörigkeiten
89        for (int i=0; i<k; i++){
90            int klassen[] = new int[10];
91            for (int j=0; j<trainingsMenge.size(); j++)
92                if ((myprototype[j]==i) &
93                    ((trainingsMenge.getVektorAtIndex(j)).vektorLabel()!=-1))
94                    klassen[(trainingsMenge.getVektorAtIndex(j))
95                        .vektorLabel()]++;
```

13.1 Mustererkennung   225

```
 96
 97      int max=0;
 98      for (int l=0; l<10; l++)
 99        if (klassen[l]>klassen[max])
100          max=l;
101
102      prototypen[i].setVektorLabel(max);
103    }
104    // ****************************************************************
105  }
```

Nachdem die Prototypen gefunden wurden, ist die Bestimmung eines unbekannten
Vektors y in der Funktion klassifiziere relativ kurz realisiert.

```
106  // k-means: der nächste Prototyp entscheidet über y
107  public int klassifiziere(DatenVektor y) {
108    int returnLabel;
109    double d;
110
111    returnLabel = -1;
112    d = Double.MAX_VALUE;
113    for (int i=0; i<k; i++) {
114      double abstand = prototypen[i].distanz(y);
115      if (d>abstand) {
116        returnLabel = prototypen[i].vektorLabel();
117        d          = abstand;
118      }
119    }
120    return returnLabel;
121  }
122 }
```

Auch für unseren neuen Klassifikator wollen wir eine Testklasse schreiben und die
Testziffern auf einen trainierten k-means anwenden. Da aber ein Trainingsdurchlauf
meistens nicht ausreicht, um sehr gute Prototypen zu finden, machen wir 100 Durch-
läufe und schauen auf die maximale Erkennungsrate:

```
 1  public class KlassifikatorTest{
 2    public static void main(String[] args){
 3      Datensatz testMenge = new Datensatz();
 4      testMenge.leseDateiEin("digits-test.txt");
 5      testMenge.zentriereDaten();
 6
 7      // Abbruchkriterien
 8      //    (1) die Anzahl Iterationen (anzIterationen) wird gewählt
 9      //    (2) Veränderung der Positionen der Prototypen
10      int abbruchKriterium = 2;
11      double epsilon        = 0.000001;
12      int anzPrototypen     = 20;
13      int anzIterationen    = 100;
14
15      // Trainingsdatenbank wird eingelesen
16      KmeansKlassifikator kmeans =
17        new KmeansKlassifikator("digits-training.txt", anzPrototypen);
18
19      double maxwert = 0;
20      for (int durchlauf=0; durchlauf<100; durchlauf++) {
21        kmeans.training(abbruchKriterium, anzIterationen, epsilon);
22
23        // Teste alle Vektoren der Testdaten und ermittle die
```

```
24    // Erkennungsrate
25    int korrektErkannt = 0;
26    int legal = 0;
27
28    for (int i=0; i < testMenge.size(); i++){
29        // in der Datenbank befinden sich auch Ausreisser und die
30        // können wir nicht klassifizieren
31        int lab = (testMenge.getVektorAtIndex(i)).vektorLabel();
32        if (lab != -1) {
33            legal++;
34            if (lab==kmeans.klassifiziere(testMenge.getVektorAtIndex(i)))
35                korrektErkannt++;
36        }
37    }
38
39    // Berechnung und Ausgabe der Erkennungsraten
40    double er = (double)korrektErkannt/legal;
41    if (er>maxwert)
42        maxwert = er;
43    System.out.println("Erkennungsrate von "+legal+" Testvektoren ="
44                        +(er*100)+"% (max "+maxwert*100+")");
45    }
46  }
47 }
```

Eine kleine Testklasse zur Ermittlung der Erkennungsrate soll nicht fehlen. Wir justieren testweise 20 Prototypen im Ziffernraum und beenden die Lernphase, wenn sich die Prototypen fast nicht mehr ändern, mit `epsilon=0.000001`:

```
C:\JavaCode>java KlassifikatorTest
Erkennungsrate von 199 Testvektoren = 70.854...% (max 70.854...)
Erkennungsrate von 199 Testvektoren = 72.361...% (max 72.361...)
Erkennungsrate von 199 Testvektoren = 77.889...% (max 77.889...)
...
Erkennungsrate von 199 Testvektoren = 74.371...% (max 80.904...)
```

Ein Testlauf zeigt eine Erkennungsrate von fast 81%. Das ist zunächst etwas unbefriedigend, aber kann mit verschiedenen Optimierungen weiter verbessert werden.

Es sei dem interessierten Leser an dieser Stelle überlassen, sich noch intensiver mit Klassifizierungsalgorithmen und ihren Optimierungen auseinander zu setzen (z. B. in [29, 28]). Spannung verspricht dieses Thema allemal.

13.2 Ein künstlicher Spielegegner

Wir betrachten Spiele als Suchprobleme. Das mögliche Verhalten eines Gegners muss dabei in Betracht gezogen werden. Im Folgenden wollen wir dem Computer beibringen, perfekt **TicTacToe** zu spielen und immer den für sich besten Zug auszuwählen. Die Herausforderung dabei ist, dass das Verhalten des Gegners ungewiss ist und uns gegenüber meistens unproduktiv. Wir müssen also davon ausgehen, dass der Gegner immer den für sich besten Zug auswählt.

13.2 Ein künstlicher Spielegegner

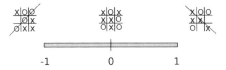

Abb. 13.7. Unsere Bewertungsfunktion für terminale Stellungen im Spiel TicTacToe

Wie schon bei der Einführung in die Algorithmik erwähnt, war Claude Elwood Shannon derjenige, der einen einfachen Algorithmus zur Lösung dieses Problems formulierte [31]. Eine Bewertungsfunktion spielt dabei eine sehr wichtige Rolle.

Für unser TicTacToe-Spiel liefert die Bewertungsfunktion, angewandt auf eine terminale Spielsituation, die Werte in Abb. 13.7.

Zu Beginn des Spiels haben wir zunächst keine Informationen über dessen Ausgang. Wir müssen also einen Blick in die Zukunft werfen und rekursiv via Brute Force alle Züge ausprobieren und die Zugfolgen bis zur letzten Stellung untersuchen. Erst am Ende können wir eine Aussage darüber treffen, welcher der Wege am vielversprechendsten ist.

13.2.1 Der MinMax-Algorithmus

Das MinMax-Prinzip ist relativ einfach, schauen wir es uns anhand eines Beispiels einmal an. Angenommen wir haben zwei Spieler **Schwarz** (Min, O) und **Weiß** (Max, X). Es liegt eine Stellung vor, in der Weiß drei mögliche Züge hat. Anschließend ist Schwarz an der Reihe und hat jeweils zwei mögliche Züge. Eine Bewertungsfunktion liefert uns für jede der ermittelten Stellungen einen der Werte $\{-1, 0, 1\}$. Dabei soll -1 für einen Sieg von Schwarz, 0 für ein Unentschieden und 1 für einen Sieg von Weiß stehen.

Min gewinnt, wenn er zu einer Stellung mit der Bewertung -1 gelangt. Darum wird er sich immer für den kleineren Wert entscheiden, er **minimiert** seine Stellung. Schwarz wählt also immer den kleinsten Wert aus. Max versucht seinerseits die Stellung zu **maximieren** und wählt immer den größten Wert aus (siehe Abb. 13.8).

Das im Wechsel stattfindende Maximieren und Minimieren gibt dem Algorithmus **MinMax** seinen Namen (siehe Abb. 13.9).

Bei dem rekursiven Durchlaufen der Stellungen können wir nicht nur die Bewertungen speichern, sondern auch den Zug, der zu der jeweils besten Stellung führt. Am Ende der Berechnung können wir neben einer Bewertung sogar die beste Zugfolge, die so genannte **Hauptvariante**, ausgeben.

13.2.2 MinMax mit unbegrenzter Suchtiefe

Wir können den MinMax-Algorithmus für den Fall formulieren, dass wir wie bei TicTacToe bis zu einer Stellung rechnen wollen und können, bei der eine Entscheidung

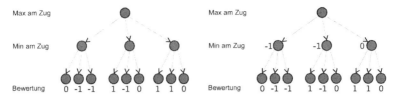

Abb. 13.8. Im *linken Bild* ist der Spielbaum zu sehen. Für welchen Zug soll sich Max nun in der obersten Ebene entscheiden? In der Ebene, in der sich Min entscheiden muss, können wir die lokal besten Wege bereits entscheiden. Wir speichern den minimalen Wert an den Knoten (*rechtes Bild*)

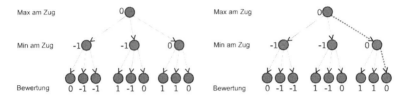

Abb. 13.9. Jetzt können wir auch in der obersten Ebene entscheiden, welchen maximalen Weg wir wählen müssen (*links*). In der rechten Abbildung können wir den wahrscheinlichsten Spielverlauf, die so genannte Hauptvariante, angeben (*gestrichelte Linie*)

über Sieg, Niederlage und Unentschieden getroffen und kein weiterer Zug möglich ist. Diese Stellungen nennen wir **terminale Stellungen**. Stellungen in denen Weiß, also die Partei am Zug ist, die den Wert maximieren möchte, nennen wir *MaxKnoten* und analog dazu *MinKnoten*, diejenigen bei denen Schwarz am Zug ist.

```
sei n die aktuelle Spielstellung
S sei die Menge der Nachfolger von n
```

$$\text{minmax}(n) = \begin{cases} \text{Wert}(n), & \text{wenn } n \text{ terminale Stellung} \\ \max_{s \in S} \text{minmax}(s), & \text{wenn } n \text{ ist MaxKnoten} \\ \min_{s \in S} \text{minmax}(s), & \text{wenn } n \text{ ist MinKnoten} \end{cases}$$

Es stellt sich hier natürlich die Frage: *Wie können wir MinMax z. B. für Schach einsetzen?* Im Schach gibt es schätzungsweise $2,28 * 10^{46}$ legale Schachpositionen und im Durchschnitt ist eine Partie 50 Züge lang. Eine weiße oder schwarze Aktion wird als **Halbzug** definiert und zwei Halbzüge ergeben einen **Zug**. Das ergebe 10^{120} Partieverläufe, die wir untersuchen müssten. Diese Zahl ist unvorstellbar groß, nur zum Vergleich: Die Anzahl der Atome im Weltall wird auf 10^{78} geschätzt. Es ist uns also nicht möglich von Beginn des Spiels bis zu allen terminalen Stellungen zu rechnen.

Trotzdem gibt es heutzutage viele Schachprogramme mit einer Spielstärke auf Großmeisterniveau. Die Lösung ist eine Begrenzung der Suchtiefe und die Kunst der Entwicklung einer guten Bewertungsfunktion.

13.2 Ein künstlicher Spielegegner

13.2.3 MinMax mit begrenzter Suchtiefe und Bewertungsfunktion

Die Idee besteht darin, nach einer bestimmten Suchtiefe abzubrechen und eine Bewertung dieser Stellung vorzunehmen. Diese Bewertung wird dann im Suchbaum zurückpropagiert [31].

Wie nun diese Bewertungsfunktion auszusehen hat, ist damit nicht gesagt. Sie sollte positive Werte für Weiß liefern, wobei größere Werte eine bessere Stellung versprechen. Analog dazu stehen negative Werte für favorisierte Stellungen von Schwarz.

In der Schachprogrammierung wird meistens eine Funktion f verwendet, die n verschiedene Teilbewertungen f_i einer Stellung S gewichtet aufaddiert und zurückgibt:

$$f(S) = \sum_{i=1}^{n} \alpha_i f_i(S)$$

Die Gewichte $\alpha_1, \ldots, \alpha_n$ müssen erst noch gefunden werden. Hier zwei kleine Beispiele für Teilbewertungen:

$$f_1(S) = materialWeiss(S) - materialSchwarz(S)$$

und

$$f_2(S) = mobilitaetWeiss(S) - mobilitaetSchwarz(S).$$

Mit Hilfe der Bewertungsfunktion f, der wir ab jetzt den Namen *evaluate* geben wollen, und einer Variable t, die die aktuelle Tiefe speichert, lässt sich nun der MinMax-Algorithmus wie folgt umformulieren:

```
maxKnoten(Stellung X, Tiefe t) -> Integer
    if (t == 0)
        return evaluate(X)
    else
        w := -∞
        for all Kinder X₁,...,Xₙ von X
            v=minKnoten(Xᵢ, t-1)
            if (v > w)
                w = v
        return w
```

Analog dazu lässt sich die Funktion *minKnoten* formulieren. Gestartet wird der Algorithmus mit einem $t > 0$. Unser Algorithmus berechnet leider immer alle Zugmöglichkeiten.

Eine Verbesserung ist der Alpha-Beta-Algorithmus, der Schranken für Spieler mitspeichert und deshalb an vielen Stellen Äste im Suchbaum einfach abschneiden kann. Dieser Alpha-Beta-Algorithmus arbeitet in Kombination mit Transpositionstabellen, das sind Tabellen in denen bereits berechnete Suchwerte gespeichert sind, ganz hervorragend. Aktuelle Schachprogramme schaffen mit weiteren Optimierungen eine Suchtiefe von 18 Halbzügen und mehr.

230   13 Tag 13: Methoden der Künstlichen Intelligenz

13.2.4 Spieleprojekt TicTacToe

Im folgenden Abschnitt wollen wir das Spieleprojekt TicTacToe realisieren. Es gibt einen KI-Gegner, der perfekt spielt und nicht zu besiegen ist.

Dazu definieren wir erstmal ein Spielbrett `board` und initialisieren diese 3×3-Matrix mit 0en. Spieler X ist am Zug, daher speichern wir in `spielerAmZug` eine 1.

```java
import java.io.*;

public class TicTacToe {
    private int[][] board;
    private int spielerAmZug;
    private int spielTiefe;
    private int bestMove;

    public TicTacToe(){
        // leeres Brett wird initialisiert
        board = new int[3][3];
        for (int i=0; i<3; i++)
            for (int j=0; j<3; j++)
                board[i][j] = 0;

        // Welcher Spieler ist am Zug? 1 für X und -1 für O
        spielerAmZug = 1;
        spielTiefe   = 0;
        bestMove     = 0;
    }
```

Um den MinMax-Algorithmus verwenden zu können, brauchen wir für jede Stellung alle möglichen legalen Züge des Spielers, der an der Reihe ist. Dies ist bei unserem TicTacToe-Spiel sehr einfach, da wir einen legalen Zug einfach durch eine 0 in der Spielbrettmatrix identifizieren können. Eine 0 entspricht also einem leeren Feld.

Nun müssen wir uns nur noch überlegen, in welcher Weise wir diesen Zug benennen wollen. Hier könnte man z. B. die x- und y-Koordinate aus der Matrix verwenden. Aus objektorientierter Sicht wäre es angebracht, eine Klasse **Move** zu schreiben und in `genMoves` eine **Move**-Liste zu erzeugen und zurückzugeben. Wir wollen das Programm aber möglichst klein und einfach halten und kodieren einen Zug, bestehend aus x- und y-Komponente wie folgt:

$$zug(x,y) = 10 * x + y$$

Damit haben wir eine eindeutige Zahl als Repräsentanten für einen Zug. Mit folgenden beiden Funktionen lassen sich die x- und y-Komponenten wieder leicht ermitteln:

$$x = zug(x,y)/10 \quad \text{und} \quad y = zug(x,y)\%10$$

Die Bewertungsfunktion geht davon aus, dass einer der beiden Spieler gewonnen hat oder kein Zug mehr möglich ist, also neun Steine auf dem Brett stehen. Wir brauchen noch eine Funktion die feststellt, ob alle Spielfelder besetzt sind. Die Funktion `countSigns` zählt die Anzahl der bereits besetzten Felder und mit `genMoves` erzeugen wir die Liste der legalen Züge.

13.2 Ein künstlicher Spielegegner

```java
22    // zählt die Anzahl der bereits besetzten Felder
23    private int countSigns(int[][] b){
24        int count=0;
25        for (int i=0; i < 3; i++)
26            for (int j=0; j < 3; j++)
27                if (b[i][j]!=0)
28                    count++;
29        return count;
30    }
31
32    // liefert die Liste der noch offenen Positionen mit x*10+y
33    private int[] genMoves(int[][] b){
34        // speichere die Züge
35        int[] zuege = new int[9-countSigns(b)]; //wieviele Züge gibt es?
36        int anzZuege = 0;
37        for (int i=0; i < 3; i++)
38            for (int j=0; j < 3; j++)
39                if (b[i][j]==0)
40                    zuege[anzZuege++] = i*10+j;
41        return zuege;
42    }
```

Nun benötigen wir noch die Bewertungsfunktion `evaluate`, die überprüft, ob wir bereits eine Zeile, Spalte oder Diagonale mit drei gleichen Einträgen besetzt haben. Die Funktion ist sehr kompakt formuliert, es lohnt sich, jeden Schritt genau nachzuvollziehen.

```java
45    // bewertet die Stellung: -1 O-gewinnt, 1 X-gewinnt, sonst 0
46    private int evaluate(int[][] b){
47        // prüfe zeilen und spalten
48        int sum=0, sum2=0;
49        for (int i=0; i < 3; i++) {
50            sum  = b[i][0] + b[i][1] + b[i][2];
51            sum2 = b[0][i] + b[1][i] + b[2][i];
52            if ((sum == -3)||(sum2 == -3))   return -1;
53            else if ((sum == 3)||(sum2 == 3)) return 1;
54        }
55
56        // prüfe die Diagonale links oben nach rechts unten
57        sum  = b[0][0] + b[1][1] + b[2][2];
58        // prüfe die Diagonale links unten nach rechts oben
59        sum2 = b[0][2] + b[1][1] + b[2][0];
60
61        if ((sum == -3)||(sum2 == -3))   return -1;
62        else if ((sum == 3)||(sum2 == 3)) return 1;
63
64        // ansonsten ist es (noch) unentschieden
65        return 0;
66    }
```

Die Funktion `showBoard` gibt das Brett mit den Koordinaten aus. Mit der Funktion `finishedGame` können wir in Erfahrung bringen, ob das Spiel bereits zu Ende ist und dann mit `resultGame` das Spielergebnis erhalten.

```java
68    // das aktuelle Brett wird angezeigt
69    public void showBoard(){
70        System.out.println("\n**1*2*3***");
71        for (int i=0; i < 3; i++){
72            System.out.print((i+1)+" ");
```

```java
73          for (int j=0; j < 3; j++){
74              if (board[i][j]==-1)      System.out.print("O ");
75              else if (board[i][j]==1)  System.out.print("X ");
76              else                      System.out.print("- ");
77          }
78          System.out.println(i+1);
79      }
80      System.out.println("**1*2*3**\n");
81  }
82
83  // Spiel schon zu Ende?
84  public boolean finishedGame(){
85      if ((evaluate(board)!=0) || (countSigns(board)==9))
86          return true;
87      else return false;
88  }
89
90  // das Spielergebnis wird ausgegeben
91  public String resultGame(){
92      int wert = evaluate(board);
93      if (wert==0)        return "Spiel endete unentschieden";
94      else if (wert==1) return "Spieler X gewinnt";
95      else                return "Spieler O gewinnt";
96  }
```

Es folgen die wichtigen Funktionen `minmaxX` und `minmaxO`. Beide rufen sich wechselseitig rekursiv auf. Nach der Abarbeitung steht der beste Zug, beginnend bei der Aufrufstellung, in `bestMove`.

```java
101  // X ist am Zug, bester Zug wird in bestMove gepseichert
102  public int minmaxX(int[][] b, int tiefe){
103      // vielleicht ist das Spiel schon fertig?
104      int eval = evaluate(b);
105      if (eval != 0)
106          return eval;
107      if (countSigns(b)==9)
108          return 0;
109
110      int max = -5;
111      int[] zuege = genMoves(b);
112
113      for (int i=0; i<zuege.length; i++) {
114          b[zuege[i]/10][zuege[i]%10] = 1; // führe X-Zug aus
115          int wert = minmaxO(b, tiefe+1);
116          if (wert > max) {
117              max = wert;
118              if (tiefe==spielTiefe)
119                  bestMove = zuege[i];        // besten Zug speichern
120          }
121          b[zuege[i]/10][zuege[i]%10] = 0; // nimm X-Zug zurück
122      }
123      return max;
124  }
125
126  // O ist am Zug, bester Zug wird in bestMove gespeichert
127  public int minmaxO(int[][] b, int tiefe){
128      // vielleicht ist das Spiel schon fertig?
129      int eval = evaluate(b);
130      if (eval != 0)
131          return eval;
132      if (countSigns(b)==9)
133          return 0;
134
```

13.2 Ein künstlicher Spielegegner

```java
int min = 5;
int[] zuege = genMoves(b);

for (int i=0; i<zuege.length; i++) {
    b[zuege[i]/10][zuege[i]%10] = -1;// führe O-Zug aus
    int wert = minmaxX(b, tiefe+1);
    if (wert < min) {
        min = wert;
        if (tiefe==spielTiefe)
            bestMove = zuege[i];         // besten Zug speichern
    }
    b[zuege[i]/10][zuege[i]%10] = 0; // nimm O-Zug zurück
}
return min;
}
```

Von außen können wir in `meinZug` einen Zug abgeben und wenn dieser legal ist, wird er ausgeführt und der zweite Spieler ist am Zug.

```java
// Spieler macht einen Zug
public boolean meinZug(int x, int y, int move) {
    if ((x>=0) && (x<3) && (y>=0) && (y<3) &&
        (board[x][y]==0) && (spielerAmZug==move)) {
        board[x][y] = move;
        spielerAmZug = -spielerAmZug;
        spielTiefe++;
        return true;
    } else
        return false;
}
```

Wenn der Computer einen Zug ausführen soll, dann wird die entsprechende MinMax-Funktion gestartet. Nach dem Durchlauf können wir den besten Zug aus der Variable `bestMove` auslesen.

```java
// Computer darf einen Zug machen
public void compZug() {
    if (spielerAmZug==-1) {
        minmaxO(board, spielTiefe);
        board[bestMove/10][bestMove%10] = -1;
    } else {
        minmaxX(board, spielTiefe);
        board[bestMove/10][bestMove%10] = 1;
    }
    spielTiefe++;
    spielerAmZug = -spielerAmZug;
}
```

Wir können an dieser Stelle aber vorweg schauen, ob es bei genauem Spiel einen Gewinner geben kann oder ob das Spiel theoretisch immer Remis endet.

Dazu erzeugen wir eine Instanz der Klasse **TicTacToe** und berechnen mit MinMax die Startstellung und alle Folgestellungen komplett durch.

```java
public static void main(String[] args){
    TicTacToe ttt = new TicTacToe();
    System.out.println("MinMax liefert den Wert:
                       "+ttt.minmaxX(ttt.board));
}
```

Schauen wir uns mal an, was passiert, wenn wir das Programm ausführen:

```
C:\JavaCode>java TicTacToe
MinMax liefert den Wert: 0
```

Daraus schlussfolgern wir, dass es bei korrektem Spiel beider Spieler keinen Gewinner geben kann. Anschließend starten wir ein Spiel gegen den Computer. Das Spiel könnte in etwa so formuliert werden:

```java
public static void main(String[] args){
    TicTacToe ttt = new TicTacToe();

    // zur Kommunikation
    InputStreamReader stdin   = new InputStreamReader(System.in);
    BufferedReader console    = new BufferedReader(stdin);

    int x, y;
    while (true) {
        ttt.showBoard();
        System.out.println("Ihr Zug, zuerst x dann y: ");

        try {
            x = Integer.parseInt(console.readLine());
            y = Integer.parseInt(console.readLine());
        } catch(Exception e){
            System.out.println("Eingabefehler, versuchen Sie es noch
                                einmal."); // Zeilenumbruch entfernen
            continue;
        }

        if (!ttt.meinZug(y-1, x-1, 1)) {
            System.out.println("ungültiger Zug, bitte noch einmal...");
            continue;
        }

        if (ttt.finishedGame()) {
            System.out.print("ENDE! ");
            System.out.println(ttt.resultGame());
            ttt.showBoard();
            break;
        }

        System.out.println("Der Computer hat gespielt: ");
        ttt.compZug();

        if (ttt.finishedGame()) {
            System.out.print("ENDE! ");
            System.out.println(ttt.resultGame());
            ttt.showBoard();
            break;
        }
    }
}
```

Mit etwas Glück konnte ich das Remis halten:

```
C:\JavaCode>java TicTacToe

**1*2*3**
1 - - - 1
2 - - - 2
```

13.2 Ein künstlicher Spielegegner
235

```
3 - - - 3
**1*2*3**

Ihr Zug, zuerst x dann y:
2
2
Der Computer hat gespielt:

**1*2*3**
1 O - - 1
2 - X - 2
3 - - - 3
**1*2*3**

Ihr Zug, zuerst x dann y:
2
1
Der Computer hat gespielt:

**1*2*3**
1 O X - 1
2 - X - 2
3 - O - 3
**1*2*3**

Ihr Zug, zuerst x dann y:
1
3
Der Computer hat gespielt:

**1*2*3**
1 O X O 1
2 - X - 2
3 X O - 3
**1*2*3**

Ihr Zug, zuerst x dann y:
3
2
Der Computer hat gespielt:

**1*2*3**
1 O X O 1
2 O X X 2
3 X O - 3
**1*2*3**

Ihr Zug, zuerst x dann y:
3
3
ENDE! Spiel endete unentschieden

**1*2*3**
1 O X O 1
2 O X X 2
3 X O X 3
**1*2*3**
```

Damit haben wir eine perfekt spielende TicTacToe-KI geschrieben. Das Beispiel kann leicht zu anderen Spielen, wie z. B. 4-gewinnt, erweitert werden.

13.3 Zusammenfassung und Aufgaben

Dieses Kapitel hat uns mit Beispielen aus der Mustererkennung und Spieltheorie verschiedene Ansätze der Künstlichen Intelligenz gezeigt. Mit Hilfe der beiden Methoden k-nn und k-means konnte der Computer Darstellungen von Ziffern richtig klassifizieren. k-nn hatte zwar eine bessere Erkennungsrate, war aber in der Erkennungsphase sehr viel aufwändiger als k-means.

Mit einem perfekt spielenden TicTacToe-Programm sind wir in die Spieltheorie eingestiegen. Das MinMax-Prinzip in Kombination mit einer Bewertungsfunktion war ein Durchbruch bei der Entwicklung spielender Maschinen. Heutzutage basieren alle Suchalgorithmen bei Schachprogrammen auf dem MinMax-Prinzip.

Aufgaben

Übung 1) Auf der Buchwebseite stehen die Buchprogramme zum Download zur Verfügung. Es befinden sich dort zwei weitere Datenbanken, die Ziffern repräsentieren. Im Unterschied zur Comay-Datenbank, die Ziffern als Bilder gespeichert hat, liegen in diesen Datenbanken die Ziffern als Linienzüge vor. Schreiben Sie eine entsprechende Einlesefunktion und ermitteln Sie mit k-nn und k-means die Erkennungsraten.

Übung 2) Suchen Sie im Internet nach Datenbanken von Gesichtern. Passen Sie die Einlesefunktion an und verwenden Sie Ihre beiden Methoden k-nn und k-means für die Erkennung von Gesichtern.

Übung 3) Erweitern Sie das TicTacToe-Spiel auf die Spielfeldgröße $n \times n$ und ändern sie das Spiel so, dass derjenige gewinnt, der als erstes eine zusammenhängende Zeile, Spalte oder Diagonale der Länge m, mit $m < n$, vollständig hat.

14

Tag 14: Entwicklung einer größeren Anwendung

Anhand kleiner Projekte haben wir wichtige Konzepte und Methoden der Softwareentwicklung kennengelernt. Jetzt ist es an der Zeit, ein großes Projekt von der Entwurfssphase bis zur fertigen Präsentation durchzuführen.

Als Beispiel haben wir Tetris gewählt und unsere Variante mit dem Namen **TeeTrist** versehen, da sie über einen überschaubaren Funktionsumfang verfügt und in ihrer Darstellung sicherlich noch ausbaufähig ist.

M. Block, *JAVA-Intensivkurs*
DOI 10.1007/978-3-642-03955-3, © Springer 2010

14.1 Entwurf eines Konzepts

Um mit diesem Projekt beginnen zu können, müssen wir zunächst ein paar grundlegende Fragen beantworten. Da es sich um eine bereits existierende Anwendung handelt, können wir das Regelwerk von Tetris und die entsprechenden Anforderungen zusammentragen. In der Softwaretechnik wird diese Phase als **Anforderungsanalyse** bezeichnet. Wir verwenden eine Drei-Schichten-Architektur (siehe z. B. [38]), in der GUI, konzeptuelles Schema (Spiellogik) und Datenhaltung getrennt entwickelt werden. Dazu müssen wir die Schnittstellen zwischen Spieldaten und -logik sowie Spiellogik und GUI definieren. Die Antworten auf die folgenden Fragen ergeben eine **Systembeschreibung**.

Wo lassen sich detaillierte Informationen zu Tetris finden?

Eine gute Informationsquelle stellt Wikipedia dar. Auf der folgenden Seite *http://de. wikipedia.org/wiki/Tetris* können wir uns mit dem Spielgeschehen und den Feinheiten vertraut machen.

Welche Regeln gelten für das Spiel und wie sieht ein typischer Spielverlauf aus?

Es gibt ein Spielfeld in das von oben nacheinander Spielsteine gelangen. Diese besitzen eine bestimmte Fallgeschwindigkeit. Der Benutzer kann den Fall der Steine durch Drehung um 90 Grad, Verschiebung nach links oder rechts und Erhöhung der Fallgeschwindigkeit manipulieren. Ein Spielstein wird durch den Rand des Spielfelds oder andere bereits auf dem Spielfeldgrund befindliche Steine gestoppt, er bleibt an der Position liegen und der nächste Stein (wird zufällig gewählt) gelangt von oben in das Spielfeld. Sollten die Steine, nachdem ein Stein eine feste Position erhalten hat, eine komplett gefüllte Reihe ergeben, so verschwinden diese aus dem Spielfeld und der Benutzer erhält einen Punktebonus (dieser ist abhängig von der Anzahl der kompletten Reihen, möglich sind 1–4). Das Spiel endet, wenn die Höhe der im Spielfeld positionierten Spielsteine zu groß geworden ist und kein neuer Spielstein mehr auf das Feld passt. Ziel ist es, möglichst viele Punkte zu erreichen.

Wie soll die Interaktion zwischen Benutzer und Anwendung stattfinden?

Die Anwendung läuft in einer Schleife und produziert Spielsteine, die dann automatisch fallen. Der Benutzer soll mit den auf der Tastatur befindlichen Pfeil-Tasten →, ←, ↓, ↑ diese Steine manipulieren können. Zusätzlich gibt es die Möglichkeit, mit **q** das Spiel zu beenden und die Anwendung zu schließen, mit **n** ein neues Spiel zu starten oder mit der **Leertaste** den Stein sofort nach unten fallen zu lassen.

Welche Spieldaten müssen gespeichert werden?

Es müssen die bereits positionierten Spielsteine und die Position des aktuell fallenden Spielsteins innerhalb der Spielfeldmatrix festgehalten werden. Die Spielsteintypen werden mit unterschiedlichen Zahlen repräsentiert, um bei der späteren Darstellung in der GUI eine farbliche Unterscheidung vornehmen zu können. Zu den gehaltenen Daten gehören auch die Baupläne der aus einzelnen Kästchen zusammengesetzten Spieltypen.

14.1 Entwurf eines Konzepts   239

Wie soll die Spiellogik realisiert werden?

Da wir eine Anwendung realisieren wollen die zeitabhängig ist (Fallgeschwindigkeit des Spielsteins), müssen wir diesen Teil eigenständig laufen lassen. Das führt
dazu, dass wir uns mit dem Konzept der Threads in Java vertraut machen werden.
Die Spiellogik verwaltet die Kommunikation mit dem Benutzer und den aktuellen
Zustand des Spiels. Nach einer bestimmten Zeit wird der aktuelle Stein ein Feld nach
unten bewegt, falls das möglich ist. Sollte der Stein nicht weiter fallen können wird
untersucht, ob vollständige Zeilen vorliegen und diese aus dem Spielfeld genommen
werden können. Anschließend wird überprüft, ob das Spielfeld bereits voll und demnach das Spiel beendet ist oder ein neuer zufälliger Stein ins Spiel gebracht werden
kann.

Wie definieren wir die Schnittstelle zwischen Spiellogik und Spieldaten?

Die Spieldaten repräsentieren alle wichtigen Spielzustandsinformationen, wie z. B.
die aktuelle Belegung des Spielbretts und Methoden für die Änderung dieser Zustände. Zu den Daten gehören Informationen über die Spielbrettgröße, aktuelle Punktezahl und Inhalt einer bestimmten Position der Spielmatrix. Für die Spiellogik werden Methoden bereitgestellt, die Einfluss auf den aktuellen Zustand nehmen können,
wie z. B. „gib nächsten Stein", „verschiebe Stein nach links oder rechts", „drehe
Stein", „lass Stein schneller oder ganz nach unten fallen" und „überprüfe auf vollständige Zeilen". In die andere Richtung, also von den Daten zur Spiellogik, gibt es
keine Kommunikation.

Wie sieht die Schnittstelle zwischen GUI und Spiellogik aus?

Die Spiellogik liefert der GUI, die folgenden Informationen: Breite und Höhe des
Spielbretts, aktuelle Punktezahl und die Information über den Spielsteintyp an einer
bestimmten Position innerhalb des Spielfelds. Des Weiteren veranlasst die Spiellogik
nach einer Änderung des Systemzustands die Aktualisierung der Anzeige und liefert
die Information, ob das Spiel zu Ende ist.

**Welche Komponenten werden für eine grafische Benutzeroberfläche (GUI)
benötigt?**

Als Oberfläche genügt ein Fenster, in dem wir ein Panel (GUI-Element, das ähnlich
wie ein Fenster mehrere andere GUI-Elemente aufnehmen kann) einfügen. Das Panel
repräsentiert das Spielfeld und die darauf befindlichen Steine.

Um die Systembeschreibung zu vervollständigen, erarbeiten wir noch ein Klassendiagramm. Schauen wir uns die Klassen der drei Komponenten GUI, Spiellogik und
Datenverwaltung zunächst einzeln und anschließend im Kontext an.

14.1.1 GUI Klassen

Als äußeren Rahmen nehmen wir ein Fenster und betten dort ein Panel ein. Auf
diesem Panel werden alle Spielinformationen und die Dynamik der Spielsteine
innerhalb des Spielfelds angezeigt. Das Fenster **TeeTrist** erbt von **Frame** und
TeeTristPanel von **Panel** (siehe Abb. 14.1).

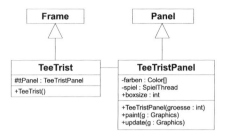

Abb. 14.1. Klassendiagramm zu den GUI-Klassen

14.1.2 Spiellogik

Da wir die Spiellogik als unabhängigen Prozess laufen lassen wollen, erbt die Klasse **SpielThread** von der Klasse **Thread**. Die beiden wichtigsten Methoden sind run und keyPressed. Die Methode run wird ein einziges Mal zu Beginn gestartet und lässt sich als unendliche Schleife verstehen. Die Kommunikation mit dem Benutzer wird durch die Methode keyPressed realisiert (siehe Abb. 14.2).

Die GUI-Klasse **TeeTristPanel** greift auf die Methoden getSpielfeldBreite, getSpielfeldHoehe, getSpielfeldPunkte, getSpielfeldTyp und istSpielBeendet zu.

14.1.3 Spieldatenverwaltung

Die Klasse **TeeTristBox** repräsentiert lediglich die Position eines Kästchens relativ zum Ursprung des Spielsteins.

Um die Kästchen zu einem Spielstein zusammenzufassen, repräsentiert die Klasse **TeeTristStein** die relativen Positionen der vier Kästchen und die aktuelle Position des Steins innerhalb der Spielmatrix. Die Funktionen getPositionX(int i)

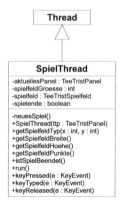

Abb. 14.2. Klassendiagramm zum Spielthread

14.1 Entwurf eines Konzepts

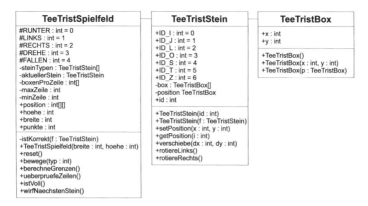

Abb. 14.3. Klassendiagramm zur Spieldatenverwaltung

und getPositionY(int i) liefern die *x*- und *y*-Koordinaten des *i*-ten Kästchen für die Spielfeldmatrix und die Funktion setPosition(int x, int y) setzt den Ursprung neu. Des Weiteren bietet diese Klasse Funktionen für die Manipulation eines Spielsteins, wie rotiereLinks, rotiereRechts und verschiebe.

Die Hauptverwaltung der Spielinformationen befindet sich in der Klasse **TeeTristSpielfeld** (siehe Abb. 14.3).

Informationen über den aktuellen Stein aktuellerStein, das Spielfeld position [][], die Spielfeldgröße hoehe und breite sowie die bisher erreichten Punkte punkte werden gespeichert. Zu den Methoden zählen die Reinitialisierung des Spielfelds reset, die Bewegung des aktuellen Spielsteins bewege (verwendet die Methode istKorrekt, die true liefert, falls sich die Position wirklich verändert hat), die Erzeugung eines neuen zufälligen Steins wirfNaechstenStein, die Berechnung der neuen Grenzen für eine optimierte Suche der vollen Zeilen berechneGrenzen, die Überprüfung und Löschung voller Zeilen ueberpruefeZeilen und die Methode istVoll, die prüft, ob die maximale Zeilenhöhe erreicht wurde.

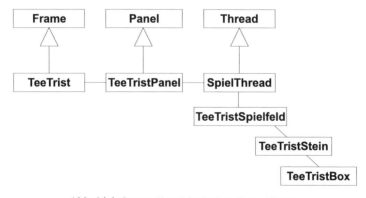

Abb. 14.4. Gesamtübersicht der beteiligten Klassen

14.1.4 Komplettes Klassendiagramm

Um die Darstellung nicht unnötig unübersichtlich zu gestalten, genügt es uns, die Klassen und die Verbindungen der Klassen untereinander im gesamten Klassendiagramm darzustellen (siehe Abb. 14.4).

14.2 Implementierung

Es folgen die Implementierungen der im Klassendiagramm Abb. 14.4 gezeigten Klassen im einzelnen.

14.2.1 Klasse TeeTristBox

Die Klasse TeeTristBox ist eine Containerklasse für die beiden Variablen x und y, die die aktuelle Position einer Box speichern. Wir stellen für spätere Zwecke mehrere Konstruktoren zur Verfügung. Für unbekannte Positionen erzeugt der Konstruktor eine Box, die sich im Ursprung befindet.

```java
public class TeeTristBox {
  public int x;
  public int y;

  public TeeTristBox () {
    this(0,0);
  }

  public TeeTristBox (int x, int y) {
    this.x = x;
    this.y = y;
  }

  public TeeTristBox (TeeTristBox p) {
    this.x = p.x;
    this.y = p.y;
  }
}
```

Der letzte Konstruktor entspricht einem Copy-Konstruktor. Die Eingabe einer Instanz vom selben Typ führt zu einer identischen Kopie (siehe dazu Abschn. 7.4.2).

14.2.2 Klasse TeeTristStein

Die Aufgabe besteht nun darin, die sieben verschiedenen Spielsteine zu erzeugen (siehe Abb. 14.5).

Die Steintypen werden durch die Integer-Konstanten ID_I, ID_J, ..., ID_Z assoziiert. Die Liste box verwaltet die zu dem Spielstein gehörenden vier Boxen und in position wird die aktuelle Position relativ zum Spielfeld gespeichert.

14.2 Implementierung

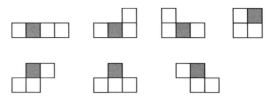

Abb. 14.5. Die unterschiedlichen Steine bei Tetris. Die *grau dargestellten Boxen* entsprechen dem Ursprung mit der relativen Position (0,0)

```java
public class TeeTristStein {
   //
   // 0#00
   static final int ID_I = 0;
   //   O
   // 0#0
   static final int ID_J = 1;
   // 0
   // 0#0
   static final int ID_L = 2;
   // 0#
   // 00
   static final int ID_O = 3;
   // #0
   // 00
   static final int ID_S = 4;
   // 000
   //  #
   static final int ID_T = 5;
   // 0#
   // 00
   static final int ID_Z = 6;

   private TeeTristBox box[];
   private TeeTristBox position;

   public int id;
```

Bei der Erzeugung einer Instanz der Klasse, werden je nach Typ die entsprechenden Boxen hinzugefügt. An dieser Stelle wird ebenfalls wieder ein Copy-Konstruktor bereitgestellt.

```java
   // Konstruktor
   public TeeTristStein(int id) {
      box = new TeeTristBox[4];
      for(int i=0; i<box.length; i++)
         box[i] = new TeeTristBox();
      position = new TeeTristBox();
      this.id = id;

      int index = 0;
      switch (id) {
         // 0#000
         case ID_I:
            box[index++]=new TeeTristBox(-1,0);
            box[index++]=new TeeTristBox(0,0);
            box[index++]=new TeeTristBox(1,0);
            box[index++]=new TeeTristBox(2,0);
```

```
45        break;
46        //   O
47        // O#O
48     case ID_J:
49        box[index++]=new TeeTristBox(1,1);
50        box[index++]=new TeeTristBox(-1,0);
51        box[index++]=new TeeTristBox(0,0);
52        box[index++]=new TeeTristBox(1,0);
53        break;
54        // O
55        // O#O
56     case ID_L:
57        box[index++]=new TeeTristBox(-1,1);
58        box[index++]=new TeeTristBox(-1,0);
59        box[index++]=new TeeTristBox(0,0);
60        box[index++]=new TeeTristBox(1,0);
61        break;
62        // O#
63        // OO
64     case ID_O:
65        box[index++]=new TeeTristBox(-1,0);
66        box[index++]=new TeeTristBox(0,0);
67        box[index++]=new TeeTristBox(-1,-1);
68        box[index++]=new TeeTristBox(0,-1);
69        break;
70        //  #O
71        // OO
72     case ID_S:
73        box[index++]=new TeeTristBox(0,0);
74        box[index++]=new TeeTristBox(1,0);
75        box[index++]=new TeeTristBox(-1,-1);
76        box[index++]=new TeeTristBox(0,-1);
77        break;
78        // OOO
79        //  #
80     case ID_T:
81        box[index++]=new TeeTristBox(0,0);
82        box[index++]=new TeeTristBox(-1,1);
83        box[index++]=new TeeTristBox(0,1);
84        box[index++]=new TeeTristBox(1,1);
85        break;
86        // O#
87        //  OO
88     case ID_Z:
89        box[index++]=new TeeTristBox(-1,0);
90        box[index++]=new TeeTristBox(0,0);
91        box[index++]=new TeeTristBox(0,-1);
92        box[index++]=new TeeTristBox(1,-1);
93        break;
94     }
95  }
96
97  public TeeTristStein(TeeTristStein f) {
98     box = new TeeTristBox[4];
99     for (int i=0; i<box.length; i++)
100       box[i] = new TeeTristBox(f.box[i]);
101    position = new TeeTristBox(f.position);
102    id = f.id;
103 }
```

Mit setPosition wird die Position des Spielsteins im Spielfeld festgelegt. Die Methoden getPositionX und getPositionY liefern die jeweiligen *x*- und *y*-Koordinaten. Der Spielstein kann aber auch mit Hilfe der drei folgenden Funktionen bewegt werden: verschiebe, rotiereLinks und rotiereRechts. An dieser Stelle

14.2 Implementierung

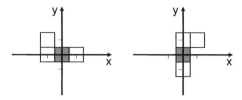

Abb. 14.6. Rechtsrotation eines Spielsteines um 90°

wollen wir die Rechtsrotation des Spielsteins ID_L um 90° exemplarisch erläutern (siehe Abb. 14.6).

Wir interpretieren jede Box als Vektor. Deshalb können wir die Koordinaten jeder Box, mittels einer einfachen, linearen Transformation, um 90° nach rechts drehen:

$$\begin{pmatrix} x \\ y \end{pmatrix} := \begin{pmatrix} 0 & 1 \\ -1 & 0 \end{pmatrix} \begin{pmatrix} x \\ y \end{pmatrix} = \begin{pmatrix} y \\ -x \end{pmatrix}$$

Da die *x*- und *y*-Werte in box gespeichert sind, können wir die Koordinaten wie folgt neu setzen:

```
hilfe     = box[i].y;
box[i].y  = -box[i].x;
box[i].x  = hilfe;
```

Wollen wir an dieser Stelle nach links drehen, verwenden wir die folgende Rotationsgleichung:

$$\begin{pmatrix} x \\ y \end{pmatrix} := \begin{pmatrix} 0 & -1 \\ 1 & 0 \end{pmatrix} \begin{pmatrix} x \\ y \end{pmatrix} = \begin{pmatrix} -y \\ x \end{pmatrix}$$

```
105  // public Methoden
106  public void setPosition(int x, int y) {
107    position.x = x;
108    position.y = y;
109  }
110
111  public int getPositionX(int i) {
112    return box[i].x + position.x;
113  }
114
115  public int getPositionY(int i) {
116    return box[i].y + position.y;
117  }
118
119  public void verschiebe(int dx, int dy) {
120    position.x += dx;
121    position.y += dy;
122  }
123
124  public void rotiereLinks() {
125    if (id==ID_O) return;
126    int hilfe;
127    for (int i=0; i<box.length; i++) {
```

```
128        hilfe    = box[i].x;
129        box[i].x = -box[i].y;
130        box[i].y = hilfe;
131      }
132    }
133
134    public void rotiereRechts() {
135      if (id==ID_O)
136        return;
137      int hilfe;
138      for (int i=0; i<box.length; i++) {
139        hilfe    = box[i].y;
140        box[i].y = -box[i].x;
141        box[i].x = hilfe;
142      }
143    }
144 }
```

14.2.3 Klasse TeeTristSpielfeld

Die Klasse **TeeTristSpielfeld** verdient eine intensive Besprechung, da in ihr der größte Verwaltungsaufwand steckt. Die Integer-Konstanten RUNTER, LINKS, RECHTS, DREHE und FALLEN, repräsentieren die unterschiedlichen Bewegungen des aktuellen Spielsteins aktuellerStein im Feld. Da die Klasse auch die Aufgabe hat, den nächsten Stein zu erzeugen, sind Ihr alle möglichen sieben Spielsteintypen mit steinTypen bekannt.

Die Matrix position speichert alle Boxtypen der bereits gespielten Spielsteine. boxenProZeile speichert die Anzahl der Boxen in jeder Zeile. Damit überprüfen wir später, ob eine Zeile gefüllt ist, zu Punkten führt und entsprechend gelöscht werden kann.

Veranschaulichen wir uns die verschiedenen Parameter in Abb. 14.7.

```
1  import java.util.Random;
2
3  public class TeeTristSpielfeld {
4    static final int RUNTER = 0;
5    static final int LINKS  = 1;
6    static final int RECHTS = 2;
7    static final int DREHE  = 3;
8    static final int FALLEN = 4;
9
10   private TeeTristStein steinTypen[] = new TeeTristStein[7];
11   private TeeTristStein aktuellerStein;
12   public int position[][];
13   private int[] boxenProZeile;
14   private int maxZeile, minZeile;
15   public int hoehe, breite, punkte;
```

Im Konstruktor werden die Spielfeldgröße durch die Parameter breite und hoehe festgelegt und die Spielsteine initialisiert. Im sichtbaren Bereich der Matrix fehlen vier Zeilen, die für die Startposition eines Spielsteins gedacht sind.

14.2 Implementierung

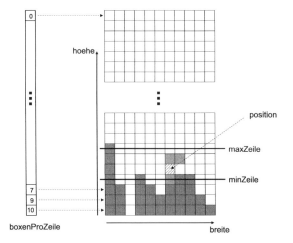

Abb. 14.7. Darstellung der Parameter im Spielfeld

```
17  // Konstruktor
18  public TeeTristSpielfeld(int breite, int hoehe) {
19    position      = new int[breite][hoehe+4];
20    boxenProZeile = new int[hoehe+4];
21
22    this.breite = breite;
23    this.hoehe  = hoehe;
24
25    for(int id = TeeTristStein.ID_I; id<=TeeTristStein.ID_Z; id++)
26      steinTypen[id] = new TeeTristStein(id);
27
28    reset();
29  }
```

Die im Konstruktor aufgerufene Methode reset löscht die Matrixeinträge und setzt alle auf -1, wie auch die maxZeile. Die Anzahl der Boxen pro Zeile und die Punkte werden auf Null gesetzt.

```
31  // Reset-Methode
32  public void reset() {
33    for (int y=0; y<hoehe+4; y++) {
34      boxenProZeile[y] = 0;
35      for (int x=0; x<breite; x++)
36        position[x][y] = -1;
37    }
38
39    maxZeile = -1;
40    punkte   = 0;
41  }
```

Die Spielsteine können verschiedene Bewegungen ausführen. Diese werden in der Methode bewege, durch die Löschung der aktuellen Steinposition und einer anschließenden Verschiebung oder Rotation, realisiert. Falls die gewünschte Bewegung nicht möglich ist, wird ein false zurückgeliefert, ansonsten ein true.

14 Tag 14: Entwicklung einer größeren Anwendung

```java
43   public boolean bewege(int typ) {
44     TeeTristStein neuerStein;
45     boolean bewegt;
46     int x,y;
47     for (int i=0; i<4; i++) {
48       x = aktuellerStein.getPositionX(i);
49       y = aktuellerStein.getPositionY(i);
50       position[x][y] = -1;
51     }
52
53     neuerStein = new TeeTristStein(aktuellerStein);
54     switch(typ) {
55       case RUNTER:
56         neuerStein.verschiebe(0,-1);
57         break;
58       case LINKS:
59         neuerStein.verschiebe(-1,0);
60         break;
61       case RECHTS:
62         neuerStein.verschiebe(1,0);
63         break;
64       case DREHE:
65         // Alternative hier ist die Linksrotation rotateLeft()
66         neuerStein.rotiereRechts();
67         break;
68       case FALLEN:
69         while (istKorrekt(neuerStein))
70           neuerStein.verschiebe(0,-1);
71         neuerStein.verschiebe(0,1);
72         break;
73     }
74     if (bewegt=istKorrekt(neuerStein))
75       aktuellerStein = neuerStein;
76
77     for (int i=0; i<4; i++) {
78       x = aktuellerStein.getPositionX(i);
79       y = aktuellerStein.getPositionY(i);
80       position[x][y] = aktuellerStein.id;
81     }
82     return bewegt;
83   }
```

Die Methode `istKorrekt` überprüft, ob sich der bewegte Stein innerhalb des Feldes liegt und keine der im Feld befindlichen Boxen überlagert.

```java
85   private boolean istKorrekt(TeeTristStein f) {
86     int x, y;
87     for(int i=0; i<4; i++) {
88       x = f.getPositionX(i);
89       y = f.getPositionY(i);
90
91       if (x<0 || x>=this.breite || y<0)
92         return false;
93
94       if (position[x][y]!=-1)
95         return false;
96     }
97     return true;
98   }
```

Nachdem festgestellt wurde, dass der aktuelle Stein nicht mehr ziehen kann, müssen einige Parameter aktualisiert werden.

14.2 Implementierung

```
100    public void berechneGrenzen () {
101      minZeile = Integer.MAX_VALUE;
102      int y;
103      for (int i=0; i<4; i++) {
104        y = aktuellerStein.getPositionY(i);
105        boxenProZeile[y]++;
106        maxZeile = Math.max(maxZeile, y);
107        minZeile = Math.min(minZeile, y);
108      }
109    }
```

Der Stein kann nicht mehr ziehen und die Grenzen `minZeile` und `maxZeile` wurden aktualisiert. Innerhalb dieser Region wird nun überprüft, ob Zeilen vollständig sind und entsprechend zu Punkten führen und entfernt werden können.

```
111    public void ueberpruefeZeilen () {
112      for (int y=minZeile+3, inc=1; y>=minZeile; y--) {
113        if (boxenProZeile[y]==this.breite) {
114          for (int i=y; i<maxZeile; i++) {
115            for (int j=0; j<breite; j++)
116              position[j][i] = position[j][i+1];
117            boxenProZeile[i] = boxenProZeile[i+1];
118          }
119
120          for (int i=0; i<breite; i++)
121            position[i][maxZeile] = -1;
122
123          boxenProZeile[maxZeile] = 0;
124          maxZeile--;
125          punkte+=(inc++)*50;
126        }
127      }
128    }
```

Das Spiel endet, wenn die maximale Höhe erreicht wurde.

```
130    public boolean istVoll () {
131      return maxZeile>=hoehe;
132    }
```

Falls das Spiel nicht zu Ende ist, muss ein neuer Stein ermittelt werden.

```
134    public void wirfNaechstenStein () {
135      aktuellerStein = new TeeTristStein(steinTypen[(int)(Math.random()*
136                                        steinTypen.length)]);
137
138      switch (aktuellerStein.id) {
139        case TeeTristStein.ID_I:
140        case TeeTristStein.ID_J:
141        case TeeTristStein.ID_L:
142        case TeeTristStein.ID_T:
143          aktuellerStein.setPosition(breite/2, hoehe);
144          break;
145        default:
146          aktuellerStein.setPosition(breite/2, hoehe+1);
147      }
148    }
149  }
```

250   14 Tag 14: Entwicklung einer größeren Anwendung

14.2.4 Klasse SpielThread

Für unsere Klasse **SpielThread** verwenden wir erstmalig das Konzept der Parallelisierung. Bei den Methoden der Programmerstellung (Abschn. 2.2) haben wir bereits erfahren, dass Parallelisierung eine der drei Schlüsselmethoden ist.

Wir wollen die Animation laufen lassen und diese soll nach einer gewissen Zeit Änderungen im Spielzustand vornehmen, z. B. den Spielstein fallen lassen oder Punkte vergeben. Dabei werden Tastatureingaben zur Manipulation des Spielgeschehens erwartet. Zu einer vernünftigen Realisierung verwenden wir einen **Thread**. Ein Thread ist ein Prozess oder ein Programmteil, der sich im Prinzip autonom verhält, der aber nur so lange funktionieren kann, bis er gestoppt wird oder bis das Hauptprogramm, das diesen Thread erzeugt und gestartet hat, beendet wird.

Die Handhabung eines Threads in Java ist relativ einfach. Die Handhabung mehrerer Threads dagegen ist sicherlich nicht als einfach einzuordnen, da beispielsweise Probleme bei der Synchronisation zu lösen sind [18, 17]. In unserem Beispiel genügt es, zunächst von der Klasse **Thread** abzuleiten und nur die Methode run zu überschreiben. Eine ausführliche Einführung zu diesem sehr wichtigen Thema findet sich z. B. in [9].

Schauen wir uns die Implementierung der Klasse **SpielThread** an, die die komplette Spiellogik beinhaltet:

```
1  import java.awt.event.KeyEvent;
2  import java.awt.event.KeyListener;
3
4  public class SpielThread extends Thread implements KeyListener{
5    private TeeTristPanel aktuellesPanel;
6    private int spielfeldGroesse;
7    private TeeTristSpielfeld spielfeld;
8    private boolean spielende;
```

Neben der Vererbung von **Thread** implementieren wir das Interface **KeyListener**, um auf die Tastatureingaben reagieren zu können. Das GUI-Element **TeeTristPanel** kümmert sich, wie wir anschließend sehen werden, um die Visualisierung des Spielfelds und stellt die Schnittstelle zwischen der Spiellogik und GUI dar. Eine Instanz von **TeeTristSpielfeld** speichert den aktuellen Spielzustand.

```
10  // Konstruktor
11  public SpielThread(TeeTristPanel ttp) {
12    super();
13    aktuellesPanel   = ttp;
14    spielfeldGroesse = ttp.boxSize;
15
16    // Spielfeld wird angelegt
17    spielfeld        = new TeeTristSpielfeld(11, 20);
18    spielfeld.wirfNaechstenStein();
19
20    spielende = false;
21  }
```

14.2 Implementierung

```
22
23    // get-Methoden
24    public int getSpielfeldTyp(int x, int y){
25      return spielfeld.position[x][y];
26    }
27
28    public int getSpielfeldBreite(){
29      return spielfeld.breite;
30    }
31
32    public int getSpielfeldHoehe(){
33      return spielfeld.hoehe;
34    }
35
36    public int getSpielfeldPunkte(){
37      return spielfeld.punkte;
38    }
39
40    public boolean istSpielBeendet(){
41      return spielende;
42    }
```

Im Konstruktor wird die Spielfeldgröße festgelegt und es werden einige get- und set-Methoden bereitgestellt.

Die Methode neuesSpiel startet den **Thread** (falls er bisher noch nicht gestartet wurde), initialisiert diesen und das Spielfeld neu und aktualisiert anschließend das Panel.

```
44    private void neuesSpiel() {
45      if(!isAlive())
46        start();
47      spielende = false;
48      spielfeld.reset();
49      spielfeld.wirfNaechstenStein();
50      aktuellesPanel.repaint();
51      resume();
52    }
```

Die ganze Spiellogik von **TeeTrist** ist nun in der folgenden Methode run versteckt. Die Methode run wird von **Thread** überschrieben, schauen wir sie uns ersteinmal an:

```
54    // Threadmethode
55    public void run(){
56      while (true) {
57        if(!spielfeld.bewege(TeeTristSpielfeld.RUNTER)) {
58          spielfeld.berechneGrenzen();
59          spielfeld.ueberpruefeZeilen();
60          if(spielfeld.istVoll()) {
61            spielende = true;
62            aktuellesPanel.repaint();
63            suspend();
64          }
65          spielfeld.wirfNaechstenStein();
66        }
67        aktuellesPanel.repaint();
68        try {
69          Thread.sleep(500);
```

```
70        } catch (InterruptedException ex) {
71            ex.printStackTrace ();
72        }
73    }
74 }
```

Der Spielverlauf ist dadurch charakterisiert, dass wir eine im Prinzip endlose Schleife laufen lassen. Die Schleife kann lediglich durch zwei Ereignisse beendet werden. Ein Ereignis ist dadurch gegeben, dass ein Stein, der permanent fällt, keine legale weitere Fallposition besitzt und kein neuer Stein legal nachrücken kann. Wenn ein Stein nicht mehr fallen kann, dann werden die Grenzen mit spielfeld.berechneGrenzen neu berechnet und auf mögliche vollständige Zeilen in spielfeld.ueberpruefeZeilen geprüft und entsprechend gelöscht.

Das zweite Ereignis, um die Schleife beenden zu können, sehen wir im nächsten Programmabschnitt, wenn es um die Kommunikationsschnittstelle mit dem Benutzer geht.

```
76  // Methoden des KeyListener
77  public void keyPressed(KeyEvent e) {
78    switch (e.getKeyCode()) {
79      case KeyEvent.VK_DOWN:
80        spielfeld.bewege(TeeTristSpielfeld.RUNTER);
81        break;
82      case KeyEvent.VK_LEFT:
83        spielfeld.bewege(TeeTristSpielfeld.LINKS);
84        break;
85      case KeyEvent.VK_RIGHT:
86        spielfeld.bewege(TeeTristSpielfeld.RECHTS);
87        break;
88      case KeyEvent.VK_UP:
89        spielfeld.bewege(TeeTristSpielfeld.DREHE);
90        break;
91      case KeyEvent.VK_SPACE:
92        spielfeld.bewege(TeeTristSpielfeld.FALLEN);
93        break;
94      case KeyEvent.VK_N:
95        // Spielneustart
96        neuesSpiel();
97        break;
98      case KeyEvent.VK_Q:
99        suspend();
100       System.exit(0);
101       break;
102    }
103    aktuellesPanel.repaint();
104  }
105
106  // Das Interface KeyListener erfordert noch folgende Methoden
107  public void keyTyped(KeyEvent e) {}
108  public void keyReleased(KeyEvent e) {}
109 }
```

Die Methoden keyPressed, keyTyped und keyReleased müssen für das Interface **KeyListener** implementiert werden. Für unseren Fall ist aber nur eine interessant. Neben den üblichen Bewegungen des Steins (links, rechts, rotiere und ganz runter)

14.2 Implementierung   253

gibt es noch die folgenden Eingaben: **n** für starte neues Spiel und **q** für Spiel beenden
und schließen der Anwendung.

Hier sehen wir gleich die zweite Möglichkeit, die Endlosschleife zu beenden. Diesmal extern über eine Tastatureingabe und die Funktion `suspend`, die den **Thread**
augenblicklich beendet.

14.2.5 Klasse TeeTristPanel

Die Visualisierung des Spielfelds übernimmt das **TeeTristPanel**. Des Weiteren
gibt es eine Verbindung zur Spiellogik. Der Thread wird zu Beginn gestartet und
bei der Darstellung die Information überprüft, ob das aktuelle Spiel bereits beendet
wurde. Falls das Spiel zu Ende ist, wird der Text „GAME OVER!" über das Spielfeld
geblendet.

```java
import java.awt.Color;
import java.awt.Dimension;
import java.awt.Frame;
import java.awt.Graphics;
import java.awt.Panel;

public class TeeTristPanel extends Panel {
  private Color[] farben = { Color.RED, Color.YELLOW, Color.MAGENTA,
                             Color.BLUE, Color.CYAN, Color.GREEN,
                             Color.ORANGE};
  private SpielThread spiel;
  public int boxSize;

  // Konstruktor
  public TeeTristPanel(int groesse) {
    boxSize = groesse;

    // Spiellogik
    spiel = new SpielThread(this);

    setSize(groesse*spiel.getSpielfeldBreite(),
            groesse*(spiel.getSpielfeldHoehe()+1));
    setPreferredSize(this.getSize());
    setBackground(Color.GRAY);
    addKeyListener(spiel);
  }
```

Die dargestellte Spielfeldgröße wird berechnet. Der Spiellogik wird mit `addKey-`
`Listener(spiel)` die Kontrolle und Verwaltung der KeyEvents übertragen.

```java
  public void paint(Graphics g) {
    g.setColor(Color.GRAY);
    g.fillRect(0, 0, boxSize*(spiel.getSpielfeldBreite()+2), boxSize);
    g.setColor(Color.BLACK);
    g.drawString("Punkte: "+spiel.getSpielfeldPunkte(), boxSize,
                 boxSize-3);

    if (spiel.istSpielBeendet())
      g.drawString("GAME OVER!", 5*boxSize, boxSize-3);
```

```java
38    g.drawRect(0, boxSize, boxSize*spiel.getSpielfeldBreite(),
39                         boxSize*spiel.getSpielfeldHoehe());
40
41    for (int x=0; x<spiel.getSpielfeldBreite(); x++) {
42      for (int y=0; y<spiel.getSpielfeldHoehe(); y++) {
43        if (spiel.getSpielfeldTyp(x,y) != -1)
44          g.setColor(farben[spiel.getSpielfeldTyp(x,y)]);
45        else
46          g.setColor(Color.GRAY);
47        g.fillRect(x*boxSize+1,(spiel.getSpielfeldHoehe()-y)*boxSize+1,
48                         boxSize-1, boxSize-1);
49      }
50    }
51  }
52
53  public void update(Graphics g) {
54    paint(g);
55  }
56 }
```

Eine entsprechende Darstellung in Abhängigkeit zu der gewählten Spielfeld- und Spielsteingröße wird in der `paint`-Methode geliefert.

14.2.6 Klasse TeeTrist

Es fehlt nur noch das Fenster, indem das **TeeTristPanel** angezeigt wird.

```java
1  import java.awt.Frame;
2  import java.awt.event.WindowEvent;
3  import java.awt.event.WindowAdapter;
4  import java.awt.event.WindowListener;
5
6  public class TeeTrist extends Frame{
7    TeeTristPanel ttPanel;
8
9    // Konstruktor
10   public TeeTrist() {
11     addWindowListener(new WindowAdapter(){
12       public void windowClosing(WindowEvent e) {
13         System.exit(0);
14       }
15     });
16     setTitle("TeeTrist!");
17     ttPanel = new TeeTristPanel(25);
18     add(ttPanel);
19     pack();
20     setResizable(false);
21     setVisible(true);
22     ttPanel.requestFocus();
23   }
24
25   public static void main(String[] args) {
26     TeeTrist teetrist = new TeeTrist();
27   }
28 }
```

Die Methode `pack` setzt die Fenstergröße, abhängig von den verwendeten Komponenten. In diesem Fall orientiert sich die Größe ausschließlich an der Größe des Panels.

14.3 Spielen wir ein Spiel TeeTrist

Der Leser kann sich die Quellen von der Buchwebseite herunterladen und starten.

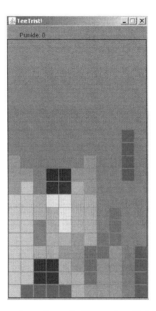

Abb. 14.8. Wir sehen einen Ausschnitt aus dem Spielverlauf mit TeeTrist

Da eine ausreichend lange **Testphase** bei der Entwicklung einer Software wichtig ist, ist ein schlechtes Gewissen beim Brechen neuer Spielrekorde überflüssig.

14.4 Dokumentation mit javadoc

Um Programme vernünftig zu kommentieren, bietet Java das Programm `javadoc` an. Liegen Kommentare im Programm nach einem bestimmten Schema und einer festgelegten Syntax vor, so erzeugt das Programm `javadoc` eine Dokumentation in HTML.

Anhand der Klasse **TeeTristPanel** wollen wir die einfache Verwendung zeigen.

Kommentieren wir die Klasse:

```
...
/**
 * Die GUI-Klasse TeeTristPanel erzeugt das Spielfeld und erzeugt eine
 * Instanz der Klasse Spielthread, die für die Spiellogik zuständig ist.
 * Dabei liest TeeTristPanel die aktuellen Spielfelddaten des
```

```
* SpielfeldThread aus und erzeugt eine visuelle Darstellung der
* aktuellen Spielsituation.
*/
public class TeeTristPanel extends Panel {
...
```

und die Methode `update`:

```
...
/**
 * Durch die Überschreibung der update-Methode wird ein Flackern
 * verhindert. Die überschriebene Methode hatte zuvor den Bildschirm
 * vor einem erneuten paint-Aufruf gelöscht.
 * Bei der Überlagerung ähnlicher Bilder ist kein Flackern mehr
 * festzustellen.
 * @param g Das Graphicsargument.
 */
public void update(Graphics g) {
...
```

Wenn wir die im gleichen Ordner befindliche HTML-Seite öffnen, können wir durch die Projektstruktur navigieren.

14.5 Zusammenfassung und Aufgaben

Anhand eines Tetris-Projekts konnten wir die wichtigen Phasen einer Softwareentwicklung üben. Vor der eigentlichen Implementierung stehen Entwurf und Planung sowie eine umfangreiche Systembeschreibung. Die konkreten Probleme und Details wurden während der Vorstellung des Programms erläutert. Neben der Einführung

14.5 Zusammenfassung und Aufgaben   257

von Threads wurden Rotationsmatrizen wiederholt. Da die „Testphase" unseres Projekts selbstverständlich noch lange nicht abgeschlossen ist, wird der Leser motiviert sein, Erweiterungen und Verbesserungen vorzunehmen. Um die Softwareentwicklung zu vervollständigen, wurde gezeigt, wie mit javadoc Programme professionell dokumentiert werden können.

Aufgaben

Übung 1) Geben Sie TeeTrist einen neuen Namen und erweitern Sie Ihre Version um folgende Funktionen:
  – Zweispielermodus
  – Visualisierung des nachfolgenden Steins
  – Änderung der Fallgeschwindigkeit der Steine
  – Führen Sie verschiedene Level mit unterschiedlichen Feldkonfigurationen ein
  – Verwaltung und Speicherung der HighScore
  – Machen Sie aus dieser Anwendung ein Applet

Übung 2) Spielen Sie TeeTrist oder Ihre verbesserte Version, bis es Ihnen keinen Spaß mehr macht und erarbeiten Sie anschließend eine Lösung für Übung 3.

Übung 3) Entwerfen Sie ein eigenes Projektkonzept und setzen Sie es um. Vorschläge dazu wären:
  – Vokabeltrainer
  – Bildverarbeitungsprogramm
  – Schach, Go, Sudoku
  – Adress- oder allgemeine Datenverwaltung

Übung 4) Arbeiten Sie das Konzept der Threads in Java noch einmal nach. Die im TeeTrist-Beispiel verwendete Methode suspend gilt als deprecated. Der Zusatz deprecated bedeutet, dass diese Programmiertechnik bereits überholt ist und nicht mehr verwendet werden sollte. Es kommt oft vor, dass diese Techniken in späteren Versionen fehlen.

15

Java – Weiterführende Konzepte

Der aufmerksame Leser ist jetzt bereits schon in der Lage, Softwareprojekte erfolgreich zu meistern. Die Kapitel und Übungsaufgaben waren so aufgebaut, dass mit einem minimalen roten Faden bereits in kürzester Zeit, kleine Softwareprojekte zu realisieren waren. Ich lege dem Leser hier nahe, in ähnlicher Weise fortzufahren. Fangen Sie nicht gleich mit einem sehr großen Projekt an, sondern versuchen Sie sich an neue Methoden in kleinen Projekten heran, das bewahrt die Übersicht.

Wenn Sie sich mit Java sicher fühlen und Ihnen das Programmieren mit Java Spaß bereitet, dann suchen Sie sich Gleichgesinnte und realisieren Sie gemeinsam eigene Projekte.

M. Block, *JAVA-Intensivkurs*
DOI 10.1007/978-3-642-03955-3, © Springer 2010

260   15 Java – Weiterführende Konzepte

Um alle Funktionen und Möglichkeiten aufzuzeigen, die Java bietet, müsste dieses
Buch mehr als nur 14-Tage umfassen. In diesem Kapitel wollen wir noch weitere
wichtige Aspekte ansprechen, kurz beschreiben und Literaturhinweise dazu geben.

15.1 Professionelle Entwicklungsumgebungen

Das Arbeiten mit einem Texteditor ist etwas rückständig, da professionelle Entwicklungsumgebungen dem Entwickler viel Arbeit abnehmen und somit die Herstellung
von Software beschleunigen. Teilweise sind Konzepte wie CVS und automatische
Erzeugung von Klassen- oder UML-Diagrammen integriert. Die meisten Umgebungen bieten auch automatische Ersetzungen an und überprüfen während des Eintip-
pens die Korrektheit der Syntax.

Dem Leser sei es hier überlassen, mit welcher der zahlreichen Oberflächen er
sich vertraut macht und für seine Softwareentwicklung verwendet. Vielleicht sollte
zunächst einmal mit den frei erhältlichen Produkten gearbeitet werden, wie z. B.
Eclipse [55] oder *Java NetBeans* [57].

15.2 Das Klassendiagramm als Konzept einer Software

Für die Planung eines Softwareprojekts ist es notwendig, Skizzen für die internen
Strukturen zu erstellen. Aufgrund dieser Skizzen können Zuständigkeitsbereiche,
Prozessabläufe und Datenströme festgelegt werden. Während der Konzepterstellung
werden meistens viele Veränderungen vorgenommen. Um eine gute Qualität einer
Software zu gewährleisten, ist es notwendig, vor Beginn der Programmierung ein
gut durchdachtes Konzept zu entwerfen. Für die Implementierung und das spätere
Aufspüren von Fehlern ist eine statische, bildliche Darstellung der Komponenten
der Software und deren Zusammenwirken hilfreich.

Es gibt verschiedene Darstellungsmöglichkeiten. Uns interessiert an dieser Stelle das
Klassendiagramm, eine statische Darstellung der Software, die uns hilft, eine Implementierung vorzunehmen.

15.3 Klassendiagramm mit UML

Machen wir uns mit den Komponenten eines Klassendiagramms vertraut und verwenden die Darstellungsform UML (unified modelling language). Einige Darstellungen haben wir bereits in den vorhergehenden Kapiteln verwendet, ohne näher darauf
einzugehen. Wir wollen in diesem Abschnitt die Konzepte so weit vorstellen, dass
der Leser in der Lage ist, diese in eigenen Projekten nutzbringend zu verwenden.

15.3 Klassendiagramm mit UML

Java ist eine objektorientierte Sprache. Demzufolge werden wir auch die Modellierung dieses Konzepts objektorientiert umsetzen. Dem Namen Klassendiagramm können wir entnehmen, dass es sich dabei um eine Darstellung der Klassen und ihrer Beziehungen untereinander handelt.

15.3.1 Klasse

Eine Klasse wird eindeutig durch ihren Namen definiert und kann Attribute und Methoden besitzen (siehe Abb. 15.1).

Zur Kennzeichnung der Modifier innerhalb dieser Darstellung werden die Symbole ‚+' für public, ‚#' für protected und ‚−' für private verwendet.

15.3.2 Vererbung

Die Vererbung wird, wie wir sie in Kap. 6 kennengelernt haben, wie folgt modelliert (siehe Abb. 15.2).

In der linken Abbildung erbt **Klasse2** von **Klasse1** das Attribut wert, überschreibt die Methode methode und besitzt ein weiteres Attribut. Im zweiten Beispiel implementiert **Klasse2** das Interface **Klasse1**.

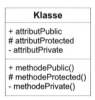

Abb. 15.1. Beispiel einer Klasse

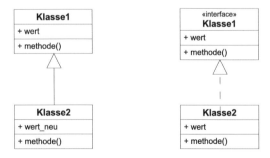

Abb. 15.2. *Links*: Klasse2 erbt von Klasse1. *Rechts*: Klasse2 implementiert das Interface Klasse1

15.3.3 Beziehungen zwischen Klassen

Da Klassen gekapselte Programmteile sind, besteht die Notwendigkeit darin, die Interaktionen und Abhängigkeiten der Klassen untereinander zu modellieren.

15.3.3.1 Beziehungen

Um Zusammenhänge und Beziehungen von Klassen deutlich zu machen, verbinden wir diese und ergänzen die Linien gegebenenfalls mit Symbolen oder Zahlen (siehe Abb. 15.3).

In diesem Beispiel stehen **KlasseA** und **KlasseB** in Beziehung.

15.3.3.2 Kardinalitäten

Wir hatten in unserem einfachen Modell eines Fußballmanagers festgelegt, dass eine Mannschaft genau aus elf Spielern besteht (siehe Abb. 15.4).

Es gibt noch weitere Möglichkeiten Kardinalitäten (den Grad einer Beziehung) anzugeben (Abb. 15.5 zeigt eine Auswahl).

Abb. 15.3. KlasseA und KlasseB stehen in Beziehung

Abb. 15.4. Eine Mannschaft besteht aus elf Spielern

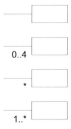

Abb. 15.5. Verschiedene Beispiele, um den Beziehungsgrad anzugeben

15.4 Verwendung externer Bibliotheken

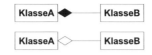

Abb. 15.6. Aggregation und Komposition

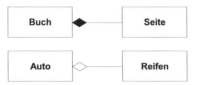

Abb. 15.7. Ein Buch besteht aus Seiten und kann ohne diese nicht existieren, aber ein Auto bleibt formal gesehen auch ohne seine Reifen ein Auto

15.3.3.3 Aggregation und Komposition

Neben der quantitativen Beziehung lässt sich noch eine „ist-Teil-von"-Beziehung ausdrücken. Mit der Komposition, im oberen Beispiel durch die ausgefüllte Raute gekennzeichnet, wird ausgedrückt, dass **KlasseA** nur in Verbindung mit **KlasseB** existieren kann. Die einzelnen Bestandteile existieren zwar unabhängig, die Komposition aber nur in Abhängigkeit ihrer Bestandteile (siehe Abb. 15.6).

Anders ist es bei der Aggregation, die durch die nicht ausgefüllte Raute symbolisiert wird. In diesem Fall ist **KlasseB** zwar wieder Bestandteil von **KlasseA**, aber im Gegensatz zur Komposition, kann **KlasseA** auch ohne **KlasseB** existieren. Zwei Beispiele dazu werden in Abb. 15.7 gezeigt.

Der interessierte Leser sollte sich hier [45] weiter informieren oder die für das Informatikstudium wichtigen Arbeiten von Helmut und Heide Balzert durcharbeiten [36, 37].

15.4 Verwendung externer Bibliotheken

Es existieren viele interessante und nützliche Bibliotheken für Java. Einige davon, die die vielseitigen Möglichkeiten von Entwicklungen mit Java aufzeigen, sind hier zusammengestellt.

JavaMail

Umfangreiche Bibliothek zum Versenden und Empfangen von E-Mails via SMTP, POP3 und IMAP, sowie deren sichere Vertreter POP3S und IMAPS [62].

SNMP4J

Mit dieser Bibliothek lassen sich Programme entwickeln, die Netzwerkgeräte mittels des SNM-Protokolls (MPv1, MPv2c, MPv3 und gängige Verschlüsselungen) überwachen und steuern lassen können [63].

JInk

Für die Verwaltung, Bearbeitung und Erkennung von handgeschriebenen, elektronischen Dokumenten [64].

ObjectDB

ObjectDB ermöglicht das Speichern und Verwalten von Java-Objekten in einer Datenbank. Dabei können Objekte von wenigen Kilobytes bis hin zu mehreren Gigabytes verarbeiten werden [65].

Java3D

Java muss nicht immer 2D sein. Mit dieser Bibliothek lassen sich dreidimensionale Grafiken erzeugen, manipulieren und darstellen [66].

Im Internet lassen sich dutzende solcher freien Bibliotheken finden.

15.5 Zusammenarbeit in großen Projekten

Für die Zusammenarbeit in größeren Softwareprojekten ist es unerlässlich, Programme zu verwenden, die den Projektcode verwalten.

Es gibt zwei wichtige Programme in diesem Zusammenhang, CVS und SVN. CVS (Concurrent Versions System) ist ein älteres Versionsverwaltungsprogramm und wird zunehmend von Subversion (SVN) ersetzt (hier [60] wird TortoiseSVN kostenlos angeboten).

Die Idee besteht darin, dass es einen Server (Rechner) gibt, auf dem der komplette Projektcode vorhanden ist. Jeder Programmierer kann diesen Programmcode „auschecken" also herunterladen und verändern. Die Veränderungen und zusätzliche Informationen kann er nach getaner Arbeit anschließend wieder an den Server senden. Wenn die Programmierer an verschiedenen Programmteilen arbeiten, gibt es keine Probleme. Sollten aber zwei an dem selben Programmabschnitt Veränderungen vorgenommen haben, so erkennt das Programm dieses Problem, gibt Hinweise auf die entsprechenden Abschnitte und hilft dabei den Konflikt zu lösen.

Glossar

Algorithmus

Mit Algorithmen bezeichnen wir genau definierte Handlungsvorschriften zur Lösung eines Problems oder einer bestimmten Art von Problemen.

Applet

Ein in Java geschriebenes Programm, das in eine Webseite integriert und in einem Webbrowser ausgeführt werden kann.

Applikation (Anwendungsprogramm)

Eine allgemeine Bezeichnung für Computerprogramme, die dem Anwender eine nützliche Funktion anbieten, oft auch als Synonym für ausführbare Programme verwendet.

BIT

Der Begriff BIT ist eine Wortkreuzung aus „binary digit" und repräsentiert die beiden binären Zustände 1 (true) und 0 (false).

BreakPoint (Haltepunkt)

Eine in Entwicklungsumgebungen gängige Möglichkeit, Fehler aufzuspüren. Die Haltepunkte werden innerhalb eines Programms festgelegt. Bei der Ausführung hält das Programm an dieser Stelle an und die aktuell im Speicher gültigen Variablen können ausgelesen und überprüft werden.

Byte-Code

Der Java-Compiler erstellt nicht direkt den Maschinencode, der direkt auf einem Prozessor ausgeführt werden kann, sondern einen Zwischencode, den so genannten Byte-Code. Dieser Zwischencode wird während der Laufzeit des Programms von der virtuellen Maschine übersetzt und ausgeführt.

Casting (Typumwandlungen)

Unter *impliziter* Typumwandlung versteht man, dass der Inhalt eines Datentyps, der weniger Speicher benötigt, ohne weitere Befehle in einen entsprechend größeren kopiert werden kann. Sollte dem Zieldatentyp weniger Speicher zur Verfügung stehen, können die Daten *explizit* umgewandelt werden.

Compiler

Als Compiler wird ein Programm bezeichnet, dass ein Computerprogramm in eine andere Sprache übersetzt. In den meisten Fällen ist dabei mit Kompilierung die Übersetzung eines Quelltextes in eine ausführbare Datei gemeint.

Constraints (Einschränkungen)

Darunter versteht man Einschränkungen oder Vorgaben, z. B. für die Zuweisung von Variablen. Für Ein- und Ausgaben von Funktionen können ebenfalls Einschränkungen formuliert werden, die eingehalten werden müssen.

Datenstruktur

Die Zusammenfassung von Daten in einer geeigneten Struktur, die auch Methoden zur Verwaltung der Daten zur Verfügung stellt. Die Eigenschaften und Methoden einer Datenstruktur wirken sich auf die Geschwindigkeit des Zugriffs und der Haltung eines Datums aus.

Debugger

Ein Programm, dass die Syntax eines Programms vor der Compilierung prüft und bei der Suche nach Fehlern behilflich ist. Gute Entwicklungsumgebungen besitzen einen integrierten Debugger.

Deklaration

Bezeichnet die Benennung und Festlegung einer Variable auf einen bestimmten Datentyp.

deprecated

Im Zuge der Weiterentwicklung einer Programmiersprache ändert sich deren Funktionalität. Dabei werden Sprachelemente, die nicht mehr benötigt werden, als deprecated bezeichnet. Sie werden nicht entfernt, damit ältere Programme funktionsfähig bleiben.

Endlosschleife

Ein Programm, dass in einen Zyklus gerät, aus der es ohne einen externen Programmabbruch nicht mehr eigenständig herauskommt.

Entwicklungsumgebung

Unter Entwicklungsumgebungen versteht man grafische Oberflächen, die für eine professionelle Softwareentwicklung in Java oder anderen Programmiersprachen unerlässlich sind.

Glossar 267

Funktionen oder Methoden

Gruppe von Anweisungen, die Eingaben verarbeiten können und einen Rückgabewert berechnen.

Garbage Collector

Ein Programm, dass sich während der Laufzeit einer Java-Anwendung um die automatische Freigabe nicht mehr benötigten Speichers kümmert.

Ghosttechnik

Um rechenintensive Grafikausgaben zu beschleunigen, werden Ausgaben zunächst im Hintergrund berechnet und anschließend ausgegeben. Bei der eigentlichen Ausgabe auf einem Monitor wird so das System entlastet.

GUI

Abkürzung für graphical user interface. Bezeichnet eine grafische Oberfläche, die als Schnittstelle zwischen Programm und Benutzer fungiert.

Implementierung

Umsetzung einer abstrakten Beschreibung eines Algorithmus in eine konkrete Programmiersprache.

Klasse

Zusammenfassung von Eigenschaften und Methoden bzw. Bauplan eines Objekts. Wichtigster Grundbaustein der objektorientierten Programmierung.

Konsole, Kommandozeile oder Eingabeaufforderung

Die Kommandozeile wird bei den meisten Betriebssystemen im Textmodus angeboten und dient der Steuerung von Programmen und der Navigation innerhalb des physischen Speichers.

Konstanten

Konstanten sind Variablen, deren zugewiesener Inhalt nicht mehr geändert werden kann.

Konventionen

Konventionen (im Bereich Programmierung) sind keine formal festgelegten Regeln, sondern Vereinbarungen, an denen sich ein Großteil der Entwickler halten. Sie dienen der verbesserten Lesbarkeit eines Programms.

Modularisierung

Ein Programm in Programmabschnitte zu unterteilen fördert die Übersicht und vereinfacht das Aufspüren von Fehlern.

Objektorientierung

Ein Programmierkonzept, bei dem Daten nach Eigenschaften und möglichen Methoden oder Operationen klassifiziert werden. Diese Eigenschaften und Methoden können vererbt werden. Eine Klasse stellt dabei den Bauplan eines Objekts fest.

Paket/Package

Bibliotheken in Java werden in Paketen organisiert. Diese Pakete definieren sinnvolle Gruppen von Klassen und Funktionen, die eine logische Struktur zur Lösung spezifischer Aufgaben liefern.

plattformunabhängig

Softwaresysteme, wie z. B. Java, die nach der Compilierung auf verschiedenen Betriebssystemen (Plattformen) laufen, nennt man plattformunabhängig.

Programm

Eine Abfolge von Anweisungen, die auf einem Computer zum Laufen gebracht werden können, um eine bestimmte Funktionalität zu liefern.

Pseudocode

Um unabhängig von Programmiersprachen einen Algorithmus zu formulieren, wird dieser im so genannten Pseudocode entworfen. Pseudocode ähnelt der natürlichen Sprache mehr als einer formalen Programmiersprache, es können sogar ganze Sätze verwendet werden. Dabei gibt es keine formalen Vorgaben.

Schlüsselwörter

Schlüsselwörter sind reservierte Befehle, in einer Programmiersprache, die für Variablenbezeichnungen nicht mehr zur Verfügung stehen.

Syntax

Unter der Syntax versteht man die formale Struktur einer Sprache. Sie beschreibt die gültigen Regeln und Muster, mit denen ein Programm entworfen werden kann.

Syntaxhervorhebung

Professionelle Entwicklungsumgebungen können Schlüsselwörter einer Sprache farblich hervorheben und damit die Lesbarkeit eines Programms deutlich erhöhen.

terminieren

Ziel bei der Programmierung ist es immer, ein Programm zu schreiben, dass in keine Endlosschleife gelangt. Ein Programm sollte immer beenden.

textsensitive Sprache

Der Begriff textsensitiv verdeutlicht, dass ein Unterschied zwischen Groß- und Kleinschreibung innerhalb einer Sprache gemacht wird. Bei der Deklaration von Variablen ist beispielsweise darauf zu achten.

Glossar   269

Thread

Ein Prozess oder Programmteil, der sich im Prinzip autonom verhält aber nur so lange funktionieren kann, bis er gestoppt wird oder bis das Hauptprogramm, das diesen erzeugt und gestartet hat, beendet wird.

Variablen

Der zur Verfügung stehende Speicher einer Variablen wird bei der Deklaration durch einen Datentyp definiert. Die Variable kann anschließend als Platzhalter für Werte dienen.

virtuelle Maschine

Die Java Virtual Machine (JVM) führt den vom Java-Compiler erstellten Byte-Code aus und ist die Verbindung zwischen Betriebssystem und Java-Programm.

Zuweisung

Nachdem der Datentyp einer Variablen festgelegt wurde, kann ihr ein Wert zugewiesen werden. Diesen Vorgang nennt man Zuweisung.

Literaturverzeichnis

1. Block M (2009) Verbesserung, Lokalisierung und Entzerrung von Textdokumentaufnahmen. Dissertation, Freie Universität Berlin
2. Abts D (1999) Grundkurs Java. Vieweg, Braunschweig/Wiesbaden
3. Solymosi A, Schmiedecke I (1999) Programmieren mit Java. Vieweg, Braunschweig/ Wiesbaden
4. Rauh O (1999) Objektorientierte Programmierung in JAVA. Vieweg, Braunschweig/ Wiesbaden
5. Schiedermeier R (2005) Programmieren in Java. Pearson Studium, München
6. Staab F (2007) Logik und Algebra: Eine praxisbezogene Einführung für Informatiker und Wirtschaftsinformatiker. Oldenbourg-Verlag, München
7. Barnes DJ, Kölling M (2006) Java lernen mit BlueJ. Pearson Studium, München
8. Bishop J (2003) Java lernen. Pearson Studium, München
9. Schader M, Schmidt-Thieme L (2003) JAVA – Eine Einführung. Springer, Berlin Heidelberg New York
10. Rendell P (2002) A Turing Machine In Conway's Game of Life. In Collision-Based Computing (Ed. Adamatzky A.)
11. Steyer R (2001) Java 2 – Professionelle Programmierung mit J2SE Version 1.3. Markt+Technik, München
12. Willms R (2000) Java – Programmierung Praxisbuch. Franzis, Poing
13. Lewis J, Loftus W (2000) Java Software Solutions – Foundations of Program Design. Addison-Wesley, Boston
14. Beckman P, Loftus W (1982) A History of Pi. The Golem Press, Boulder
15. Sedgewick R (2003) Algorithmen in Java, Teile 1–4. Pearson Studium, München
16. Burger W, Burge MJ (2006) Digitale Bildverarbeitung – Eine Einführung mit Java und ImageJ. Springer, Berlin Heidelberg New York
17. Lea D (2000) Concurrent Programming in Java Second Edition – Design Principles and Patterns. Addison-Wesley, Boston
18. Magee J, Kramer J (1999) CONCURRENCY – State Models & Java Programs. Wiley, New York
19. Weiss MA (1999) Data Structures & Algorithm Analysis in JAVA. Addison-Wesley, Boston
20. Ottmann T, Widmayer P (2002) Algorithmen und Datenstrukturen. Spektrum Akademischer Verlag, Heidelberg Berlin

21. Schöning U (2001) Algorithmik. Spektrum Akademischer Verlag, Heidelberg Berlin
22. Heun V (2000) Grundlegende Algorithmen. Vieweg, Braunschweig/Wiesbaden
23. Schöning U (1997) Algorithmen – kurz gefasst. Spektrum Akademischer Verlag, Heidelberg Berlin
24. Cormen TT, Leiserson CE, Rivest RL (2000) Introductions To Algorithms. MIT Press, Cambridge
25. Diestel R (1996) Graphentheorie. Springer, Berlin Heidelberg New York
26. Clark J, Holton DA (1994) Graphentheorie – Grundlagen und Anwendungen. Spektrum Akademischer Verlag, Heidelberg Berlin
27. Selzer PM, Marhöfer RJ, Rohwer A (2004) Angewandte Bioinformatik – Eine Einführung. Springer, Berlin Heidelberg New York
28. Duda RO, Hart PE, Stork DG (2001) Pattern Recognition. Wiley, New York
29. Webb A (1999) Statistical Pattern Recognition. Arnold, London Sydney Auckland
30. Block M, Rauschenbach A, Buchner J, Jeschke F, Rojas R (2005) Das Schachprojekt FUSc#. Technical Report B-05-21, Freie Universität Berlin
31. Shannon CE (1950) Programming a Computer for Playing Chess. Philosophical Magazine, Ser.7, Vol. 41, No. 314
32. Newell A, Shaw JC, Simon HA (1958) Chess playing programs and the problem of complexity. IBM Journal of Research and Development, 4(2):320–335
33. Plaat A (1996) Research Re: search & Re-search. PhD thesis, Universität Rotterdam
34. Needleman S, Wunsch C (1970) A general method applicable to the search for similarities in the amino sequence of two proteins. JMolBiol. 48(3):443–453
35. Comay O, Intrator N (1993) Ensemble Training: some Recent Experiments with Postal Zip Data. Proceedings of the 10th Israeli Conference on AICV
36. Balzert H (1997) Lehrbuch der Software-Technik. Spektrum Akademischer Verlag, Heidelberg Berlin
37. Balzert H (2005) Lehrbuch der Objektmodellierung. Spektrum Akademischer Verlag, Heidelberg Berlin
38. Zuser W, Biffl S, Grechenig T, Köhle M (2001) Software Engineering mit UML und dem Unified Process. Pearson Studium, München
39. Münz S (2005) Professionelle Websites. Addison-Wesley, Boston
40. Ullenboom C (2006) Java ist auch eine Insel. Galileo Computing, Onlineversion, siehe: *http://www.galileocomputing.de/1082?GPP=opjV*
41. Java Sun-Webseite: *http://java.sun.com/docs/books/tutorial/java/nutsandbolts*
42. Jama-Webseite: *http://math.nist.gov/javanumerics/jama/*
43. Conway's Game of Life: *http://en.wikipedia.org/wiki/Conway's_Game_of_Life*
44. CVS-Tutorial des FUSc#-Projekts: *http://page.mi.fu-berlin.de/~fusch*
45. UML: *http://www.uml.org/*
46. SelfHTML-Homepage: *http://de.selfhtml.org/*
47. Wikipedia Webseite: *http://de.wikipedia.org/wiki/Hauptseite*
48. Wikipedia BlackJack-Regeln: *http://de.wikipedia.org/wiki/Black_Jack*
49. Wikipedia Algorithmus: *http://de.wikipedia.org/wiki/Algorithmus*
50. Wikipedia Brute Force: *http://de.wikipedia.org/wiki/Brute-Force-Methode*
51. FUSc#-Schachspielserver: *http://www.fuschmotor.de.vu/*
52. Wikipedia Definition Thread: *http://de.wikipedia.org/wiki/Thread_%28Informatik%29*
53. Java-Sun Internetseite: *http://java.sun.com/*
54. Java-Tutor Internetseite: *http://www.java-tutor.com/java/links/java_ides.htm*
55. Eclipse Internetseite: *http://www.eclipse.org*
56. JCreator Internetseite: *http://www.jcreator.com/*

Literaturverzeichnis

57. Java-NetBeans Internetseite: *http://www.netbeans.org/*
58. NotePad++ Internetseite: *http://notepad-plus.sourceforge.net/de/site.htm*
59. Borland JBuilder Internetseite: *http://www.borland.com/*
60. Tortoise-SVN Internetseite: *http://tortoisesvn.tigris.org/*
61. Java API: *http://java.sun.com/javase/6/docs/api/*
62. JavaMail Internetseite: *http://java.sun.com/products/javamail/*
63. SNMP4J Internetseite: *http://www.snmp4j.org/*
64. JInk: *http://mathfor.mi.fu-berlin.de*
65. ObjectDB: *http://www.objectdb.com/*
66. Java3D: *https://java3d.dev.java.net/*
67. Webseite von ProGuard: *http://proguard.sourceforge.net/*
68. Webseite von yGuard: *http://www.yworks.com/en/products_yguard_about.htm*
69. Webseite von JavaGuard: *http://sourceforge.net/projects/javaguard/*

Sachverzeichnis

Abbruchkriterium 222, 224
Abhängigkeiten 73
Ablaufdiagramm 26
abstrakte Funktion 99
abstrakte Klasse 99
abstraktes Rechnermodell 183
Abstraktionsniveau 183
Absturz 75
Adressverweise 104
Aggregation 263
Algorithmik 178
Algorithmus 178
  Alpha-Beta 229
  Glossar 265
  k-means 220
  k-nächste Nachbarn 217
  MinMax 227
  Needleman-Wunsch-Algorithmus 189
  Sortieralgorithmen 185
Alpha-Beta-Algorithmus 180, 229
Alpha-Wert 207
Anforderungsanalyse 238
Anweisungen
  markierte 41
Apfelmännchen 196, 199, 203
Applet 159, 161
  destroy 162
  flackerndes 167
  Glossar 265
  init 161
  Initialisierung 161
  start 162
  stop 162

Appletprogrammierung 159
Applets 2
Appletviewer 162
Applikation
  Glossar 265
  in Applet 164
Applikationen 2
ArithmeticException 72
arithmetisches Mittel 209
Array 58, 124
  multidimensionale 60
  zweidimensional 58
ArrayIndexOutOfBoundsException 51, 59, 60
Attribute 105
Ausgabe 43
Ausgabefunktion 63
Ausreißer 216
average-case-Analyse 183
AWT 141, 201

Bakterienkulturen 62
Bedingung 37
Benoît Mandelbrot 200
Berechnungen
  fehlerhafte 75
Bewertungsfunktion 180, 227, 229
Bibliothek
  erstellen 137
  JAMA 135
  java.awt 142
  Java3D 264
  JavaMail 263

javax 202
JInk 264
ObjectDB 264
SNMP4J 264
verwenden 117
Bildbetrachtungsprogramm 202
Bilder
    bearbeiten 206
    binarisieren 209
    Grauwertbild 208
    invertieren 207
    laden und anzeigen 147
    laden und speichern 201
Bildmatrix 216
Bildmatrizen 212
Bildschirmauflösung 143
Bildverarbeitung 193
Binarisierung 212
    global 210
    lokal 210
Bioinformatik 189
BIT
    Glossar 265
Bitmap 201
Boolean 111
boolean 12
break 40
Breakpoints 78
    Glossar 265
    konditionale 78
Brute Force 180, 184, 227
BubbleSort 186
Buchwebseite vi
Buffer 119
BufferedReader 54
Button 152, 155
Byte 16, 111
Byte-Code
    Glossar 265

Casten 19
Casting 18
    Glossar 266
char 15
Character 111
Christian Wunsch 189
CLASSPATH 3, 5, 138
Claude Elwood Shannon 180, 227
Clusteringverfahren 220

Collatz-Problem 191
Color 145, 146
Compiler 12, 183
    Glossar 266
Computer 183
Conquer-Schritt 183
Constraints 70
    Glossar 266
continue 42
Conway's Game of Life 58, 61
Copy-Konstruktor 108, 242, 243
cos 120
CVS 260, 264

Daten
    laden 49
    lesen 51
    speichern 49, 53
    von Konsole einlesen 53
Datenbank 51
Datenhaltung 238
Datensatz 214
Datenstrom 260
Datenstruktur 57
    Array 58
    einfach 57
    Glossar 266
    Matrix 60
    Vector 124
Datentypen
    ganzzahlige 16
    primitive 7, 18, 57, 110
        Größenverhältnisse 20
        Wertebereiche 7
Datenverlust 18, 20
Datum 57
Debuggen 69
    zeilenweise 78
Debugger 77
    Glossar 266
Defaultkonstruktor 107
Deklaration 10
    Glossar 266
Dekompilierung 173
deprecated 257
    Glossar 266
Diashow 148
Divide-and-Conquer 187
Divide-Schritt 183

Sachverzeichnis

Division
  ganzzahlig 15, 77
  gebrochen 17
do-while 39
Dokumentation 255
Double 17, 111
Drei-Schichten-Architektur 238
Dynamische Programmierung 181, 189
  Beispiel 181

Eclipse 4
Effizienz 177, 179
Eierpfannkuchen 24, 28
Eingabeaufforderung 4
  Glossar 267
Eingabeparameter 44, 70
Einschränkungen 70
Elementaroperationen 183
Endlosschleife 39
  Glossar 266
Entwicklungsumgebungen 3, 28, 78, 260
  Glossar 266
Entwurfs-Techniken 178
Entwurfssphase 237
Ereignisbehandlung 166
Erkennungsrate 217, 219, 222, 225, 226
Etikett 212
euklidischer Abstand 120, 217
Eventtypen 150
evolutionäre Stammbäume 82
Exceptions 72
Expectation-Maximization 221
Expectation-Schritt 220

Fakultät 71, 179, 183
false 8, 12
Farbmischung
  additiv 194
  subtraktiv 194
FC Steinhausen 94
Fehler 69
  Division durch 0 72
Fehlerbehandlungen 69
Fehlerklasse 72
Fehlerkonzept 75
Fehlermeldung 30, 51, 74
Fehlerquelle 72
Fenster
  erzeugen 142

zentrieren 143
Fenstereigenschaften 143
Fensterereignisse 149
Fenstermanagement 142
Fibonacci-Zahlen 180, 181
final 12
Flackern 167, 170
Float 17, 111
for 36, 40
Forum vi
Fraktale 198
Frame 142, 159
Freie Universität Berlin 161
Freundschaftsspiel 94
Fußballmanager 81
Funktionen 44, 106, 117
  Eingabeparameter 44
  Glossar 266

Ganzzahlen 15
Garbage Collector 108
  Glossar 267
Gauß-Verteilung 122
Generalisierung 82
Generation 62
Gesichtererkennung 236
get-set-Funktionen 85
Ghosttechnik 169
  Glossar 267
Gleitkommazahl 8, 17
Grafikausgabe 141
Graphentheorie 181
Graphics 144
Grauwert 195
Greedy 181
  Beispiel 181
Grundfarben 194, 207
GUI 238
  Glossar 267
GUI-Elemente 152

Halbzug 228
handgeschriebene Ziffern 220
Hauptvariante 227
Helligkeitswert 207, 208
Hexadezimaldarstellung 118
Hintergrund 145
HTML 160

if 33, 110
Image 148
Imaginärteil 196
Implementierung 63
  Glossar 267
Importierung 135
Index 51, 59
Initialisierung 59, 88
InputStreamReader 54
InsertionSort 185, 218
Instanz 86, 119
Instanzmethoden 105, 106, 109, 111
Instanzvariablen 105, 106, 109
int 15, 121
Integer 111, 118
Intensität 194
Interaktion 53
Interface 91, 97, 99
  ActionListener 153
  Freundschaftsspiel 91
  Haustier 97
  MouseListener 156
  WindowListener 149
Intervall 120
IOException 54
Iterationen 199

JAMA 135
Java
  API 118, 144
  Byte-Code 5
  Compiler 17, 30
  Development-Kit 3
  Erstellung eines Programms 29
  Funktionen 43
  Installation 3
  Motivation 2
  Operationen 12
  primitive Datentypen 8
  Programme 28
Java-Compiler 12
Java-Plugin 161
java.awt 142
java.lang 118, 122
java.util 120
javac 4
javadoc 255
javax 202
JDK 3

k-means 220
  allgemeine Formulierung 222
  Implementierung 222
k-nn 217
Kameraverzerrung 212
Kardinalitäten 262
Kartenspiel 123
KI für TicTacToe 235
Klasse 31, 106, 107, 109
  BlackJack 129
  BufferedImage 200
  BufferedReader 54
  Button 155
  Color 195
  DoubleListe 119
  Frame 201
  FussballFreundschaftsspiel 92
  Glossar 267
  Graphics 201
  Haustierhalter 97
  Hund 98
  ImageConsumer 206
  ImageFilter 206
  ImageIO 202
  ImageObserver 201, 206
  ImageProducer 206
  innere 151
  innere, anonyme 151
  InputStreamReader 54
  KMeans 222
  Knn 217, 222
  KomplexeZahl 197
  lokale 150
  Math 120
  Random 122
  SpielThread 250
  SteinzeitFussballKlasse 94
  StringBuffer 119
  TeeTrist 254
  TeeTristBox 242
  TeeTristPanel 253
  TeeTristSpielfeld 246
  TeeTristStein 242
  TextField 154
  TicTacToe 230
Klassen 83, 117
Klassenattribut 85
Klassendiagramm 260
  UML 260

Sachverzeichnis 279

Klassenkonzept
  einfach 30
  erweitert 81
Klassenmethoden 109, 121
Klassenvariablen 109
Klassifizierung 82, 212
Klassifizierungsalgorithmen 226
Knopfdruck 153
Kochrezept 24
Kommandozeile 50
  Glossar 267
Kommentar 16, 31, 70
Kommentierung 52
Kommunikationsschnittstelle 252
Komplexe Zahlen 196
Komplexität 186, 187
Komposition 263
Komprimierung 220
Konsole 4
  Glossar 267
Konsolenausgabe 78
Konstanten 10, 12
  Glossar 267
Konstruktor 87, 88, 108, 109
Konventionen 31
  Glossar 267
Konvertierungsmethoden 110
Konzept 69, 103
  das richtige 70
Konzepte 6
  grundlegende 26
Künstliche Intelligenz 211
Kurzschreibweise 16

Label 152, 212
λ-Kalkül 66
Laufzeitanalyse 183
  Beispiel 183
Layoutmanager 152
  FlowLayout 152
Leibniz 75
  Leibniz-Reihe 75
Lernen
  Bottom-Up 6
  Top-Down 6
Lineare Algebra 135
Lineare Gleichungssysteme 135, 137
Liste 58
literale Erzeugung 60

log 120
Long 16, 111, 121
Lottoprogramm 121

magic numbers 206
main 44
Marke 41
Maschinencode 12
Matrix 62, 136, 206
  Determinante 135, 137
  Eigenwerte 135
  Rang 135
Matrizen 60
Mausereignisse 155
max 120
Maximization-Schritt 220
MediaTracker 148
Mehrheitsentscheid 220, 221
Memoisation 181
  Beispiel 182
Meta-Informationen 160
Methode 44, 105
min 120
MinMax-Algorithmus 180, 227
Mittelwert 122
Modifizierer 85
Modularisierung 70
  Glossar 267
MouseAdapter 156
mouseDragged 171
mousePressed 172
Mustererkennung 212

Nachbarschaft 64
Namensgleichheit 107
Needleman-Wunsch-Algorithmus 189
NumberFormatException 72

Obfuscator 175
Object 118
Objekt 86, 87, 105, 107, 109, 119
Objektorientierung 81, 103, 197
  Glossar 268
Oderbrucher SK 95
Operationen 12
  DIV 15, 17, 20
  logische 13
  logisches ENTWEDER-ODER 14
  logisches NICHT 14

logisches ODER   13
logisches UND   13
logisches XOR   14
MOD   15, 17
relationale   15
Operatoren   15
Optimierungen   226
Optimierungsverfahren   221
Outlier   216

packages   118
Paket   137
  Glossar   268
  JAMA   135
  java.awt   142
  java.lang   122
  java.util   120
  Java3D   264
  JavaMail   263
  javax   202
  JInk   264
  ObjectDB   264
  SNMP4J   264
Pakete   118
Parallelität   27
Parameter   50
Partieverläufe   228
PATH   3, 5
Pattsituation   217
Petrischale   62
pi   12, 75
Pivotelement   188
Pixel   195
plattformunabhängig   2
  Glossar   268
Platzhalter   10
Populationsdynamik   139
Postfix-Notation   16
Postleitzahl   217
Präfix-Notation   16
Präsentation   237
Primzahlen   55, 184
Prinzipien der Programmentwicklung   23
private   85
Problemlösung   178
Programm   178
  als Kochrezept   24
  Block   31
  Dateiname   29

Glossar   268
Kombinationen   28
Konventionen   11
Lesbarkeit   44, 52
Programmablauf   26
  Mehrfachschleifen   27
  Mehrfachverzweigung   26, 35
  Schleife   27, 36
  sequentiell   26, 32
  Sprung   27, 40
  Verzweigung   26, 33
Programmeingaben
  externe   50
Programmentwicklung
  Techniken   177
Programmerstellung   25
  Methoden   25
Programmiersprache   183
Projekt   259
  Apfelmännchen   196
  BlackJack   123
  Conway's Game of Life   61
  Fußballmanager   81
  Lottoprogramm   121
  Tetris   237
  TicTacToe   226
  Ziffernerkennung   212
protected   99
Protein-Sequenzen   189
Prototypen   220
Prozessablauf   260
Pseudocode   25, 29
Pseudonym
  Glossar   268
public   44, 85
Punktanhäufungen   220
Punktnotation   105
Punktwolke   220

QuickSort   183, 187

Räuber-Beute-Simulation   139
Rauschen   217
Realteil   196
rechenintensiv   168
Redundanz   44
Referenz   104, 105, 108, 110, 114
Referenzmenge   217
Referenzvariablen   104, 106, 112

Sachverzeichnis 281

Rekursion 178
  Beispiel 179, 180
  wechselseitig 232
Rekursionsprozess 182
Repräsentanten 220
RGB-Farbmodell 146, 194, 207
Rotationsgleichung 245
Rückgabewert 44
Rundungsfehler 17

Satz des Pythagoras 197
Saul Needleman 189
Schach 228
Schachprogramm 161
  FUSch 161
Schachprogrammierung 187, 229
Schachspieler 161
Schema
  konzeptuell 238
Schleife 27, 40, 51, 59, 75
  do-while 39
  Endlosschleife 39
  for 36
  innere 42
  verschachtelt 27
  while 38
Schleifentyp 38
Schlüsselwörter 11
  Glossar 268
  reservierte 11
Schnittstelle 91
Schrift 145
Schrittgröße
  konstant 37
Schwerpunkt 215
SDK 3
Seiteneffekte 70
Selbstähnlichkeit 196
Selbststudium 6
sequentiell 33
Short 16, 111
Signatur 106
  parameterlos 107
sin 79, 120
Sonderzeichen
  deutsche 30
Sortieralgorithmen 185
  BubbleSort 186
  InsertionSort 185

QuickSort 187
Speicheraufwand 183
Speicherbedarf 9
Speichermanagement 109
Speicherplatz 18
Spezialisierung 82, 84, 85
Spielbrettmatrix 230
Spiellogik 238
Spieltheorie 180
Sprache
  textsensitive 11
Sprungmarke 41
Stack 115
Standardabweichung 122
Standardbibliotheken 118
Standardfensterklasse 149
Standardnormalverteilung 122
static 44, 109
statische Attribute 109
statische Methoden 109
String 33, 111, 118
  Liste 50
Stringdarstellung 119
Stringpool 113
Suchtiefe 180
  begrenzt 229
  unbegrenzt 227
SVN 264
Swing 202
switch 33, 35
Symbole 8, 15
syntaktisch 30
Syntax 12, 73, 88, 105
  Glossar 268
Syntaxhervorhebung 11
  Glossar 268
System.exit 150
System.in 54
Systembeschreibung 238
Systemzeit 122

Tastenkombination 143
Teile und Herrsche 183
Teilungsoperatoren 17
terminale Stellung 228
terminieren 28
  Glossar 268
Testphase 255
Testvektoren 219

Tetris 237
  Implementierung 242
  Interaktion 238
  Spielregeln 238
  Testphase 255
Textausgaben 145
TextField 154, 166
textsensitive Sprachen
  Glossar 268
this 106
Thread 28, 239
  Definition 250
  Glossar 268
TicTacToe 180, 226, 230
Trainingsdaten 212, 215
  einlesen 212
Trainingsdatenbank 217, 220
Trainingsdurchlauf 225
Trainingsmenge 219
Trainingsroutine 223
Trainingsvektoren 215, 219
Transformation
  linear 245
Transparenz 207
Transpositionstabellen 229
true 8, 12
try-catch 73
  einfach 73
  mehrfach 74
Turingmaschine 66
Türme von Hanoi 191
type 52
Typsicherheit 2
Typumwandlung 18
  explizite 18, 19
  implizite 18, 20

Überladen 106
  Konstruktoren 107
Umgebungsvariablen 3
Umkodierung 220
UML 260
  Abhängigkeiten 262
  Aggregation 263
  Beziehungen zwischen Klassen 262
  Kardinalitäten 262
  Klasse 261
  Komposition 263
  Modifier 261

Vererbung 261
unüberwachtes Lernen 220

Variablen 10, 70
  Bezeichnung 10
  deklarieren 10
  Glossar 269
  Vergleich zu Konstanten 11
  Wert zuweisen 10
Variablenbezeichnung 10
Vector 124
Vektor 220, 245
Vererbung 81, 83
Vererbungsstruktur 119
Vererbungsvariante 91
Vergleich von Algorithmen 183
Vergleichsmechanismus 119
Vergleichsoperatoren 15
Verwendungsschema 52
virtuelle Maschine 269
Visualisierung 217
void 44

Wahrheitswerte 8
Wahrscheinlichkeit 89
Wallis-Produkt 79
Wartefunktion 145
Warteschlange 115
Wellenlängen 194
Wertetabelle 13
while 38
WindowAdapter 150
worst-case-Analyse 183
Wrapperklassen 110, 120
  Boolean 111
  Byte 111
  Character 111
  Double 111
  Integer 111
  Long 111
  Short 111

Zahlen 8
  gebrochene 17
Zählvariable 40
Zeichen 8, 15
Zeichenfunktionen 144, 145
Zeichenkette 8, 33, 111
  vergleichen 112

Sachverzeichnis

Zelle 61
Zellkonstellationen 66
zellulärer Automat 61
Ziffernerkennung 220
Zufallszahlen 63, 65, 120, 123
  ganzzahlig 121
  gebrochene 122

Zug 228
Zugmöglichkeiten 229
Zuständigkeitsbereich 260
Zuweisung 10
  Glossar 269
zyklische Muster 66

Printed in Germany
by Amazon Distribution
GmbH, Leipzig